中国（深圳）综合开发研究院
“一带一路”合作高质量发展系列研究

深圳市综研软科学发展基金会资助出版

21世纪海上丝绸之路

构建中国与太平洋岛国新型合作关系

中国（深圳）综合开发研究院◎编著

21ST CENTURY MARITIME SILK ROAD

BUILDING NEW COOPERATION PARTNERSHIP BETWEEN CHINA AND PACIFIC ISLANDS

中国经济出版社
CHINA ECONOMIC PUBLISHING HOUSE
北京

图书在版编目（CIP）数据

21世纪海上丝绸之路：构建中国与太平洋岛国新型合作关系/中国（深圳）综合开发研究院编著.
—北京：中国经济出版社，2020.1
ISBN 978-7-5136-5574-3

Ⅰ.①2… Ⅱ.①中… Ⅲ.①太平洋岛屿—国家—国际合作—区域经济合作—研究—中国
Ⅳ.①F125.56

中国版本图书馆CIP数据核字（2019）第040680号

策划编辑　赵静宜
责任编辑　宋庆万
责任印制　巢新强
封面设计　久品轩

出版发行　中国经济出版社
印 刷 者　北京力信诚印刷有限公司
经 销 者　各地新华书店
开　　本　710mm×1000mm　1/16
印　　张　14.5
字　　数　214千字
版　　次　2020年1月第1版
印　　次　2020年1月第1次
定　　价　68.00元
广告经营许可证　京西工商广字第8179号

中国经济出版社　**网址**　www.economyph.com　**社址**　北京市东城区安定门外大街58号　**邮编**　100011

本版图书如存在印装质量问题，请与本社销售中心联系调换（联系电话：010-57512564）

前言

“一带一路”倡议是中国从被动接受国际规则到积极参与全球治理、主动建构国际秩序的跨越，是新时代“走出去”的具体实践。当代中国经济发展的过程就是打破地缘均势的过程，必然会受到守成大国的打压，这是成长的烦恼。

在当今世界，一个国家不制定新的游戏规则就得适应既有游戏规则，在建设“21 世纪海上丝绸之路”自然延伸到的太平洋岛国中也不例外：日本在“一战”后即从“国联”获得原属德国的赤道以北岛国的“委任统治”权直至“二战”结束，美国在“二战”海战中打败日本后视岛国海域为其内湖，澳大利亚视岛国为其势力范围。中国对这些国家而言如同闯入者，我们尽管着眼于“五通”和共赢，但也延伸到了既有利益的圈子里，被“另眼相看”实属正常。

2009 年以来，美国政府逐渐将战略重心转向亚太，于 2011 年在亚太经合组织非首脑会议上正式提出“重返亚太”，开启了“亚太再平衡”战略实践。2010 年 10 月，美国国务卿希拉里在夏威夷发表美国亚洲政策演说，首次提出“印太”概念。2017 年 12 月，美国政府发布《国家安全战略报告》，极力渲染中国对美国的战略威胁，并且第一次以官方文件的形式较为明确地提出了美国的“印太战略”

构想。

不管“亚太再平衡”还是“印太战略”，核心在“太”，“离岸制衡”目的明显，其根本就在于世界发展的重心由太平洋东岸转到了西岸，世界发展的主动力在转向亚太。我们唯有读懂太平洋岛国的“前世今生”，秉承“亲诚惠荣”原则，汲取各方的经验教训，充分考虑利害得失，把岛国纳入亚太发展主航道，纳入人类命运共同体的框架内，方能行稳致远，稳步推进“21 世纪海上丝绸之路”建设，构建起中国与岛国的新型合作关系。

时间表

1520年10月，麦哲伦率领5艘船在大西洋经过38天的航行历尽艰险，到达一个平静的洋面，太平洋由此得名。3个月后，麦哲伦船队抵达菲律宾群岛，与太平洋岛国擦肩而过。

1770年，英国航海家库克船长发现了澳大利亚、新西兰，继而发现了其他太平洋岛屿。

2013年10月，习近平主席访问东盟国家时提出建设“21世纪海上丝绸之路”，引起国际社会高度关注。

2014年11月，习近平主席访问太平洋岛国斐济，并在斐济与巴布亚新几内亚、萨摩亚、密克罗尼西亚联邦、汤加、瓦努阿图、库克群岛、纽埃8个太平洋岛国的国家元首进行了会晤，表示中国对发展同太平洋岛国关系的重视只会加强、不会削弱，投入只会增加、不会减少。

2015年3月，国务院授权发布《推动共建丝绸之路经济带和21世纪海上丝绸之路的愿景与行动》，指出“21世纪海上丝绸之路重点方向是从中国沿海港口过南海到印度洋，延伸至欧洲；从中国沿海港口过南海到南太平洋”，为中国与岛国深入合作注入了新的内涵。

2017年6月，国家发展和改革委与国家海洋局联合发布《“一带一路”建设海上合作设想》，提出重点建设三条蓝色经济通道，其中包括中国—大洋洲—南太平洋蓝色经济通道。太平洋岛国是连接太平洋和印度洋的重要海上运输通道。

2018 年 11 月，第 26 次亚太经合组织（APEC）领导人非正式会议在太平洋岛国巴布亚新几内亚首都莫尔兹比港举行，习近平主席出席峰会并发表题为《把握时代机遇 共谋亚太繁荣》的重要讲话，指出“坚持推进区域经济一体化，构建开放型亚太经济”“加强数字基础设施和能力建设，增强数字经济可及性，消弭数字鸿沟”“以 2030 年可持续发展议程为引领，采取更多务实举措，让发展更加均衡、增长更可持续、机会更加平等、社会更加包容”“在开放包容的基础上交融互鉴，在良性竞争的同时互利合作，共同构建亚太命运共同体”。在会见巴布亚新几内亚总理奥尼尔时，习近平主席指出，巴新地处 21 世纪海上丝绸之路自然延伸，是太平洋岛国地区首个同中方签署共建“一带一路”合作协议的国家。双方要在“一带一路”框架内加强发展战略对接。

目录

第一章

太平洋岛国发展概况

太平洋岛国，通常是指大洋洲中除澳大利亚和新西兰以外的 27 个岛屿国家和地区。这些岛屿国家和地区，国土面积合计约为 55 万平方千米，由 1 万多个岛屿组成，分布在约 3000 万平方千米的太平洋洋面上，分属美拉尼西亚、密克罗尼西亚、波利尼西亚三大群岛区。因此，岛国是世界上国土空间分布最分散的国家集中区。

本书的研究对象为 14 个独立的国家（另外 13 个地区尚在美、英、法等国的管辖之下），即巴布亚新几内亚、斐济、萨摩亚、汤加、基里巴斯、瓦努阿图、密克罗尼西亚联邦、所罗门群岛、瑙鲁、图瓦卢、马绍尔群岛、帕劳、库克群岛和纽埃。其中，除库克群岛和纽埃两国之外，其他 12 国均为联合国会员国。从外交关系来看，目前，14 个太平洋岛国中，有 10 个与中国建交，另外有 4 个国家（马绍尔群岛、瑙鲁、帕劳和图瓦卢）仍然是中国台湾当局所谓“邦交国”。

综合来看，太平洋岛国主要有四方面的突出特点：一是属于典型的“陆地小国，海洋大国”。岛国国土总面积仅为 50 多万平方千米，但专属经济区面积约达 1900 万平方千米；同时，又扼守着太平洋地区重要的海上生命线，在太平洋中具有重要的地缘战略价值。二是拥有丰富的海洋渔业和矿产资源。岛国广袤的“蓝色国土”及附着其中的丰富的渔业、旅游业和矿产等资源，使其蕴藏着巨大的经济价值。三是普遍面临巨大的生存压力。岛国多处于环太平洋地震活跃带，且国土小、海拔低，长期遭受着地震、火山、海啸等自然灾害的威胁，又面临着全球气候变暖、海平面上升的巨大生存压力。四是整体处于落后欠发达状态，城市化率较低，基础设施不完善，经济结构较为单一，自我发展能力不足，对域外援助力量的依赖较强。

第一节　太平洋岛国的四大价值

一、“蓝色国土”空间广阔

太平洋岛国是典型的海洋大国。14 个岛国专属经济区面积是中国南海主张管辖海域面积的近 10 倍。其中，基里巴斯国土面积只有 811 平方千米，但其专属经济区面积达 355 万平方千米，在岛国中最大，超过中国管辖海域的总和；其次为密克罗尼西亚联邦，国土面积为 705 平方千米，专属经济区面积达 298 万平方千米；最小的为萨摩亚，专属经济区面积也有 12 万平方千米，相当于整个渤海面积的 1.5 倍（见表 1-1）。

表 1-1　太平洋岛国国土面积及专属经济区面积统计

国家	国土面积/平方千米	专属经济区/万平方千米
密克罗尼西亚联邦	705	298
库克群岛	240	183
斐济	18333	128
基里巴斯	811	355
瑙鲁	24	32
纽埃	260	45
帕劳	465	62
马绍尔群岛	181	199
巴布亚新几内亚	462840	240
所罗门群岛	28896	159
图瓦卢	26	75

续表

国家	国土面积/平方千米	专属经济区/万平方千米
汤加	747	26
瓦努阿图	12189	85
萨摩亚	2831	12
合计	528548	1899

资料来源：根据列国志编写组《列国志·太平洋岛国系列》（社会科学文献出版社）相关数据整理所得（http：//e. dangdang. com/touch/products/1900700031. html? id = 1900700031&mediaId = 1900700031&mediaType = 2. ）。

另外，太平洋岛国海洋空间具有水深、域广、干扰少等优点，具备开展深海试验的良好条件。中国“蛟龙号”深潜器已在岛国及附近海域完成了多次深海试验，万米级载人深潜器科考母船“张謇”号首航也选择了巴布亚新几内亚及其附近海域，并完成了对“彩虹鱼”万米级着陆器深海作业能力的测试。

二、特色资源丰富

（一）渔业资源

太平洋岛国位于赤道两侧，光热条件适宜，同时海域面积广阔，是世界上最大的鱼类生产和出口地区（见表 1-2），其中金枪鱼、对虾和龙虾是渔业经济的支柱。

以金枪鱼为例，太平洋岛国是全球金枪鱼资源最富集的核心区和世界著名的金枪鱼产地。其中，巴布亚新几内亚、密克罗尼西亚联邦、萨摩亚、帕劳、基里巴斯、图瓦卢和马绍尔群岛等国的专属经济区均为金枪鱼的良好渔场。

表 1-2　太平洋岛国专属经济区渔业资源

国家	主要渔业资源
基里巴斯	金枪鱼、鲷鱼、鲣鱼、海虾等
密克罗尼西亚联邦	金枪鱼、蟹、贝类、龙虾、淡水鳗等
巴布亚新几内亚	金枪鱼、对虾和龙虾
马绍尔群岛	金枪鱼
库克群岛	金枪鱼、黑珍珠

续表

国家	主要渔业资源
所罗门群岛	鲣鱼、金枪鱼、红鱼、石斑鱼等
斐济	金枪鱼、鲨鱼、旗鱼、剑鱼、礁鱼、海参、巨蚌等
瓦努阿图	金枪鱼
图瓦卢	金枪鱼、鲣鱼、鲑鳟鱼、沙丁鱼、竹荚鱼等
帕劳	金枪鱼、巨型蛤蜊、海参、黄貂鱼等
纽埃	黄鳍金枪鱼、红鲈、旗鱼、陆蟹等
瑙鲁	金枪鱼
汤加	海参、金枪鱼、海藻等
萨摩亚	金枪鱼

资料来源：WCPFC Tuna Fishery Yearbook 2017.

近年来，随着太平洋岛国对渔业经济发展力度的加大，金枪鱼产量和比重快速提升。2017 年，岛国金枪鱼捕捞量达 71.3 万吨，占中西部太平洋地区捕捞量的 27.9%，创造了历史新高（见图 1-1）。

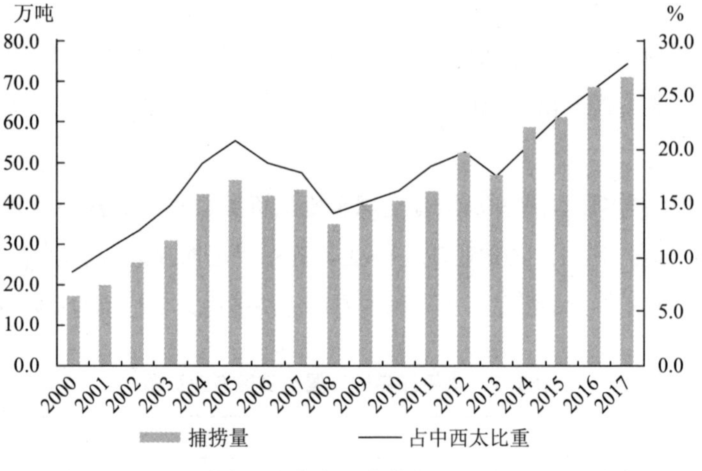

图 1-1　太平洋岛国金枪鱼总产量变化（2000—2017 年）

资料来源：WCPFC Tuna Fishery Yearbook 2017.

从各国的捕捞量来看，巴布亚新几内亚是岛国第一大金枪鱼产区，2017 年捕捞量约为 30.5 万吨，占太平洋岛国捕捞总量的 42.7%；其次为基里巴斯、密克罗尼西亚联邦和马绍尔群岛，2017 年捕捞量分别约为 15.4 万吨、8.8 万吨和 6.8 万吨，占比分别为 21.6%、12.4%和 9.5%。四国合计约占整个岛国金枪鱼捕捞总量的 86.2%（见表 1-3）。

表 1-3 太平洋岛国金枪鱼捕捞量（2017 年）

国家	捕捞量/吨	占比/%
巴布亚新几内亚	304685	42.7%
基里巴斯	153854	21.6%
密克罗尼西亚联邦	88330	12.4%
马绍尔群岛	67589	9.5%
所罗门群岛	46303	6.5%
瓦努阿图	20793	2.9%
斐济	17664	2.5%
图瓦卢	6139	0.9%
库克群岛	3768	0.5%
萨摩亚	3337	0.5%
汤加	535	0.1%
合计	712997	100%

资料来源：WCPFC Tuna Fishery Yearbook 2017.
注：纽埃、帕劳、瑙鲁三国没有相应统计数据。

（二）矿产资源

太平洋岛国专属经济区的锰、铁、镍等深海矿产资源储藏量巨大。巴布亚新几内亚是岛国矿产资源最富集的国家，金、铜产量分别列世界第 11 位和第 10 位。已探明铜矿储量为 2000 万吨，黄金储量为 3110 吨，铜金共生矿储量约为 4 亿吨，奥克泰迪铜金矿、波格拉金矿、利赫尔金矿均是世界级的矿产资源。此外，还有富金矿、铬、镍、铝矾土等多种高价值的矿产资源。同时，石油、天然气蕴藏丰富，原油储量达 6 亿桶，天然气探明储量为 2000 亿立方米。其中，库土布和弋贝两大油田储量即达 4 亿桶。南高地省油田储量达 1700 万桶。所罗门群岛拥有铝矾土、镍、金、铜和磷酸盐等矿产，其中铝矾土探明储量为 5800 万吨，磷酸盐为 1000 万吨。瓦努阿图也蕴藏着锰、铁、镍、铜和铝矾土等矿产。瑙鲁磷酸盐的储量和产量也均在全球前列。斐济金、银、铜等矿藏皆备，其中金矿藏量最丰富，开发时间也最长。此外，根据调查发现，这些岛国周围海域及其专属经济区，甚至深海地区也都储存着各类不同的矿产资源。

（三）林业资源

太平洋岛国均属于热带地区，热带雨林密布，同时也是世界上发现较晚的陆地，除少数国家森林资源受到破坏以外，大部分国家的林业资源都比较丰富。世界上森林覆盖率排名前 50 的国家中，岛国占 6 个，其中有 3 个国家的森林覆盖率排在前 10 位。以巴布亚新几内亚为例，热带原始森林覆盖面积为 3600 万公顷，约占国土面积的 86.4%，林木总蓄积量为 12 亿立方米，可采蓄积量为 3.6 亿立方米。林业也是巴布亚新几内亚国民经济的重要支柱产业。据国际热带木材组织称，巴布亚新几内亚是世界热带木材第二大出口国，每年原木出口总量约为 300 万立方米，其中 86%出口中国，10%出口印度，3%出口日本。目前，巴布亚新几内亚已经成为中国原木进口的最大来源地，也是中国最大的海运木材来源地。所罗门群岛的森林覆盖面积占陆地总面积的 90%，约 263 万公顷，林木总储量为 1.27 亿立方米，商品材蓄积量为 4810 万立方米。斐济森林覆盖面积占国土面积的 50%，有开采价值的约 25 万公顷。

三、战略位置突出

太平洋岛国处于太平洋中央，是连接太平洋与印度洋的战略要道，也是美洲至亚洲及大洋洲的太平洋运输线的必经之地，具有十分重要的地缘战略价值。目前，世界主要的三大大洋航线中，太平洋航线共包括六条，分别是远东—北美西海岸航线，远东—加勒比、北美东海岸航线，远东—南美西海岸航线，远东—东南亚航线，远东—澳大利亚、新西兰航线和澳大利亚、新西兰—北美东西海岸航线，其中有四条经过岛国。此外，这里也是海底电缆的交汇处，是亚太地区重要的通信节点，同时在卫星发射、导弹系统建设方面也具有重要的意义。

太平洋地区是中国船舶通往东澳地区和新西兰进行铁矿石、供应物资等贸易的重要运输通道，尤其是巴布亚新几内亚和所罗门群岛具有重要的“咽喉”作用。中国南部海上出口有两处，分别是西南的新加坡—马六甲海峡和东南的俾斯麦海峡。目前，中国的海上交通出口均受到其他国家或地区的限制。自1976年巴布亚新几内亚与中国建交以来，双边关系融洽，其所管辖的俾斯麦海峡及周边水域是中国南海通往中东部太平洋的重要门户。

从空间距离上来看，14个太平洋岛国与中国及三大岛链的位置关系大致按三个梯度分布：第一梯度为帕劳、巴布亚新几内亚及密克罗尼西亚联邦三国，基本处于距离中国5000千米及第二岛链以内的范围；第二梯度包括马绍尔群岛、所罗门群岛、瑙鲁、瓦努阿图、图瓦卢和斐济六国，基本处于距离中国8000千米及第三岛链以内的范围；第三梯度为萨摩亚、汤加、基里巴斯、纽埃和库克群岛五国，基本处于距离中国8000千米及第三岛链以外的范围。

四、国际话语权增强

从全球层面上来看，太平洋岛国虽多为小国，但在国际关系日益民主化的今天，小国在国际舞台上也拥有与大国同样平等的地位。岛国在联合国中占据着12个合法席位（14个岛国中库克群岛和纽埃两国不是联合国会员国），并且由于地理临近且利益趋同，在联合国等国际场合，岛国大多一致对外发声。近年来，岛国积极行动，利用既有的地区合作机制和联合国这一国际舞台，在气候变化、国际合作等事关自身生存发展的重大问题上做出了巨大努力。如，2014年，萨摩亚成功举办了“第三届小岛屿发展中国家国际会议”；2017年，斐济成为《联合国气候变化框架公约》第23次缔约方大会的主席国；2018年，巴布亚新几内亚成功举办了2018年亚太经合组织（APEC）领导人非正式会议。岛国在一系列国际事务中的集体话语权日益增强。

第二节 太平洋岛国发展面临的四重困境

太平洋岛国多处环太平洋地震活跃带，国土小、海拔低，受地震、火山、海啸等自然灾害威胁大，又面临全球气候变暖、海平面上升等生存压力。在发展经济和改善民生上，岛国也面临生态环境脆弱、产业基础薄弱、自身国力羸弱等一系列核心问题的制约，争取国际社会支持的愿望强烈。

一、自身生存压力巨大

太平洋岛国是世界上环境最脆弱和灾害损失风险最高的地区之一，经济发展落后，社会管理能力不足，自身恢复能力薄弱。

一是太平洋岛国位于太平洋板块与亚欧板块、印度洋板块、美洲板块和南极洲板块等大板块交界处，且大多分布在环太平洋火山地震带上，终年地质活动频繁，面临着地震、火山爆发以及海啸等自然灾害。

二是太平洋岛国也是台风活动最为频繁的地区之一，台风过境往往给岛国造成巨大损失。2014 年 4 月，台风“艾塔”使巴布亚新几内亚直接受灾人数达 12000 多人。2015 年 3 月，热带风暴“帕姆”重创瓦努阿图，首都维拉港 90%的房屋遭风暴破坏。2018 年，全球有记录的台风/飓风/热带风暴共计 126 个（110 个已获得命名，16 个未获得命名），其中，西北太平洋 53 个，东北太平洋 27 个，南太平洋 8 个，合计占比达 69. 8%。

三是太平洋岛国多由小岛屿组成，平均海拔较低，且人口大多集中在沿海地区，受气候变化影响非常严重。如图瓦卢，由分布在 800 平方千米海面上的 7 个环形珊瑚礁岛和 2 个珊瑚岛组成，陆地面积仅 26 平方千米，最大海拔高度仅为 5 米。按 1993—2012 年海平面的上升速度，至 2062 年其 60%的国土将沉入海中。2011 年，图瓦卢就曾发出警告，若不减缓地球变暖的速度，国家将面临灭顶之灾。其他岛国如瑙鲁、基里巴斯、瓦努阿图等也面临类似问题。

二、自我发展能力匮乏

太平洋岛国国土空间分散，远离全球经济社会活动中心，曾长期为英国、法国、德国等国的殖民地，再加上交通运输以及劳动力、资源、资金和技术等制约，多数国家产业基础薄弱，社会经济发展滞后，缺乏内生动力和自我发展能力，对域外援助需求强烈，依赖程度高，其社会经济发展概况如表 1-4所示。

表 1-4　太平洋岛国社会经济发展概况

国家	人口/千人	国内生产总值/百万美元	人均生产总值/美元	城镇人口比重/%	语言	民族
密克罗尼西亚联邦	106	350	3400	22	官方语言为英语	密克罗尼西亚人占 97%，亚洲人占 2.5%，其他人占 0.5%
库克群岛	13	305	21000	75	官方语言为英语，库克群岛毛利语	毛利人（属波利尼西亚人种）占 92%，欧洲后裔占 3%
斐济	885	5060	5761	54	官方语言为英语、印地语、斐济语，通用英语	56.8%为斐济族人，37.5%为印度族人。华人华侨约 8000 人
纽埃	1.3	24	18462	43	官方语言为英语，民族语言为纽埃语	主要民族为纽埃人
巴布亚新几内亚	8250	21090	2402	13	官方语言为英语，全国通用皮金语	98%属美拉尼西亚人，其余为密克罗尼西亚人、波利尼西亚人、华人和白人。华人华侨约 10000 人
汤加	108	430	5426	24	通用汤加语和英语	98%是汤加人（属波利尼西亚人种），其余为其他太平洋岛国人、欧洲人、亚洲人及其后裔。华人华侨约有 2000 人
瓦努阿图	282	860	3050	26	官方语言为英语、法语，通用比斯拉马语	98%为瓦努阿图人（属美拉尼西亚人种），其余为法、英、华后裔和越南、波利尼西亚移民以及其他一些附近岛国人
萨摩亚	198	860	4350	19	官方语言为萨摩亚语，通用英语	绝大多数为波利尼西亚人种的萨摩亚人

续表

国家	人口/千人	国内生产总值/百万美元	人均生产总值/美元	城镇人口比重/%	语言	民族
基里巴斯	112	200	1981	44	官方语言为英语，通用基里巴斯语和英语	90%以上属密克罗尼西亚人种，其余为波利尼西亚人和欧洲移民
瑙鲁	13	114	11176	100	官方语言为英语，通用瑙鲁语	瑙鲁人占 58%，太平洋岛国人占 26%，欧洲人占 8%，华人占 8%
帕劳	218	290	9983	87	官方语言为帕劳语，通用英语	多属密克罗尼西亚人种
马绍尔群岛	58	200	3454	73	官方语言为马绍尔语，通用英语	多属密克罗尼西亚人种
所罗门群岛	622	1300	2206	22	官方语言为英语，通用皮金语	94.5%属美拉尼西亚人，波利尼西亚人占 3%，密克罗尼西亚人占 1.2%，华人约几千人
图瓦卢	11	40	3550	60	主要语言为图瓦卢语，官方语言为英语	居民大多是波利尼西亚人种

资料来源：根据中国驻各国大使馆网，http：//zh. trading economics. com/country-list/gdp 及其他公开资料整理。

（一）产业基础薄弱，经济结构单一

与中国相比，太平洋岛国产业基础薄弱，经济结构单一，突出表现在生产力总体水平低，三次产业结构“两头大，中间小”，即第一、第三产业相对较大，第二产业发展严重不足（见表 1-5）。多数国家如所罗门群岛、密克罗尼西亚、汤加、瓦努阿图、基里巴斯仍以渔业、农业为支柱产业，其中农业以种植甘蔗、椰子、香蕉等经济作物为主，粮食作物主要为水稻。部分国家依托旅游业发展，第三产业比重较高，如斐济、巴布亚新几内亚、帕劳、瓦努阿图、库克群岛等国旅游业相对发达，旅游业已成为其重要经济支柱和主要外汇收入来源。世界旅游及旅行理事会（WTTC）报告显示，2017 年，斐济旅游业综合贡献为 19.7 亿美元，占 GDP 的 40.3%；旅游业直接和间接就业

11.85 万人，占全国总就业人数的 36.5%。瓦努阿图旅游业综合贡献占 GDP 总量的 46.1%；旅游业直接和间接就业 3 万人，占全国总就业人数的 39.3%。

表 1-5　中国与主要太平洋岛国三次产业结构比较

国家	三次产业结构	
	2007 年	2016 年
中国	10.3 : 46.9 : 42.9	8.6 : 39.8 : 51.6
密克罗尼西亚联邦	—	26 : 6 : 68*
斐济	13.9 : 18.1 : 68	11.1 : 14.4 : 56.4
巴布亚新几内亚	20 : 36 : 44	18.8 : 33.7 : 47.5*
汤加	19.8 : 18.8 : 61.4	17.2 : 17.3 : 60.3
瓦努阿图	23.7 : 9 : 67.3	22 : 7.5 : 64.7*
萨摩亚	12.2 : 32 : 55.4	9.6 : 23.9 : 66.5

资料来源：Wind 数据库，商务部国际贸易经济合作研究院、中国驻各太平洋岛国大使馆经济商务参赞处、商务部对外投资和经济合作司《对外投资合作国别（地区）指南》（2018 年版）（http://fec.mofcom.gov.cn/article/gbdqzn/.）。

注：* 表示密克罗尼西亚联邦、巴布亚新几内亚和瓦努阿图为 2015 年数据。

绝大多数太平洋岛国受地理条件和国土空间限制，第二产业发展普遍滞后，主要以矿业和少量轻工业为主，其他多数工业产品均依赖进口。其中，矿业主要集中在巴布亚新几内亚、所罗门群岛、瓦努阿图、斐济等国土面积相对较大、矿产资源富集的国家。瑙鲁国土面积小，但由于磷酸盐矿富集，曾主导全国经济，目前几近枯竭。轻工业主要为鱼产品、木材、椰子以及蔗糖等农产品加工，如巴布亚新几内亚的家具、胶合板及地板等建筑材料加工，斐济的制糖业，密克罗尼西亚联邦的鱼产品加工、制皂和椰油加工，萨摩亚的食品、烟草、啤酒和软饮料加工等（见表 1-6）。

表 1-6　主要太平洋岛国主导/特色产业情况

国家	主导/特色产业
密克罗尼西亚联邦	农业、旅游业、渔业
斐济	旅游业、蔗糖业、渔业、农业、林业、制造业（成衣加工业、矿泉水加工业）

续表

国家	主导/特色产业
巴布亚新几内亚	矿产开发业、油气开发业、农业、林业、渔业
汤加	农业、渔业、旅游业
瓦努阿图	农业、工业（食品、木材加工、可可及咖啡加工等）、渔业、旅游业
萨摩亚	旅游业、农业、渔业、农产品加工业、印刷和日用化学业（食品、烟草、啤酒和软饮料、木材家具及椰油）、服务业

资料来源：商务部国际贸易经济合作研究院、中国驻各太平洋岛国大使馆经济商务参赞处、商务部对外投资和经济合作司《对外投资合作国别（地区）指南》（2018 年版）（http：//fec. mofcom. gov. cn/article/gbdqzn/. ）。

（二）发展水平低下，内部差异悬殊

受自然地理条件等多重因素限制，太平洋岛国整体发展水平低，基里巴斯、所罗门群岛、瓦努阿图、图瓦卢四国仍为最不发达国家。从城镇化发展水平来看，瑙鲁、帕劳、库克群岛、马绍尔群岛、图瓦卢等国相对较高，城镇人口比重均超过了 60%，巴布亚新几内亚、所罗门群岛等国均低于 30%，见图1-2。从贫困程度来看，约 1/4 的岛民生活在各自国家基本需求贫困线（BNPL）之下，青年平均失业率约为 23%，远高于全球 13%的平均失业率，基里巴斯、瑙鲁、和图瓦卢的青年失业率尤其严重，青年失业率超过 50%。

从区域内部来看，由于国土资源差异，各国发展差异显著。巴布亚新几内亚国土面积占太平洋岛国总面积的 87%，经济总量和人口规模优势突出。2017 年，GDP 为 210. 9 亿美元，占岛国总量的 67. 8%；总人口为 825 万人，占岛国人口总量的 75. 8%。但人均 GDP 仅为 2400 美元，在岛国处于下游水平。目前，全国人口中有 37%生活在国际贫困线（人均 1. 25 美元/天）以下，主要是由于农业人口占 85%，农业产值占 GDP 近三成，多为初加工产品。虽然矿产、石油和经济作物资源丰富，但由于技术、设备等限制，没有形成高端加工和精细加工产业链，在对外贸易中主要出口铜、金、矿砂、原木、原油等初级产品，附加值低。旅游业虽有所发展，但人口规模依然偏小，年接待外国游客约 7 万人次，带动能力有限。

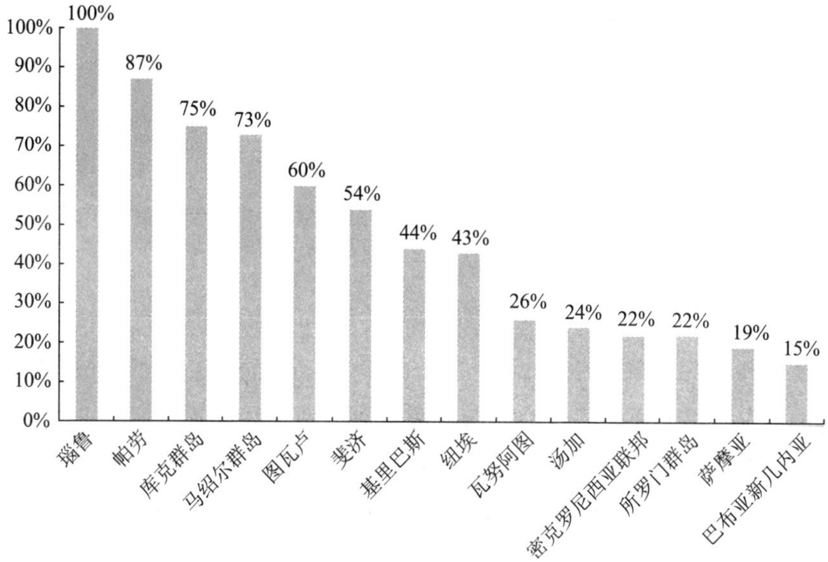

图 1-2　太平洋岛国城镇人口比重

资料来源：根据中国驻各国大使馆网站及其他公开资料整理。

2017 年，斐济 GDP 约为 51 亿美元，总人口约为 91 万，占太平洋岛国的比重分别为 16.3%和 8.5%。凭借丰富的旅游资源和便利的交通条件，斐济自独立后就大力发展旅游业，历经 40 多年，已成为太平洋地区重要的旅游中心，年接待国际游客量超过 70 万人次，约占岛国国际接待游客总量的 40%；旅游收入约为 8 亿美元，约占岛国旅游总收入的 20%。

相比而言，库克群岛、纽埃和瑙鲁，虽然经济总量和人口规模较小，但人均生产总值均已超过 1 万美元，分别达 21000 美元、18462 美元和 11176 美元。

三、基础设施严重不足

太平洋岛国交通、能源、信息等基础设施普遍薄弱，缺乏自我建设的资金、技术和工程能力，对域外援助需求空间很大。

（一）交通基础设施

由于受海岛自然条件制约，航空和海运是太平洋岛国的主要出行和运输方式，巴布亚新几内亚、斐济、萨摩亚和库克群岛等国公路运输系统相对完备。仅有斐济铺设了铁路，用于甘蔗运输。

航空方面，太平洋地区共 53 个机场，40%分布在巴布亚新几内亚。莫尔兹比港、纳迪、阿皮亚、霍尼亚拉和拉罗汤加与其他各国较大城市有较好的航空网络，斐济、巴布亚新几内亚有自己的国家航空公司，航空网络覆盖澳大利亚、新西兰、美国和一些亚洲城市。

海运方面，太平洋区域港口条件各异。巴布亚新几内亚具有相对现代化的集装箱和散货码头；斐济的苏瓦和劳托卡港口设备先进，货物处理能力强；瑙鲁港口可满足普通船只停泊装卸。密克罗尼西亚联邦和所罗门群岛港口远低于国际标准。由于城市和偏远地区之间的货物运输量较低，加之国内船队老化，本土货架和集装箱不符合国际标准化组织（ISO）标准，许多岛国没有商业化的国内航运服务。

（二）能源电力设施

太平洋岛国电力供应不足，用电成本高昂。900 万常住人口中，无电人口约为 700 万，多数岛国未实现电网全覆盖，用电缺口较大。其中，巴布亚新几内亚电力供应能力最差，电网覆盖率仅为 15%，630 万人居住的地区没有电。瓦努阿图和所罗门群岛的电力供应率仅为 30%和 20%。用电成本高也是岛国地区突出的问题，2012—2013 年，该地区各国平均电价大约在 0. 17 ~ 0. 87 美元/千瓦时，折合人民币约为 1. 1 ~ 5. 6 元/千瓦时，工商业电价普遍高于家庭用电。从电力结构来看，岛国电力供应大量依赖进口高碳化石能源，能源自我保障能力严重不足。除斐济等个别国家外，各国电力装机仍以进口的燃油为主，其中，巴布亚新几内亚约为 70%，萨摩亚约为 74%，瓦努阿图约为 85%，汤加约为 90%。陆域面积较小的岛国则完全依靠化石能源进口。而在另一方面，这些岛国水力、太阳能、风能、海洋动能、生物能源等一系列可再生清洁能源资源丰富，却迟迟得不到利用。开发利用这些可再生能源，不仅有利于实现能源自给，也能降低能源成本，保障电力供给。

（三）信息通信设施

21 世纪初由于电信市场放松管制，导致信息和通信技术连接的大规模扩展。到 2015 年，10 个太平洋岛国已接入了高速网络以及替代或补充卫星的高带宽容量海底电缆。预计到 2020 年，大多数岛屿的移动覆盖率将达到 80%~95%。大部分首都城市目前已联通 2G/3G/4G 网络，未来几年内将推广到农村地区。目前岛国面临的主要挑战是在推动数字化发展的同时，加快通信基础设施的建设。数字化成本过高加重了岛国的经济负担，以国民总收入（GNI）在宽带服务上的支出百分比来衡量，数据显示，汤加（2%）和斐济（4%）是岛国中最便宜的，也反映了移动宽带的高普及率（分别为 56%和 54.3%）。巴布亚新几内亚（9%）、密克罗尼西亚（9%）、所罗门群岛（9%）和瓦努阿图（10%）是最难以负担的国家。

四、公共服务能力低下

太平洋岛国大多财政拮据，公共服务投入长期不足，导致文化教育、卫生健康等公共服务短缺且水平低下，自我保障能力不足。

（一）文化教育

近年来，太平洋岛国基础教育水平有了较为全面的改善，区域大多数国家实现了小学和中学教育的男女平等，但是仍有 5%~10%的小学适龄儿童失学，总量几乎达到 100 万人。儿童上学晚、复读率和辍学率高等现象突出，学前教育、中等教育和职业教育也尚未全面普及。此外，教育质量问题也尤为突出，包括学生读写和计算能力水平较低，教师缺乏体系培训，教育和劳动力市场之间缺乏联系。多国政府无力承担教育资金，高度依赖来自发展伙伴的外部资金。

（二）卫生健康

太平洋岛国正面临着人口迅速增长、贫困增加、快速城市化等问题。各国政府目前正在计划或实施卫生部门改革，以改善卫生服务和卫生筹资。非传染性疾病是岛国人口死亡的主要原因之一，已达到临界水平。肥胖、缺乏体育活动、不良饮食、烟草和酒精是大多数非传染性疾病诱因。美属萨摩亚、密克罗尼西亚联邦、基里巴斯、瑙鲁和马绍尔群岛超过 40%的人口肥胖。此外，环境卫生、医疗基础设施短缺等问题也成为一大挑战，岛国 80%以上的人口生活在海洋 1.5 千米以内或河流流域内，日益严重的沿海洪水、土壤盐度和侵蚀威胁着淡水和粮食安全。近年来，全球各国向岛国提供了数额很大的海外发展援助，捐助者包括亚洲开发银行，澳大利亚，中国，欧洲联盟，全球疫苗免疫联盟，抗击艾滋病、结核病和疟疾全球基金，日本，新西兰，联合国机构（粮农组织、开发计划署、人口基金、儿童基金会和卫生组织）和世界银行。

第二章

太平洋岛国的组织化进程及区域形势演变

太平洋岛国对内抱团取暖，对外积极争取国际社会援助是其现实选择。

从区域形势来看，美国作为“二战”以后太平洋中的海上主宰，长期将太平洋视为“内湖”，致力阻止任何一个潜在的竞争对手在该地区获得战略优势；澳、新对太平洋岛国长年保持较强的援助力度，以维持其在“自家后院”的影响力；中国自与岛国建交以来友好合作，互利发展，双方关系发展不断取得突破；日本、俄罗斯、韩国、印度等国家也逐渐加入对岛国的援助队伍。

综合来看，太平洋岛国形势正在发生历史性的深刻变化，主要表现在四个方面：①岛国谋求自主发展和联合自强的趋势不断增强；②国际社会对岛国的重视程度上升；③岛国的传统力量格局正在发生变化；④中国同岛国关系的发展及对岛国的影响日益为各方所瞩目。[①]

---

① 陈德正，吕桂霞，曲升．太平洋岛国研究（第一辑）［M］. 北京：社会科学文献出版社，2017.

第一节 太平洋岛国的组织化进程

一、由殖民到独立

太平洋浩瀚辽阔，27 个国家和地区的 1 万多个岛屿分布在近 3000 万平方千米的海面上。4000 多年前部分粤、闽、台及东南亚人南迁至太平洋诸岛①，脱离了亚欧大陆文明的演进，15 世纪开始的大航海时代又将这一区域拉回到欧洲主导的全球体系中。在地理大发现、文艺复兴、宗教改革带来的殖民征服、三角贸易、工业革命浪潮中，16 至 18 世纪欧洲居民陆续来此定居，目前大洋洲人口中，欧洲人后裔占 70%。19 世纪后半叶，法、英、德、美、西等吞并瓜分诸岛，除汤加外，各岛均在宗主国控制之下。

自 1874 年斐济沦为英国殖民地后，巴布亚新几内亚、密克罗尼西亚、所罗门群岛、图瓦卢、基里巴斯、萨摩亚、汤加、纽埃和瓦努阿图相继成为英、法、德等国的殖民地或保护地。澳大利亚、新西兰本身曾是殖民地，但逐步发展成为以西方文明为主体的独立主权国家，是英联邦成员，同西方殖民国家一同参与对太平洋岛国的管理。美国在美西战争后获得西班牙在关岛的权益，使关岛成为美国的“未合并领土”（见表 2–1）。

表 2–1 太平洋各岛国及原宗主国

年份	概况
1874	斐济沦为英国殖民地
1884	英国与德国瓜分新几内亚岛
1885	西班牙占领密克罗尼西亚，后由日本和美国先后进行委任统治或托管；所罗门群岛成为德国保护地，后转归英国

① 按照学界认同度较高的“快车”模式（澳大利亚国立大学考古学家彼得·贝尔伍德（Peter Bellwood）提出），作为“拉皮塔”（Lapita）文化遗存的陶器、黑曜岩、贝壳装饰品等是 6000 年前首次在中国华南和台湾地区出现的农耕文化的衍生物。南岛语族的 10 个亚组 1200 种语言中，有 9 个亚组为高山族所使用。波利尼西亚、美拉尼西亚和东南亚妇女 DNA 检测结果显示，大约 90%～95%的波利尼西亚人有一个在东南亚人（包括台湾人）身上存在的遗传缺陷，在美拉尼西亚人身上则少见。

续表

年份	概况
1888	瑙鲁被德国吞并；库克群岛沦为英国保护地
1892	图瓦卢、基里巴斯成为英国保护地
1899	西萨摩亚沦为德国殖民地，东萨摩亚由美国统治
1900	汤加、纽埃成为英国保护地
1906	瓦努阿图沦为英法共管殖民地

资料来源：根据列国志编写组《列国志·太平洋岛国系列》（社会科学文献出版社）相关数据整理所得（http：//e. dangdang. com/touch/products/1900700031. html？ id = 1900700031&mediaId = 1900700031&mediaType = 2. ）。

“二战”后，太平洋岛国独立呼声渐高，西萨摩亚、瑙鲁及斐济等国先后独立，随着 1994 年 10 月 1 日帕劳独立，联合国托管理事会也结束了其使命（见表2-2）。许多太平洋联合国托管地尽管名义上取得独立，但防务和安全仍由原保护国负责，如密克罗尼西亚联邦、北马里亚纳自由联邦、马绍尔群岛、帕劳、纽埃及库克群岛等岛国，美国和新西兰等仍凭《自由联系条约》继续起保护作用。事实上，它们在“二战”后的实际运行中已实现了从饮食到政体、从语言到信仰的西化，岛国绝大部分居民使用英语，绝大部分居民信奉基督教。

表 2-2　太平洋岛国独立时间

国家	独立时间	首都（府）
萨摩亚	1962. 1. 1	阿皮亚
库克群岛	1965. 8. 4	阿瓦鲁阿
瑙鲁	1968. 1. 31	无正式首都，政府机关设在亚伦区
汤加	1970. 6. 4	努库阿洛法
斐济	1970. 10. 10	苏瓦
纽埃	1974. 10. 19	阿洛菲
巴布亚新几内亚	1975. 9. 16	莫尔兹比港
所罗门群岛	1978. 7. 7	霍尼亚拉
图瓦卢	1978. 10. 1	富纳富提
基里巴斯	1979. 7. 2	塔拉瓦
瓦努阿图	1980. 7. 30	维拉港

续表

国家	独立时间	首都（府）
马绍尔群岛	1986. 1. 4	马朱罗
密克罗尼西亚	1986. 11. 3	帕利基尔
帕劳	1994. 10. 1	梅莱凯奥克

资料来源：根据列国志编写组《列国志·太平洋岛国系列》（社会科学文献出版社）相关数据整理所得（http：//e. dangdang. com/touch/products/1900700031. html？ id = 1900700031&mediaId = 1900700031&mediaType = 2. ）。

二、由分散到抱团

由于岛屿分散，距离遥远，联系不便，在“二战”后世界反殖民化浪潮下，太平洋岛国面对如核废料倾放、核试验等整体利益受损，自我意识、抱团意识逐渐增强。

1947 年，为维护地区稳定，太平洋岛国原宗主国英国、法国、荷兰和美国，以及本地新兴大国澳大利亚和新西兰成立南太平洋委员会（South Pacific Commission，SPC，1997 年更名为太平洋共同体），为当地教育、卫生和经济发展提供技术援助，但明确把政治议题排除在外，其实质是仍想延续原宗主国在该地区的特权和控制权。不甘受制于大国主导的岛国们逐渐开始了争取地区机制主导权的行动，直到 1997 年，委员会最终承认南太平洋大会成为其管理部门之一。

在争取民族独立过程中，太平洋岛国对南太平洋委员会及其政策取向日益不满，开始寻求建立自己的地区合作组织，以共治合作取代托管制度，以政治承诺取代非政治主义，以直接财政援助取代技术专家，成为岛国领导人日益清晰的前进方向。1965 年，斐济、西萨摩亚和汤加组成了“太平洋岛国生产者协会”（Pacific Islands Producers’ Association，PIPA），该协会主要是以集体力量与新西兰协商农业出口价格一致等问题。虽然岛国建立了自己的地区合作组织，但在这一时期，地区合作还主要集中在少数几个岛国之间（主要是波利尼西亚国家），同时“太平洋岛国生产者协会”也主要是为解决现实问题而创立的地区贸易协调组织，与建立全面的地区合作机制还有着很大的差距。1971 年，“南太平洋论坛”宣告成立，澳大利亚作为最大创始会员国，为新机制的建设贡献了大量的资源和资金。该论坛的宗旨是加强各国在贸易、发展、航空、海运、教育等领域的合作与协调。它的成立标志着南太平洋地区机制的建设开始转向“本土化”阶段，地区建设的主动权逐渐由域外大国转向域内国家。在经济发展方面，为了打破地区分离带来的交往困难，在澳大利亚等国的资助下，成立了“太平洋航空”，为加强南太平洋地区各岛国的联系发挥了重要作用。1981 年，澳大利亚与新西兰同南太平洋地区岛国签订了《南太平洋地区贸易与经济合作协定》，主要内容是区域内两个发达国家澳大利亚和新西兰，给予大部分来自其他成员岛国的商品免税待遇。在地区安全方面，由于多数南太平洋地区岛国均没有常规军事力量，澳大利亚承担了多数区域内军事与武装干涉的任务，包括派遣巡逻船维护地区海洋秩序和提供相应执法援助。随着越来越多岛国的独立，它们纷纷要求参与到地区机制的建设之中。虽然南太平洋委员会在推动地区经济和社会发展方面起着重要的作用，但是作为一个地区合作组织，它不仅不是完全由区域内国家所主导，还将岛国们较为关心的政治议题排除在讨论之外。因此，这些岛国开始探索建立一个真正属于自己的地区合作机制。

除了建立综合性的地区合作组织外，各太平洋岛国还积极筹建各种区域多边合作组织，如论坛渔业局、南太平洋环境委员会、南太平洋大学等，这些组织成立的初衷是将岛国不发达的国力聚合起来共同协作，具有一定的一体化性质。随着南太平洋论坛涉及领域的扩大，其网络机制也在不断拓展，南太平洋地区机制逐渐形成了两种不同的发展方式。一种是建立地区部长级会议，它在特定领域为地区或区域内各国提出政策建议，如民航、贸易和航运等，即当前所建立起来的南太平洋论坛；另一种是建立半自治的地区合作组织，它在特定领域进行着更高层次的一体化协作，如论坛渔业局和论坛航运公司等。① 在这一时期地区主义的建设过程中，南太平洋国家逐渐形成了被称作“太平洋方式”（Pacific Way）的原则，即以非对抗方式，并在各岛

① Gregory E Fry. Regionalism and International Politics of the South Pacific［J］. Pacific Affairs，1981，54（3）：465.

国同意的情况下处理及讨论相关议题，以达成最后决议。但经过 30 多年的发展，南太平洋地区合作与一体化的尝试越来越不能适应经济全球化及世界政治形势的改变；而“太平洋方式”也不太适应地区内的变化，这一原则逐渐使得地区国家以牺牲自己的部分利益来达成地区共识。①

从 1989 起，南太平洋地区岛国论坛邀请中、美、英、法、日、加等国以观察员身份出席高峰会。2001 年 8 月，第 32 届南太平洋地区岛国论坛高峰会议举行，会议通过了关于区域自由贸易与经济合作安排的《太平洋紧密经济关系协定》；之后召开的第 33 届高峰会议通过了关于区域安全的《纳索尼尼宣言》。

2000 年 10 月，南太平洋论坛正式更名为太平洋岛国论坛。2004 年，论坛各成员国共同发表了《奥克兰宣言》（*Auckland Declaration*）。在宣言中，论坛各国领导人一致同意对未来南太平洋的展望（Leaders’ Vision），而该展望的内容也正式成为南太平洋地区一体化的主旨精神。同时，各国领导人也同意对论坛机构进行改革，强化论坛在地区合作与一体化中的角色，并同意发展“太平洋计划”（The Pacific Plan）来推动地区合作与一体化。该计划也成为南太平洋地区一体化的指导战略，由此开创了南太平洋地区主义建设的新篇章。此后，南太平洋地区各国以及地区合作组织的核心任务聚焦于推动地区合作与一体化建设，包括澳大利亚和新西兰在内的南太平洋国家都积极参与到地区一体化的建设之中。同时，太平洋岛国论坛作为地区主义建设的核心机构，成为实施和推动“太平洋计划”的领导力量。不仅如此，论坛还加强了同区域内其他多边合作组织的协作。当前，南太平洋地区主义已经实现了机制化和常态化。在论坛的组织下，各国领导人定期举行会谈并召开经济、政治等领域的部长级会议。随着“太平洋计划”的执行和地区经济社会的发展，南太平洋地区主义建设将迈向一个新的台阶。

① Jim Rolfe. The Asia-Pacific：A Region in Transition［M］. Honolulu：Asia-Pacific Center for Security Studies，2004：103.

专栏 太平洋岛国主要组织概况

太平洋共同体（Pacific Community，SPC）。其前身为南太平洋委员会，是南太平洋地区最早成立的多边合作组织。该组织是为促进南太平洋地区各国及领地人民的经济发展和社会福祉而设立，主要以经济发展、公共健康、教育等促进南太平洋地区社会发展项目为主导任务，制定了《太平洋共同体战略计划2016—2020》（*Pacific Community Strategic Plan 2016—2020*），海洋治理是其中的重点。

太平洋岛国论坛（Pacific Islands Forum）。该论坛虽然是一个区域政治组织，但由于南太平洋地区特殊的地理环境以及岛国在应对气候环境变化方面具有先天脆弱性，因此，海洋治理是其重要议题。论坛在2004年《奥克兰宣言》（*Auckland Declaration*）中确立了一个指导性原则，"争取对保护世界上最大的海洋及其资源的责任达成共识"。论坛年会为关于地区环境问题采取具体行动提供了重要的政治平台。论坛发起了地区合作的倡议，以解决南太平洋地区主要的环境问题，比如核试验、可持续渔业治理、有毒废弃物的运输等。

论坛渔业局（Forum Fisheries Agency，FFA）。论坛渔业局每年都召开部长会议，商讨地区渔业问题。目前，渔业管理与其他一系列问题和领域相互影响，包括海洋治理、适应和应对气候变化、海洋空间规划和小岛屿发展中国家问题。除了维护地区渔业利益之外，论坛渔业局同时还作为一个资讯机构，为各成员国提供在渔业方面的专家、技术援助及其他协助。自成立以来，论坛渔业局在促进地区各国渔业发展上做出了巨大贡献。

南太平洋旅游组织（South Pacific Tourism Organization，SPTO）。太平洋岛国大多资源贫乏，除了较为丰富的渔业资源和少量的矿产资源外，几乎不存在任何其他能够支撑国家发展的资源。但由于这些岛国位于广袤的大洋之中，其优美的自然风光、奇特的地貌以及独特的文化均吸引着世界各地的游客前往，旅游业成为继渔业之后南太平洋国家的第二大支柱产业。

但这些岛国国力有限，任何国家都无法独自承担巨大的基础设施建设成本。为了吸引更多游客和促进地区旅游业的发展，各岛国成立了“南太平洋旅游委员会”，以促进南太平洋地区旅游业的发展。

南太平洋大学（University of South Pacific，USP）。虽然南太平洋大学并不是一个正式的区域组织，但多年以来，它与南太平洋地区的区域组织互动密切，因此扮演着正式区域组织的角色。南太平洋大学关于海洋资源和环境治理的培训及研究活动对于该地区机制的发展和能力的建构起着重要作用，其中特别重要的是《海洋研究计划》（*Marine Studies Programme*）。

太平洋区域环境署。南太平洋地区的政府和行政机构掌握着规划署秘书处，负责地区环境的保护和可持续发展。《战略行动计划 2011—2015》（*Strategic Action Plan 2011—2015*）指导该组织，主要包括四个战略重点：气候变化，生物多样性和生态系统治理，废弃物治理和污染控制，环境监督和治理。该组织包括太平洋区域环境署会议和秘书处两部分。

中西部太平洋渔业委员会（Western & Central Pacific Fisheries Commission，WCPFC）。该组织是根据2004 年6 月19 日生效的《中西部太平洋高度洄游鱼类种群养护和管理公约》而成立的区域性金枪鱼渔业国际管理组织之一，其宗旨是通过有效管理，确保中西部太平洋高度洄游鱼类种群的长期养护和可持续利用。总部设在密克罗尼西亚联邦。该委员会现共有 26 个成员，7 个海外领地和属地，8 个合作的非成员。中国于 2004 年加入该公约，是该委员会正式成员。该委员会管理着世界上最大的金枪鱼渔业。

第二节　主要援助国在太平洋岛国的角色变化

太平洋岛国的主要援助国包括美国、澳大利亚、新西兰、日本、中国以及俄罗斯、韩国、印度等。近 10 年来，随着岛国国际地位的提升及该地区战略地位的日益凸显，美、中、日、俄、印等大国均逐渐加大了对该地区的介入，加大了对该地区的影响和渗透，大力巩固和扩展各国在该地区的战略利益，从而使得该地区的大国博弈愈发激烈。

从近年的援助金额来看，澳大利亚仍是太平洋岛国最大的援助国，中国于 2017 年已成为第二大援助国，新西兰、美国和日本分列第三至第五位（见表 2-3）。

表 2-3　2011—2017 年主要国家（机构）对太平洋岛国的援助情况

单位：百万美元

国家（机构）	2011 年	2012 年	2013 年	2014 年	2015 年	2016 年	2017 年	合计
澳大利亚	1250	1140	1050	940. 89	922. 15	798. 7	488. 3	6590. 04
中国	143. 14	72. 25	386. 24	145. 07	191. 98	113. 92	164. 96	1217. 56
新西兰	187. 57	222. 84	171. 67	219. 99	188. 94	192. 01	27. 43	1210. 45
美国	233. 45	205. 46	216. 3	181. 48	130. 51	65. 93	—	1033. 13
日本	184. 7	152. 4	153. 95	88. 88	101. 12	180. 76	—	861. 81
欧盟	105	106. 27	111. 57	124. 59	133. 12	74. 1	83. 73	738. 38
亚洲开发银行	53. 15	98. 18	216. 22	86. 27	96. 01	104. 15	79. 22	733. 2
世界银行	38. 9	47. 25	77. 83	75. 48	96. 03	143. 49	85. 13	564. 11
全球基金（The Global Fund to Fight AIDS, Tuberculosis and Malaria）	—	71. 42	—	38. 62	38. 54	44. 48	24. 9	217. 96
联合国发展计划署（The United Nations Development Programme）		—	9. 68	19. 15	22. 88	33. 47	26. 9	112. 08

资料来源：澳大利亚智库洛伊国际政策研究所，Lowy Institute Pacific Aid Map。

一、澳、新以高额援助维持其地区影响力

澳大利亚和新西兰作为紧邻太平洋岛国的两个大国，出于对本国及地区安全稳定的考虑，两国一直将岛国地区视为重要的国家利益所在，是其天然的“势力范围”。岛国由于自身国力弱小，没有足够的力量保护自身的安全，也需要同澳、新开展安全合作。“二战”后，美国将该地区的事务更多地委托

给了澳、新处理，澳、新两国实际上长期扮演着地区“管家”的角色，对于地区外交关系、地区安全、国际援助及社会经济发展动态均表现出高度的关注和敏感。

以高额援助维持地区影响力是澳、新两国对太平洋岛国的一项长期策略。从“冷战”时期开始，为了防止和抗拒苏联的渗透，澳、新一直保持对岛国的高额援助。虽然近年来，由于自己国内经济不景气，澳、新对于岛国的援助金额明显“缩水”，但仍远高于其他主要援助国，并且在总额上继续占据领先优势。

澳大利亚智库洛伊国际政策研究所（Lowy Institute for International Policy）数据显示，2011—2017 年间，澳、新对太平洋岛国的援助总额分别为 65.9 亿美元和 12.1 亿美元，分别是岛国的第一大和第三大援助国（见表 2-3）。其中，澳大利亚对岛国的援助额占其对外援助总额的比重超过 1/5。从年度援助金额的变化来看，澳大利亚的援助额由 2011 年的 12.5 亿美元减少到了 2017 年的 4.9 亿美元，缩减幅度达 60%（见表 2-4）。新西兰由 2011 年的 1.9 亿美元减少到了 2017 年的 2743 万美元，缩减幅度达 85%（见表 2-3）。从年均值来看，澳大利亚近 7 年的年均援助额达 9.4 亿美元，分别是中国的 5 倍，美国的 6 倍，日本的 7 倍。新西兰的年均援助额也达 1.7 亿美元，略低于中国，但明显高于美国、日本及欧盟。

表 2-4　2011—2017 年澳大利亚对太平洋岛国援助情况

援助情况	2010/2011 年	2011/2012 年	2012/2013 年	2013/2014 年	2014/2015 年	2015/2016 年	2016/2017 年	合计
对岛国援助额/亿美元	12.5	11.4	10.5	9.4	9.2	8.0	4.9	65.9
对外援助总额/亿美元	47.9	51.7	49.5	45.9	38.7	31.7	30.4	295.8
占比/%	26.1%	22.0%	21.2%	20.5%	23.8%	25.2%	16.1%	22.3%

资料来源：中华人民共和国商务部网站。

注：对外援助总额数据根据各年度澳元与美元的汇率换算而得。

伴随中、日等域外大国地区影响力的提升，斐济、巴布亚新几内亚、所罗门群岛等国实施“北望”战略，澳、新两国深感地区地位弱化。作为应对，澳、新在最新的预算中加强了对岛国的援助。在澳大利亚 2018 财年（2018 年 7 月至 2019 年 6 月）预算方案中，对外援助规模跟往年差不多，大约是 42 亿澳元（约合 30.7 亿美元），但面向岛国的援助金额从上一财年的 11 亿澳元（约合 8 亿美元）增加至 13 亿澳元（约合 9.5 亿美元）。与此同时，澳、新还加强了与岛国的安全防务合作，进一步巩固“老大哥”的地位。如 2014 年，澳大利亚公布了一项价值 20 亿美元的新太平洋巡逻艇项目（PPBP），用以加强各国监视跨国犯罪的能力，以及对海上渔业保护的能力。

二、美国继续发挥综合影响力

美国非常看重太平洋岛国的战略价值，重视维护和平衡自身的地区影响力。太平洋战争时期，美国将岛国作为跨越太平洋的重要战略跳板。“冷战”期间，为避免苏联势力进入，美国围绕太平洋与环太平洋国家构建了大量的军事基地网络和军事同盟体系，构建起了关岛—雅浦—马绍尔群岛—夏威夷群岛—美属萨摩亚军事安全弧（见表 2-5）。

表 2-5　美国在太平洋地区的重要战略岛屿

战略岛屿	地缘位置	战略意义	具体用途
关岛	马里亚纳群岛	扼守亚太地区咽喉	美国海外领地以及南太平洋地区核心军事基地
中途岛	夏威夷群岛西北部	太平洋东西航线的中途	美国的军事基地
夏威夷岛	南太平洋北侧	太平洋中心地带	美国太平洋舰队的大本营
威克岛	太平洋中部	美军后方补给站	太平洋航线中继站，美国导弹实验基地和空军紧急降落基地
塞班岛	马里亚纳群岛	太平洋的“垫脚石”	美国重要的空、海军基地
马绍尔群岛	太平洋中部	美国的“自由联系邦”	美国核武器、弹道导弹试验基地
美属萨摩亚	南太平洋中部	美国战略领地	军事基地

资料来源：“永不沉没的航空母舰”——细数美国八大战略岛屿［EB/OL］．［2018-08-12］．http：//news. cctv. com/military/20071224/106758. shtml.

“冷战”结束后的一段时期，美国将战略重心聚焦于中东等地，将太平洋岛国事务更多地委托给了澳、新处理，同时受自身财政影响，大幅削减了对岛国的外交投入和经济援助，还一度撤销了太平洋岛国事务办公室，关闭了除驻斐济和巴布亚新几内亚以外所有的美国使馆，撤走了驻斐济的援助机构，并减少了对当地区域组织的参与。

2008 年金融危机后，美国迅速调整自身战略，一方面逐渐从中东地区撤出；另一方面高调宣布“重返亚太”，加强了在该地区的投入。2010 年 11 月，希拉里·克林顿访问巴布亚新几内亚，成为“12 年来首访南太平洋地区的美国国务卿”。2011 年 6 月，由美国主管东亚和太平洋地区事务的助理国务卿库尔特·坎贝尔（Kurt Campbell）率领的高级代表团访问了基里巴斯、萨摩亚、汤加、所罗门群岛、巴布亚新几内亚、帕劳、密克罗尼西亚联邦和马绍尔群岛八国。2011 年 10 月，美国在巴布亚新几内亚重设在太平洋岛国的唯一援助机构，负责与岛国政府部门、非政府组织进行沟通、协调，为其提供保护国防安全、应对气候变化、防控自然灾害、治疗传染性疾病、清理战后遗留武器等方面的援助。2012 年 8 月，希拉里·克林顿率高层官员，出席了在库克群岛拉罗汤加岛举行的第 24 届太平洋岛国论坛峰会，并承诺美国会提供 3200 万美元以援助岛国在经济、生态环境等方面的可持续发展。

从经济援助来看，2011—2016 年，美国对太平洋岛国的援助总额约为 10.3 亿美元，位于澳、中、新之后，居第四位。其中，2011 年为 2.3 亿美元，到 2016 年已减少为 6590 万美元，削减幅度达 71.8%（见图 2-1）。从 2008—2015 年美国对部分岛国的经济援助数据来看（见表 2-6），奥巴马政府对岛国的经济援助数额整体上升。

从援助对象来看，美国的重心在太平洋岛国的三个“自由联系国”——帕劳、马绍尔群岛和密克罗尼西亚。从 1980 年到 21 世纪初，三国共接受美国援助约 26 亿美元。奥巴马执政期间，美国出于战略考量增加了对三国的经济支援，承诺提供将近 40 亿美元的各种形式的援助。按照约定，2004—2023 年美国向密克罗尼西亚联邦提供和计划提供的援助款项总计达 18.44 亿美元，其中条约援助实际可用金额 14.016 亿美元，注入信托基金 4.424 亿美元（见表 2-7）。奥巴马政府还注重帮助“自由联系国”发展独立的经济体系。为达到此目的，美国主导建立起信托基金，将《自由联系条约》规定援助的部分资金注入基金，同时要求“自由联系国”也注入同样金额的资金。基金收入在2023年《自由联系条约》到期之前不能使用，2023年后基金收入将作为“自由联系国”主要的财政来源之一。为保证条约的实施，美国政府还成立相关机构，与“自由联系国”共同管理经济援助款项。奥巴马政府对“自由联系国”的经济援助以年为单位提供，集中在六个领域：教育、卫生、公共基础设施、环境、公共部门能力建设及私有经济发展。其中，教育和卫生为最优先领域。

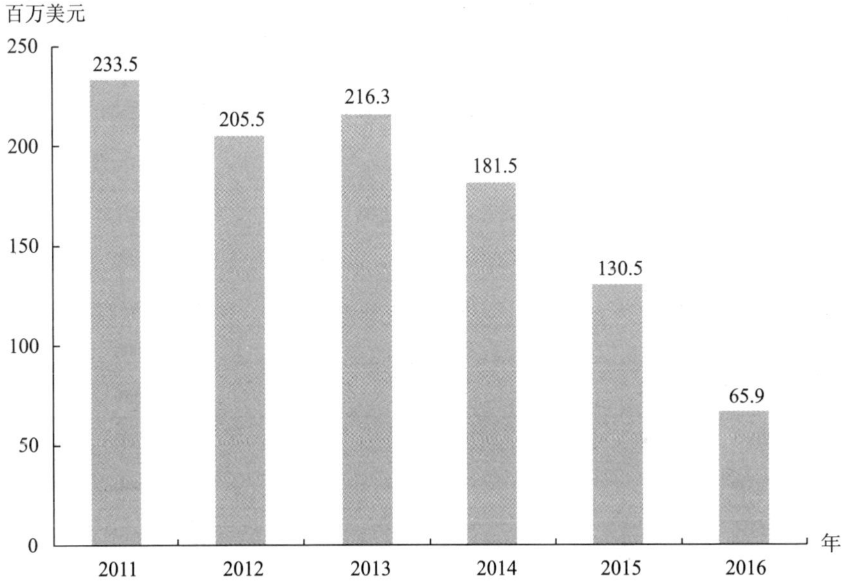

图 2-1　2011—2016 年美国对太平洋岛国援助情况

资料来源：澳大利亚智库洛伊国际政策研究所，Lowy Institute Pacific Aid Map。

表 2-6　2008—2015 年美国对部分太平洋岛国的经济援助情况

单位：百万美元

国家	2008 年	2009 年	2010 年	2011 年	2012 年	2013 年	2014 年	2015 年	合计
马绍尔群岛	48.17	48.39	49.06	9.79	75.25	57.44	64.31	79.01	431.42
斐济		1.02	1.61	0.94	1.33	1.2	1.26	1.93	9.29

续表

国家	2008 年	2009 年	2010 年	2011 年	2012 年	2013 年	2014 年	2015 年	合计
帕劳	14. 1	13. 48	13. 61	17. 17	18. 34	10. 71	16. 66	18. 15	122. 22
汤加	0. 78	0. 82	1. 21	1. 17	1. 2	0. 99	1. 11	1. 31	8. 59
萨摩亚	1. 02	0. 82	1. 21	2. 03	1. 09	0. 93	0. 72	1. 11	8. 93
所罗门群岛	0. 03	0. 16	0. 15	0. 33	0. 15	0. 43	0. 23	0. 2	1. 68
基里巴斯	0. 7	0. 81	0. 65						2. 16
巴布亚新几内亚	0. 18	0. 2	3. 09	2. 87	2. 32	3. 8	4. 01	3. 11	19. 58
瓦努阿图	5. 11	7. 2	5. 16	5. 66	7. 13	6. 56	5. 75	6. 65	49. 22
合计	70. 09	72. 9	75. 75	39. 96	106. 81	82. 06	94. 05	111. 47	

资料来源：USAID Foreign Assistance Database（FADB）［EB/OL］．［2019－05－08］．http：//gbk. cads. usadallnet. gov/.

表 2-7　2004—2023 年美国向密克罗尼西亚联邦提供和计划提供的援助款项表

单位：万美元

财政年度	条约援助实际可用金额	注入信托基金
2004	7620	1600
2005	7620	1600
2006	7620	1600
2007	7540	1680
2008	7460	1760
2009	7380	1840
2010	7300	1920
2011	7220	2000
2012	7140	2080
2013	7060	2160
2014	6980	2240
2015	6900	2320
2016	6820	2400
2017	6740	2480
2018	6660	2560
2019	6580	2640

续表

财政年度	条约援助实际可用金额	注入信托基金
2020	6500	2720
2021	6420	2800
2022	6340	2880
2023	6260	2960

资料来源：中华人民共和国驻密克罗尼西亚联邦大使馆经济参赞处．密美自由联系条约执行情况简介［EB/OL］.［2019-05-08］. http：//fm. mofcom. gov. cn/article/ztdy/200810/20081005849075. shtml.

此外，美国积极联合澳、新、日等盟友配合其战略部署。2018 年 11 月，在巴布亚新几内亚莫尔兹比港举行的亚太经合组织（APEC）第 26 次领导人非正式会议上，美国与日、澳、新宣布将投入 17 亿美元，帮助巴布亚新几内亚建设电力和网络设备。

三、日本长期深耕谋求“政治大国”地位

日本是世界上的对外援助大国，对外援助树立了其大国形象，提升了其国际地位。

20 世纪 60 年代末，日本开始对太平洋岛国进行援助，是岛国的主要援助国之一，其最初动机是资源安全，特别是着眼于金枪鱼捕鱼船队能够进入到该地区进行捕鱼活动。① “冷战”后，随着日本经济的快速发展和国际环境的变化，日本政府的对外援助逐渐与政治安全问题挂钩。在政治上，“入常”成为日本最迫切的政治诉求，岛国是其重要“票仓”。在安全上，岛国海域面积广阔，是日本作为“海洋国家”的重要扩展区域。

1990 年以来，日本财政长期处于赤字状态，逐年调低对外援助总额，但对外援的理念、价值与有效性要求更高。相比澳、新、美三个盟友援助额的大幅缩水，日本对太平洋岛国的援助额总体保持平稳，2011—2016 年，日本对岛国的援助额达到 8. 619 亿美元，除 2014 年和 2015 年有一定幅度的削减以外，其他年份均保持正常的高位水平，且年均援助额依然达到了 1. 4 亿美元

① 龚斌超．日本对太平洋岛国援助研究［D］. 武汉：华中师范大学，2014.

（见图2-2）。日本一度是斐济、汤加、基里巴斯、瑙鲁、巴布亚新几内亚、所罗门群岛、密克罗尼西亚联邦、马绍尔群岛、帕劳、图瓦卢、萨摩亚 11 个岛国最大或第二大双边援助国，同时也是太平洋岛国论坛的最大域外援助国。

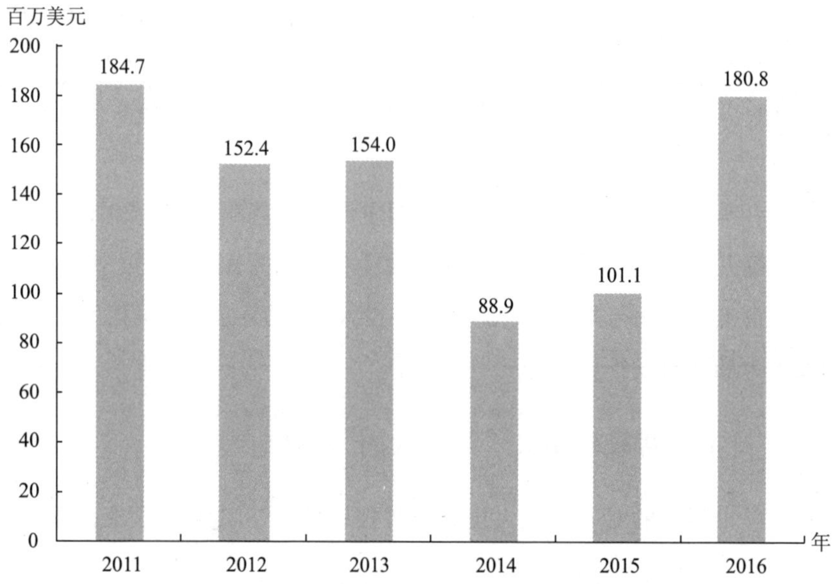

图 2-2　2011—2016 年日本对太平洋岛国援助情况

资料来源：澳大利亚智库洛伊国际政策研究所，Lowy Institute Pacific Aid Map。

日本自 1997 年开始，定期举办日本—太平洋岛国领导人会议（Japan-SPF Summit Meeting，Pacific Island Leaders Meeting，PALM）。2000 年，第二次 PALM 在日本宫崎市召开，日本在会上系统阐述了对太平洋岛国的经济合作、贸易和援助政策，双方一致同意在青年交流、海洋合作和面向未来三个方面强化合作。至今，该会议已成为日本和岛国进行外交、援助和贸易等活动的定期交流机制和渠道。

在 2018 年 5 月举行的会议上，日本除承诺继续加大援助力度外，还首次邀请美国与会并将海洋安全问题列入会议议题，日本首相安倍晋三表示未来 3 年将向太平洋岛国提供大约 4. 53 亿美元的援助。

四、中国快速上升至地区第二大援助国

中国自1975年与斐济正式建交以来，始终重视发展与太平洋岛国的友好合作，坚持平等互利的原则，量力而行地为岛国提供援助，且不附带任何政治条件。但受自身经济发展水平限制，中国起初对该地区的援助力量比较有限。1975年至20世纪90年代初约20年间，中国对该地区援助额不超过3.3亿元人民币。进入21世纪，随着中国经济发展水平的不断提高以及太平洋地区战略重要性的日益凸显，中国开始加大对岛国的援助力度。2011—2017年，中国对岛国的援助额达12.2亿美元，已超越新西兰，仅次于澳大利亚，成为岛国的第二大援助国（见图2-3）。

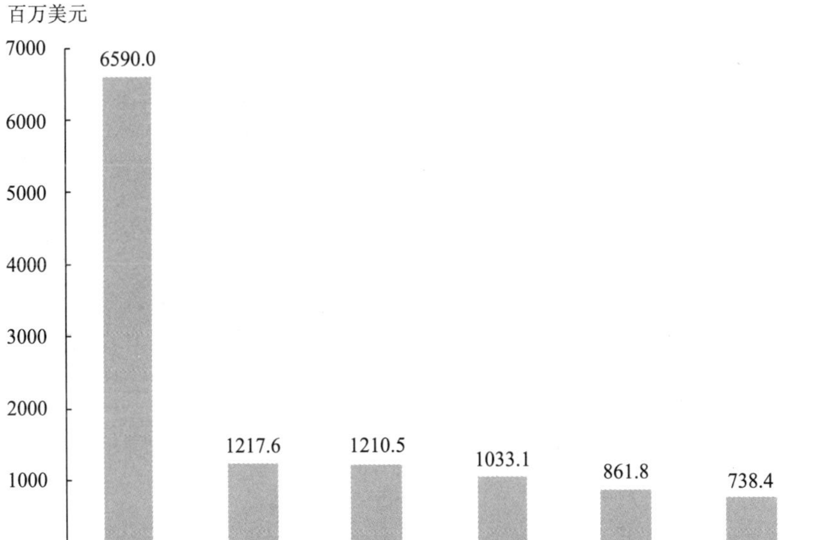

图2-3 2011—2017年太平洋岛国主要援助国家/地区援助额比较

资料来源：澳大利亚智库洛伊国际政策研究所，Lowy Institute Pacific Aid Map。

从年度援助额的变化来看，与澳、新、美等传统援助大国不同的是，中国对太平洋岛国的援助总体呈上升态势。尤其是2013年第二届“中国—太平洋岛国经济发展合作论坛”以后，中国的援助额上升了一个新台阶。其中，

2013 年当年达到了约 3.9 亿美元（见图 2-4）。

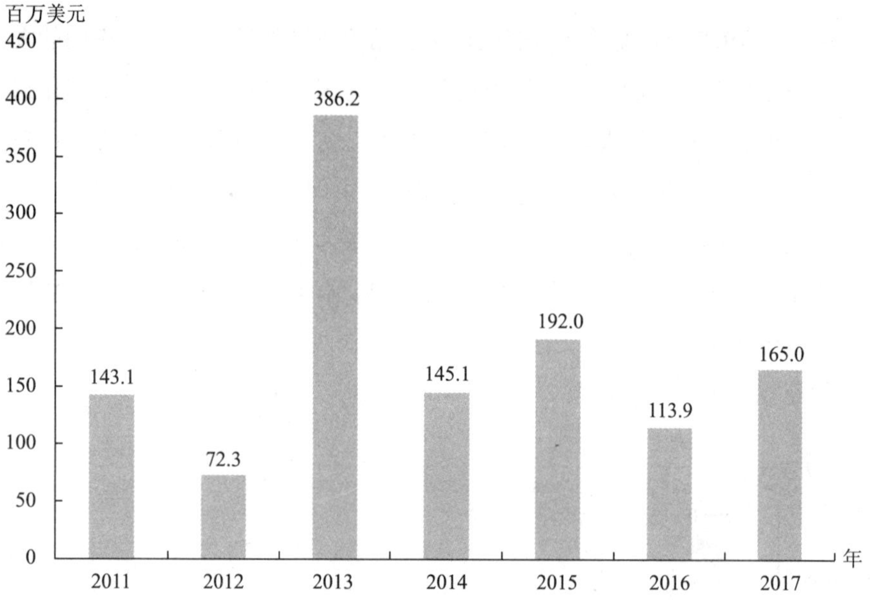

图 2-4　2011—2017 年中国对太平洋岛国各年度的援助情况

资料来源：澳大利亚智库洛伊国际政策研究所，Lowy Institute Pacific Aid Map。

从援助对象来看，中国对太平洋岛国的援助基本覆盖了所有建交国，充分体现了中国对岛国援助具有公平性、开放性和普惠性，而不是为了达到某些政治意图故意偏向某一个国家。目前，中国已是斐济的最大援助国，同时也是库克群岛、汤加、萨摩亚和巴布亚新几内亚的第二大援助国。2011—2017 年中国对部分太平洋岛国的援助数据如表 2-8 所示。

表 2-8　2011—2017 年中国对部分太平洋岛国援助情况

单位：百万美元

国家	2011 年	2012 年	2013 年	2014 年	2015 年	2016 年	2017 年	合计
巴布亚新几内亚	10.5	41.1	133.3	79.8	54.3	20.8	63.0	402.8
斐济	53.7	1.5	202.7	6.5	10.5	—	—	274.9
瓦努阿图	—	3.0	3.7	3.7	69.6	15.6	95.1	190.7
萨摩亚	29.1	8.7	28.1	33.2	46.1	10.5	1.0	156.6

续表

国家	2011年	2012年	2013年	2014年	2015年	2016年	2017年	合计
汤加	16.6	15.0	14.3	8.0	5.3	19.8	—	79.1
密克罗尼西亚	—	1.5	1.0	12.7	2.8	24.7	5.8	48.5
库克群岛	0.5	1.5	3.2	1.2	3.4	13.5	0.1	23.3
合计	143.1	72.3	386.2	145.1	192.0	113.9	165.0	1217.6

资料来源：澳大利亚智库洛伊国际政策研究所，Lowy Institute Pacific Aid Map。

从援助内容来看，中国对太平洋岛国的援助覆盖了基础设施、教育、医疗、农业、能源、信息诸多领域，为支持和帮助岛国减少贫困、改善民生做出了重要贡献。目前，基础设施领域援助仍然是重点，尤其是在“一带一路”倡议推动下，中国政府通过无偿援助、优惠贷款等形式支持岛国的基础设施建设，为岛国互联互通做出了重要贡献。如巴布亚新几内亚国际会议中心项目、斐济纳布瓦鲁公路项目、萨摩亚法雷奥罗国际机场升级改造项目、瓦努阿图卢甘维尔国际码头扩建项目、汤加弗阿阿莫图社区道路项目。援助项目几乎都是由国企承建，仅在斐济承建项目的建筑类企业就包括中国中铁一局集团有限公司、中国中铁五局集团有限公司、中国葛洲坝集团有限公司、中国水利水电建设集团公司、烟台建设集团有限公司、河北建设集团有限公司和湖南省建筑工程集团总公司等（见表2-9）。

表2-9　中国对太平洋岛国代表性援助项目

国家	代表项目
巴布亚新几内亚	国际会议中心、独立大道、机场快速路、维瓦克体育场、戈罗卡大学学生宿舍、尤一亚公路等
密克罗尼西亚	金枪鱼管委会办公楼、波纳佩州政府办公楼、科斯雷州中学、示范农场
瓦努阿图	美拉尼西亚先锋集团办公楼、水产品加工厂、电子政务系统、国际会议中心
斐济	纳务索桥、多用途船、低造价住房、纳务瓦医院、索摩水电站、海岸防护工程
萨摩亚	法雷奥罗国际机场升级改造项目、议会办公楼、司法部和法院办公楼、新政府办公楼、国际会议中心、国家医疗中心、国家宽带通信网
汤加	弗阿阿莫图社区道路项目、首都商业区重建项目、塔布岛医疗保障中心、瓦伊普阿大桥、全国公路升级改造

近年来，随着太平洋岛国社会经济发展的新需求，中国援助出现了两大新趋势：

一是更加注重太平洋岛国能力建设。从 21 世纪初开始，中国多次为岛国举办涵盖经济社会发展各领域的中、短期人力资源培训，拓展与岛国人力资源的开发合作。如 2004—2012 年，中国外交部共举办了 6 期太平洋岛国论坛高级外交官培训班，为中国建交岛国和论坛秘书处的外交官提供培训服务。2004—2007 年，中国向岛国派遣农业专家 28 人，在当地开展技术培训，推广农业技术。此外，还有培养岛国的医疗人才，增加对岛国提供的政府奖学金名额等。

二是更加注重太平洋岛国迫切的需要。中国对岛国的援助始终坚持以岛国自身发展需要为基准，帮助其解决能源短缺、应对气候变化、地区间互联互通等亟须解决的问题，得到了岛国的高度评价。在能源领域，自 2006 年以来，通过一系列优惠政策和举措，中国向岛国援建了一批小水电、太阳能、沼气等绿色能源项目。如，2012 年，中国水电承建的斐济南德瑞瓦图可再生能源项目竣工，该项目总装机容量 4.5 万千瓦，设计年发电量 1.01 亿度，有效缓解了斐济电力供应紧张的局面，同时也减少了斐济对燃油进口的依赖。

五、新兴国家纷纷入场

在太平洋岛国的地区事务中，英、法、德等欧洲传统大国虽然参与较早，但是一直以来介入不深。法国自 2003 年起，为加强与岛国的联系，建立起“法国—大洋洲峰会机制”（France-Oceania Summit），截至 2016 年已经举办了四届，但影响力始终有限。

在后来的新兴国家中，印度有意加强太平洋岛国公关，积极争取“入常”支持。2014 年 11 月，印度总理莫迪在上任 6 个月之后便访问了岛国斐济，并与 12 个岛国领导人举行了第一届印度—太平洋岛国论坛。他也成为自 1981 年英迪拉·甘地之后第二位访问太平洋岛国的印度总理。双方同意在应对气候变化、海洋生态维护、海洋经济开发等方面加强合作，在国际多边场合加强沟通，扩大共识。2015 年 8 月，第二届印度—太平洋岛国论坛在印度北部城市斋普尔（Jaipur）举行。14 个岛国的领导人或代表参与了此次会议。此次峰会的合作议题比上次有所扩大，印度承诺提供更多的援助，和岛国达成了更多的合作和援助协议。

近年来，韩国外交拓展至相对偏远的太平洋岛国一带。2014 年 1 月，第二届韩国—太平洋岛国外长会议在首尔举行，14 个岛国外长、太平洋岛国论坛（PIF）代理秘书长出席了会议。与会国围绕“为共同繁荣建立具有包容性和可持续性的太平洋伙伴关系”的主题，就韩国和岛国在发展合作、气候变化、海洋和水产等三个领域的合作方案进行讨论。目前，韩国对岛国的外交多管齐下。通过多边外交、援助外交、环境外交、文化外交等多种途径，韩国日渐成为南太平洋区域的一支域外新兴力量。韩国与岛国在政治、经济、安全、文化等领域的合作关系稳步发展。

近年来，俄罗斯也在利用自身的军事优势加强与太平洋岛国的联系。2008 年，俄罗斯与格鲁吉亚发生了战争，试图以援助岛国获得对其阿布哈兹与南奥塞梯独立的承认。此外，俄罗斯试图在该区域利用自身的军事优势声东击西，减轻来自西方国家的战略压力。2013 年 6 月，俄罗斯总理梅德韦杰夫与到访的斐济总理姆拜尼马拉马就两国政府之间的军事技术合作签署了协议。俄罗斯有意在该区域展示本国的军事力量，以抗衡来自西方国家的集体制裁。

第三章

中国—太平洋岛国合作实践

太平洋岛国自然地理条件独特，海洋资源丰富，社会经济发展相对滞后，与中国在众多领域存在较强的互补性，同时，又扼守着中国重要的海上生命线，对“一带一路”倡议具有重要战略价值。自首届“中国—太平洋岛国经济发展合作论坛”举办以来，双方在政治、经济、文化等领域取得了重大发展，不仅为中国推进“一带一路”倡议和积极参与全球治理奠定了坚实基础，也为发挥中国特色优势的带动作用，促进岛国的稳定、繁荣、发展提供了良好空间。

第一节　中国与太平洋岛国合作的三个阶段

一、外交开拓和巩固发展阶段

自 1975 年至 2005 年长达 30 年的时间，是中国与太平洋岛国外交关系建立和不断巩固发展的阶段。其间，中国通过持续拓展外交关系，并不断加强官方访问、经济援助和文化交流，推动了与岛国关系的快速发展。同时，双方在经贸往来、基础设施建设、自然资源开发等合作领域都取得了显著成效。

1975 年，斐济率先同中国建交，成为太平洋岛国中第一个与中国建交的国家。到 2007 年，中国先后同萨摩亚、巴布亚新几内亚、瓦努阿图、密克罗尼西亚联邦、库克群岛、汤加和纽埃建立了外交关系，将该地区的建交国拓展到 8 个，为双方关系的正常、稳定、发展奠定了良好的政治基础。尤其是，到 20 世纪 90 年代，中国成为太平洋岛国论坛的对话伙伴，此后双方的交流与合作不断深化，并长期保持友好合作关系。中国奉行独立自主的和平外交政策，致力同世界各国发展互利友好关系，倡导互信、互利、平等、协作的新安全观，奉行防御性的国防政策，在国际事务中发挥了建设性作用，并且推动着与岛国政治关系不断向前发展，逐渐成为该地区事务的参与者。

进入新千年后，中国与太平洋岛国共同采取了一系列措施，不断推进双边关系的深入发展，并已初步建立长期合作的稳定机制。2000 年 10 月，中国政府捐资设立中国—太平洋岛国论坛合作基金，用于促进双方在贸易投资等领域内的合作。2002 年 9 月，太平洋岛国论坛驻华贸易代表处在北京正式开馆，大大促进了岛国与中国之间的贸易、投资和旅游合作。① 与此同时，随着外交关系的拓展，双方经贸合作有了初步发展。根据中国商务部统计数据可知，中国与岛国之间的贸易总额 1995 年为 1.2 亿美元，2000 年为 2.4 亿美元，2005 年已达到 8.4 亿美元。

二、多领域互利合作蓬勃发展阶段

2006—2013 年，中国与太平洋岛国举办了两届“中国—太平洋岛国经济发展合作论坛”（简称“中太论坛”），进一步推动了双方在经贸、投资、农业、旅游、工程和基础设施建设、自然资源、人力资源等合作领域的蓬勃发展。

2005 年 10 月，中国在第 17 届太平洋岛国论坛会后对话会上，倡议建立“中太论坛”。2006 年 4 月，以“促进合作，共同发展”为主题的首届“中国—太平洋岛国经济发展合作论坛”部长级会议在斐济成功举行。国务院总理温家宝在出席论坛时，承诺为该地区邦交国家提供如下援助：①中方将在

① 徐秀军．中国发展南太平洋地区关系的外交战略［J］．太平洋学报，2014，22（11）：16-25.

今后 3 年内提供 30 亿元人民币优惠贷款，推动双方企业在资源开发、农林渔业、旅游、轻纺制造业、电信和航空交通等领域的合作。中国政府还将设立专项资金，鼓励中国企业在太平洋岛国投资。②对该地区同中国建交的最不发达国家多数对华出口商品给予零关税待遇，免除这些国家对华 2005 年底之前的到期债务；对其他岛国截至 2005 年底到期债务的还款期延长 10 年。③在今后 3 年内向疟疾流行的岛国无偿提供抗疟疾药品，继续向岛国派遣医疗队，并每年为岛国举办卫生官员、医院管理及医药研究人员的培训班。④在今后 3 年内向岛国提供总计 2000 个培训名额，协助岛国培训政府官员和各类技术人员。⑤正式批准巴布亚新几内亚、萨摩亚和密克罗尼西亚联邦为中国公民出境旅游目的地。⑥根据岛国需求，在地震或海啸预警监测网建设方面提供支持。此外，双方共同签署了《中国—太平洋岛国经济发展合作行动纲领》，为全面深化中国与岛国的经贸合作勾画了蓝图。

2013 年 11 月，在广州举行的第二届“中太论坛”上，国务院副总理汪洋再次宣布了中方进一步支持太平洋岛国社会经济发展的一系列措施，主要包括：①支持岛国重大项目建设，将在今后 4 年内向建交的岛国提供 10 亿美元优惠性质的贷款。②设立 10 亿美元专项贷款，用于岛国基础设施建设。③支持岛国开发人力资源，今后 4 年为岛国提供 2000 个奖学金名额，帮助其培训一批专业技术人员；继续为岛国援建中小学校，并提供汉语教学帮助。④支持岛国发展医疗卫生事业，继续为岛国援建医疗设施，派遣医疗队，提供医疗器械和药品，传授抗疟经验和技术。⑤支持岛国发展农业生产，加强农林产品加工与贸易合作，办好示范农场等合作项目，继续派遣农业、渔业专家，提供相关设备。⑥支持岛国保护环境和防灾减灾，为岛国提供一批太阳能路灯、节能家电等低碳产品，援建一批小水电、太阳能、沼气等绿色能源项目。

“中太论坛”的建立，使中国与太平洋岛国整体形成了长期稳定的合作机制，进一步增强了双方的紧密联系，推动双方在经贸、投资、基础设施建设等领域的互利合作呈现出蓬勃发展势头。

三、战略伙伴关系深入发展阶段

2014 年 11 月，习近平主席在出席澳大利亚布里斯班举行的二十国集团领导人第九次峰会之后，对斐济进行了国事访问，并同太平洋建交岛国领导人举行了会晤，共商合作发展大计。双方一致同意建立相互尊重、共同发展的战略伙伴关系，标志着中国同太平洋岛国的合作进入新时代。

此次会晤中，习近平主席发表了《构建相互尊重、共同发展的战略伙伴关系，共圆发展繁荣和谐之梦》的主题讲话，宣布了新形势下发展和提升中国同太平洋岛国关系的一系列重大举措，包括：①支持岛国以自己的方式管理和决定地区事务，支持岛国平等参与国际事务，维护自身合法权益。②同岛国扩大政府部门、立法机构、政党对话交往，继续办好中国—太平洋岛国经济发展合作论坛等机制性对话。③以建设“21 世纪海上丝绸之路”为契机，同各岛国分享发展经验和成果，深化经贸、农渔业、海洋、能源资源、基础设施建设等领域的合作，为最不发达国家 97%税目的输华商品提供零关税待遇。继续支持岛国重大生产项目以及基础设施和民生工程建设。④未来 5 年，为岛国提供 2000 个奖学金和 5000 个各类研修培训名额。继续派遣医疗队到有关岛国工作，鼓励更多中国游客赴岛国旅游。⑤同各岛国就全球治理、扶贫减灾、粮食安全、能源安全、人道援助等问题加强沟通，维护双方和发展中国家的共同利益。在南南合作框架下为岛国应对气候变化提供支持，向岛国提供节能环保物资和可再生能源设备，开展地震海啸预警、海平面监测等合作。继续积极参与太平洋岛国论坛、太平洋岛国发展论坛等岛国地区合作机制，支持岛国联合自强、互帮互助、维护地区稳定和繁荣的努力。同时，习近平主席在讲话中表示，“中国对发展同太平洋岛国关系的重视只会加强、不会削弱，投入只会增加、不会减少”，进一步增强了岛国领导人同中国合作发展的决心和信心。

2015 年 3 月，国家发展改革委、外交部、商务部联合发布《推动共建丝绸之路经济带和 21 世纪海上丝绸之路的愿景与行动》，提出以政策沟通、设施联通、贸易畅通、资金融通、民心相通为主要内容，坚持共商、共建、共享原则，积极推动“一带一路”建设，并明确了“21 世纪海上丝绸之路重点方向是从中国沿海港口过南海到印度洋，延伸至欧洲；从中国沿海港口过南海到南太平洋”。2017 年 6 月，国家发展和改革委、国家海洋局联合发布了《“一带一路”

建设海上合作设想》，进一步明确了“21 世纪海上丝绸之路”的西线、南线和北线三大海上通道的方向和范围。其中，西线连接中国—中南半岛经济走廊，经南海向西进入印度洋，衔接中巴、孟中印缅经济走廊，共同建设中国—印度洋—非洲—地中海蓝色经济通道；南线经南海向南进入太平洋，共建中国—大洋洲—南太平洋蓝色经济通道；北线是经北冰洋连接欧洲的蓝色经济通道。自 2013 年“一带一路”倡议提出以来，太平洋岛国正式被纳入“21 世纪海上丝绸之路”南线范围，成为“一带一路”倡议不可或缺的重要组成部分。

2018 年 11 月，习近平主席出席亚太经合组织第 26 次领导人非正式会议，首次对巴布亚新几内亚进行了国事访问，并且时隔四年，再次同建交的太平洋岛国领导人会晤，就深化中国同岛国关系提出以下建议：①中方愿和岛国于 2019 年下半年共同举办第三届“中国—太平洋岛国经济发展合作论坛”；中方将继续为各建交岛国提高自主发展能力、实现经济社会良性循环做出努力。②以签署共建“一带一路”合作文件为契机，深化各领域务实合作，提升双方贸易便利化水平，办好 2019 年中国—太平洋岛国旅游年系列活动。③支持岛国人才培养和能力建设，扩大汉语教学和人员往来，加强各界交流；鼓励更多地方省市同岛国开展交流合作。④一道维护多边主义和自由贸易体制，加强在国际事务中的沟通和协调，支持岛国发出“太平洋声音”，共同推动落实 2030 年可持续发展议程，支持岛国推进“蓝色太平洋”倡议。重视和理解岛国在气候变化问题上的特殊关切，向各岛国提供力所能及的帮助，携手推动《巴黎协定》有效实施，促进全球绿色、低碳、可持续发展。岛国高度评价中国在可持续发展、应对气候变化等方面的领导作用，愿加强同中国在多边事务中的沟通和协调，积极参加共建“一带一路”；双方一致同意将双边和整体关系提升为相互尊重、共同发展的全面战略伙伴关系。

第二节　中国与太平洋岛国合作现状

一、经贸往来再上新台阶

伴随着两届中国—太平洋岛国经济发展合作论坛的举办，中国进一步加强了与太平洋岛国在经贸领域的务实合作，尤其是在 2014 年，习近平主席在斐济与太平洋 8 个岛国领导人举行集体会晤，提出了共建“21 世纪海上丝绸之路”的倡议以后，双方在经贸领域的发展取得了新的突破。

2011—2017 年，在全球贸易增长放缓的不利形势下，中国与太平洋岛国双方实现了逆势快速增长，进出口贸易总额由 42.5 亿美元增长到了 72.6 亿美元，增幅约达 71%（2015 年单年增长幅度约达 63%）（见图 3-1）。其中，中国向岛国主要出口机电产品、金属及其制品、车船、塑料与橡胶制品等，从岛国主要进口原木、渔产品、矿产、天然气等。

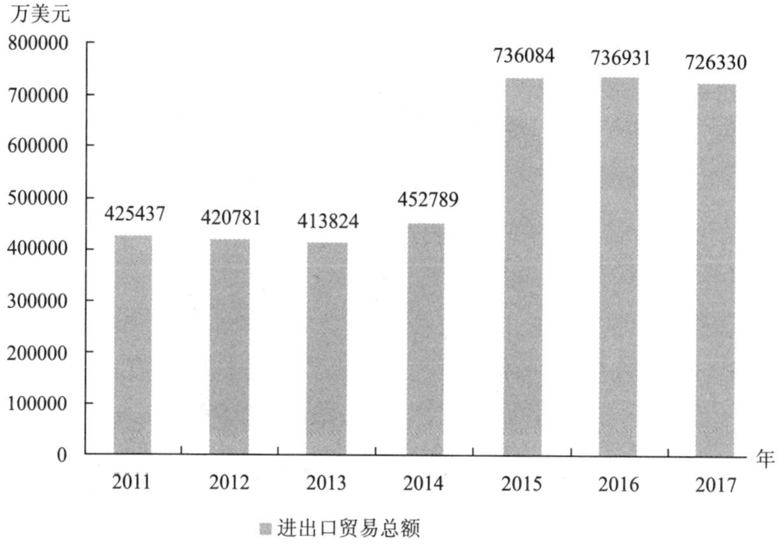

图 3-1　中国与太平洋岛国的进出口贸易总额统计（2011—2017 年）

资料来源：中华人民共和国国家统计局网，http://data.stats.gov.cn/easyquery.htm?cn=C01。

从贸易对象来看，中国与太平洋岛国的贸易对象主要为马绍尔群岛、巴布亚新几内亚和所罗门群岛。2017 年，中国与三大主要贸易国实现进出口贸易额达 66 亿美元，占中国与岛国进出口贸易总额的比重超过 90%。

其中，马绍尔群岛和所罗门群岛与中国经贸往来频繁，2017 年与中国进出口贸易额分别为 31 亿美元和 6.5 亿美元，占比分别为 42.9%和 8.9%。巴布亚新几内亚作为太平洋岛国最大的经济体，是中国最大的原木进口国，同时正发展成重要的液化天然气出口国。中国则是巴布亚新几内亚重要的投资来源国，中冶集团占有瑞木（RAMU）镍矿 85%的股权，巴布亚新几内亚也正在成为中国镍矿的主要进口国。2017 年，双方进出口贸易额达 28.5 亿美元，占比达 39.2%（见图 3-2）。此外，斐济地处南太平洋中心位置，具有重要的战略地位，自 1975 年与中国建交以来，双边经贸关系发展顺利。目前，斐济是中国在岛国的第四大贸易合作伙伴；是与中国建交岛国中第二大贸易伙伴，仅次于巴布亚新几内亚。2017 年，中斐双方进出口贸易额达 3.8 亿美元，比 2011 年增长了一倍多（见表 3-1）。

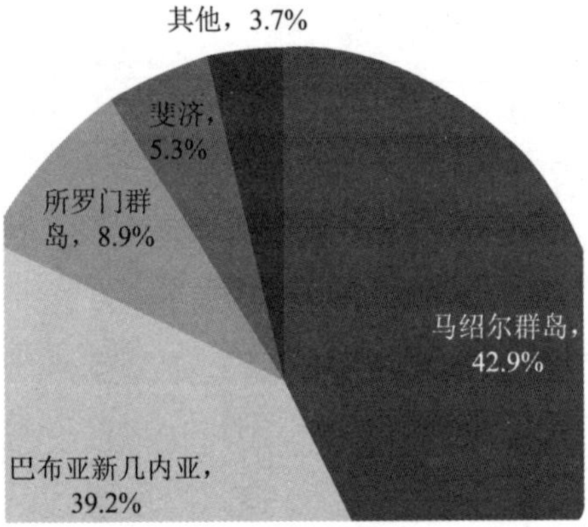

图 3-2　中国与太平洋岛国的进出口贸易额分布（2017 年）

资料来源：中华人民共和国国家统计局网，http：//data. stats. gov. cn/easyquery. htm?cn=C01。

表 3-1　中国与太平洋岛国的进出口贸易总额统计（2011—2017 年）

单位：万美元

国家	2011 年	2012 年	2013 年	2014 年	2015 年	2016 年	2017 年
马绍尔群岛	220661	184658	150021	128025	342813	397087	311468
巴布亚新几内亚	126824	128236	135076	203969	276164	227875	284533
所罗门群岛	37948	41438	44132	52328	54071	46283	64740

续表

国家	2011 年	2012 年	2013 年	2014 年	2015 年	2016 年	2017 年
斐济	17240	23618	30387	34014	34813	40123	38302
瓦努阿图	13625	13603	38273	18715	8232	6875	7982
萨摩亚	3784	7177	5448	5606	6325	7039	6441
基里巴斯	1317	3416	1911	2352	4647	3436	1580
汤加	1332	2016	3851	2398	2704	3035	2583
帕劳	120	167	320	1052	1903	1922	1684
库克群岛	570	505	2049	2112	1589	442	1319
密克罗尼西亚联邦	503	1500	1492	1478	1346	2107	3794
图瓦卢	1494	14345	753	464	1287	565	1835
瑙鲁	19	102	111	276	190	142	70

资料来源：中华人民共和国国家统计局网，http：//data. stats. gov. cn/easyquery. htm? cn=C01。
注：纽埃没有相应统计数据。

二、中国对岛国投资实现新高度

太平洋岛国自身资金缺乏，因此，对外资需求强烈。提高投资对国民经济的拉动作用也成为多数岛国政府普遍的诉求与发展目标，尤其是斐济、库克群岛、萨摩亚和瓦努阿图等国非常积极地致力改善投资环境，对外资给予有力的支持。斐济自 2007 年以来，出台了扩大免税区、减免企业税负、简化投资手续等一系列吸引投资的举措。

近十年来，在“中国—太平洋岛国经济发展合作论坛”和“一带一路”倡议的引导和推动下，中国对太平洋岛国的直接经济投资进入爆发式增长阶段。2009—2017 年，中国对巴布亚新几内亚等 8 个主要国家的直接经济投资存量由 4. 6 亿美元增长到 30. 9 亿美元，增长接近 6 倍，年均投资额超过 3 亿美元。其中，2015 年当年投资达 15 亿美元（见图 3-3）。

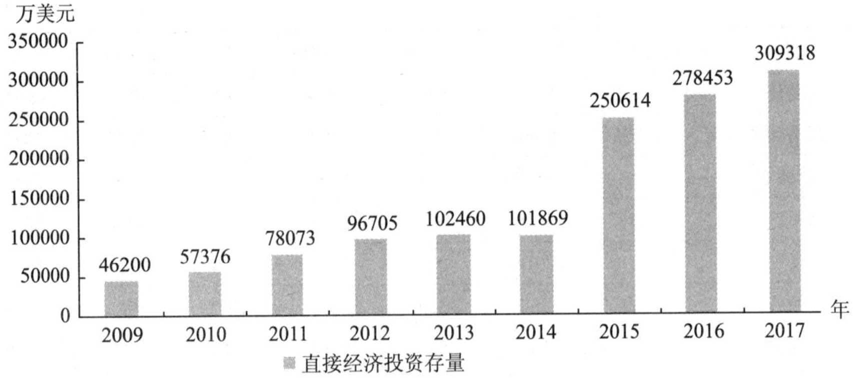

图 3-3　中国对太平洋岛国直接经济投资存量总额变化情况（2009—2017 年）

资料来源：中华人民共和国国家统计局网，http：//data. stats. gov. cn/easyquery. htm？cn =C01。

从对各国的投资情况来看，中国对巴布亚新几内亚和萨摩亚的投资比重相对较高。截至 2017 年，中国对巴布亚新几内亚、萨摩亚和斐济的直接经济投资存量分别达到 21 亿美元、6. 3 亿美元和 1. 6 亿美元，占比分别达 68%、20%和 5%（见表 3-2 和图 3-4）。

表 3-2　中国对太平洋岛国直接经济投资存量变化情况（2009—2017 年）

单位：万美元

国家	2009 年	2010 年	2011 年	2012 年	2013 年	2014 年	2015 年	2016 年	2017 年
巴布亚新几内亚	31511	32326	34152	36548	42230	46002	191183	186988	210121
斐济	3300	3943	6107	17091	20841	11998	9792	14850	15670
马绍尔群岛	8086	7352	10737	11687	11687	11687	6005	6541	6068
密克罗尼西亚联邦	725	725	436	777	823	1162	1517	3466	1954
帕劳	852	902	959	959	959	1010	1160	1210	1218
萨摩亚	240	10133	22979	26601	18808	22308	30691	54685	62755
汤加	711	711	711	711	711	721	819	844	956
瓦努阿图	775	1284	1992	2331	6401	6981	9447	9869	10576
合计	46200	57376	78073	96705	102460	101869	250614	278453	309318

资料来源：中华人民共和国国家统计局网，http：//data. stats. gov. cn/easyquery. htm？cn=C01。

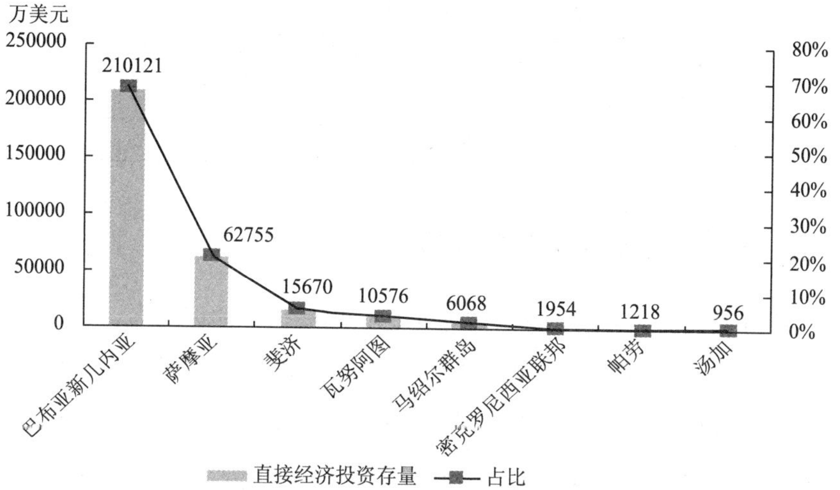

图 3-4 中国对太平洋岛国直接经济投资存量分布情况

资料来源：中华人民共和国国家统计局网，http：//data. stats. gov. cn/easyquery. htm? cn=C01。

除中资企业以外，由中国倡议设立的多边金融机构亚洲基础设施投资银行（Asian Infrastructure Investment Bank，AIIB，简称“亚投行”）也在对太平洋岛国的投资中发挥着重要作用。亚投行业务重点在亚洲，但不限于投资域内成员，凡是有利于亚洲区域发展的项目，包括域外项目，都是亚投行的投资范围。截至 2018 年，亚投行的成员总数扩大到 93 个，涵盖了岛国中的斐济、萨摩亚、汤加、库克群岛、瓦努阿图和巴布亚新几内亚六国（见表 3-3）。目前，亚投行正在发挥撬动更多资金的重要作用，为中国同岛国之间的投资与金融合作搭建新平台，也将进一步推动中国同岛国在基础设施建设与投资等领域的深入合作。

表 3-3 太平洋岛国亚投行成员

国家	批准加入时间
斐济	2017 年 3 月 23 日
萨摩亚	2017 年 5 月 13 日
汤加	2017 年 6 月 16 日
库克群岛	2017 年 12 月 19 日

续表

国家	批准加入时间
瓦努阿图	2017年12月19日
巴布亚新几内亚	2018年5月2日

三、应对气候变化成为重要的合作新领域

太平洋岛国海拔普遍较低（如基里巴斯多属低平的珊瑚岛，最高处也只比海平面高2米），是气候变化的直接受害者，面临减排效果滞后、自身守土无力、购土移民无望的三重困境。近年来，岛国积极行动，利用既有的地区合作机制和联合国这一国际舞台，在气候变化这一事关自身生存发展的重大问题上做出了巨大努力。在巴黎气候变化大会等历次气候变化大会上的强烈呼声，更是引起了全球关注。

中国作为世界上最大的发展中国家，与同为发展中国家的太平洋岛国在气候变化问题上无疑具有许多共同利益，双方都认为：发达国家应向发展中国家转移资金和技术用于应对气候变化；发达国家应带头执行更为严格的减排标准；发达国家应尊重发展中国家发展水平的实际情况；等等。近年来，中国积极参与全球治理，在应对全球气候变化问题上展现出的大国风范让岛国十分兴奋；尤其是在美国宣布退出《巴黎协定》，全球应对气候变化进程横生枝节的情况下，中国已经成为应对气候变化的中坚力量，这也让岛国对中国寄予了更高期望。目前，中国一大批旨在增强脆弱国家和地区应对气候变化能力的倡议和项目被提出并逐步开始实施。例如：2015年，中国宣布设立200亿元人民币的“气候变化南南合作基金”，重点为小岛国、最不发达国家、非洲国家及其他发展中国家提供实物和设备援助，为其参与气候变化国际谈判、政策规划、人员培训等方面提供大力支持；2016年，中国启动了“十百千”项目，在发展中国家设立10个低碳示范区，开展100个减缓和适应气候变化项目，以及提供1000个应对气候变化的培训名额。

与此同时，中国对太平洋岛国的气候援助和双方的气候合作不断取得新进展。2010年，中国—太平洋岛国经济技术合作洽谈会就以“推广新能源，

共同应对气候变化的挑战”为会议主题。国家发展和改革委在2012年11月发布的《中国应对气候变化的政策与行动2012年度报告》，明确提出将帮助岛国提高应对气候变化的适应能力作为援助重点。在2013年第二届“中国—太平洋岛国经济发展合作论坛”上，中国承诺为岛国提供低碳产品，援建绿色能源项目，为岛国的极端天气预报预警、海洋环境监测等提供帮助。2014年，习近平主席在与8个建交岛国领导人举行集体会晤时，提出在南南合作框架下为岛国应对气候变化提供支持，提供节能环保物资和可再生能源设备，开展地震海啸预警、海平面监测等合作。2017年，《“一带一路”建设海上合作设想》明确提出，支持沿线小岛屿国家应对全球气候变化，愿意在应对海洋灾害、海平面上升、海岸侵蚀、海洋生态系统退化等方面提供技术援助。

四、产业合作基础逐步夯实

太平洋岛国地区矿产、渔业等自然资源丰富；中国有广阔的市场，并且在资金、技术以及管理等方面优势明显。双方互补性较强，在产业合作方面具有广阔的潜力和空间。目前，中国与岛国的产业合作主要包括矿业、能源、旅游、渔业及农业等领域，合作形式以中资企业在岛国进行投资经营为主（见表3-4）。

表3-4　主要太平洋岛国鼓励外资进入行业

序号	国家	行业投资机会
1	密克罗尼西亚联邦	渔业、海水养殖、服装业、农业、家畜、商品林开发、建材生产以及进口替代和进料加工、组装产品的出口
2	斐济	农业、林业、渔业、制造业、旅游业、可再生能源、信息通信技术、音像业
3	巴布亚新几内亚	农业、制造业、旅游业、矿产、油气开发
4	汤加	农业、渔业和旅游业
5	瓦努阿图	旅游业、服务业、渔业、矿业、工业
6	萨摩亚	农业、服装与纺织业、食品加工业、制造工业、旅游业、服务业、木材和家具业、椰子产业

资料来源：商务部国际贸易经济合作研究院、中国驻各太平洋岛国大使馆经济商务参赞处、商务部对外投资和经济合作司《对外投资合作国别（地区）指南》（2018年版）（http：//fec. mofcom. gov. cn/article/gbdqzn/. ）。

（一）矿业合作

在矿业领域，中资企业参与投资的项目有中冶集团与巴布亚新几内亚方合作开发的瑞木镍钴矿项目、紫金矿业集团投资的巴布亚新几内亚波格拉金矿项目、山东信发集团斐济 Naiwailevu 铝土矿项目、山东中润资源投资的斐济瓦图克拉金矿项目等。这些中资龙头企业率先进入太平洋岛国，通过参股、控股等形式，直接参与对岛国矿产资源的投资、开发，为双方建立互利共赢的产业合作发展新模式进行了有益探索。其中，中冶集团与巴布亚新几内亚方合作开发的瑞木镍钴矿项目，已探明和可控的镍矿石储量为 7800 多万吨，总资源量达 1.4 亿吨，是目前中国企业在岛国最大的投资项目，同时也是中国企业在海外投资的最大的金属资源项目之一。中冶集团作为在巴布亚新几内亚投资量最大、最早进入的中国企业之一，于 2005 年获得了巴布亚新几内亚瑞木镍矿项目 85%的股权。该项目于 2006 年奠基，于 2012 年 12 月正式投产，设计服务年限为 20 年。目前，项目生产稳定。2015 年，紫金矿业通过全资子公司——金山香港（金山（香港）国际矿业有限公司，简称“金山香港”）出资 2.98 亿美元，间接获得巴布亚新几内亚波格拉金矿 47.5%股权，和巴理克澳大利亚公司并列成为该矿第一大股东。该矿在全球产金矿中位列第 36 位，2017 年权益产量为 7.82 吨，是紫金矿业年产量最大的金矿。

（二）能源合作

在能源领域，中国同太平洋岛国早期的合作以在斐济承建南德瑞瓦图可再生能源项目等为代表，大多是通过援助项目开展的。近年来，随着双方合作的深入，越来越多的中资企业开始主动参与岛国能源项目的投资经营。例如，中石化巴布亚新几内亚液化天然气项目，2009 年 12 月正式签署协议，2014 年底已开始向中国供气，计划项目投产后 20 年内每年向中国供应 200 万吨液化天然气。中国珠海兴业太阳能公司在汤加投资了 2 兆瓦太阳能发电站项目。该项目是汤加第一座由中国企业投资兴建的新能源发电项目，实际投资额 440 万美元，于 2016 年 12 月正式动工，2017 年 10 月竣工，平均每天可为汤加提供约 1 万千瓦时清洁稳定的电力供应，并将为汤加实现 2020 年可再生能源使用比例达到50%的目标发挥重要作用。2017年1月，由中国水电建设集团与深圳能源集团组成的联营体中标位于巴布亚新几内亚东高地省的拉姆二期水电站项目。该项目总装机为18万千瓦（占巴布亚新几内亚现有总装机的36%），主要包括水电站的设计、建造、融资、运行、维护，以及修建30千米的进场道路、7千米的引水隧洞、12千米132千伏的输电线路。

（三）旅游合作

中国与太平洋岛国旅游业合作潜力巨大，加强旅游业合作已逐渐成为双方近年来开展合作关注的重点。2019年，“中国—太平洋岛国旅游年”，将开启中—太旅游合作新篇章。但由于中国与岛国的旅游合作均起步晚，发展慢，无论是政府合作、游客出游还是企业投资等方面都需要加快取得新的突破。

从政府合作来看，中国游客到太平洋岛国旅游仍然面临直航这一最大瓶颈，亟须政府层面加强政策沟通，尽快解决。与中国建交的岛国中只有斐济和巴布亚新几内亚与中国香港开通了直航，而与中国内地城市尚无直达航线。虽然诸多岛国对中国游客免签证，但因为缺乏直航，烦琐的转机及由此带来的过境签证问题极大地限制了中国游客赴岛国旅游的热情。

从游客出游来看，目前，中国已成为世界第一大出境旅游消费国。2017年，出境旅游人数达到1.3亿人次。斐济、瓦努阿图、汤加、巴布亚新几内亚、密克罗尼西亚、萨摩亚已经成为中国公民出境旅游的目的地。但据南太平洋旅游组织（SPTO）统计，2017年，中国赴太平洋岛国旅游的总人数为12万人次，仅占中国出境旅游人数的0.09%，占岛国国际游客总数的比重不到10%。

从企业投资来看，中国在太平洋岛国投资的旅游项目极少，且经营领域主要为酒店，如苏州青旅SSS国际酒店项目（斐济）、绍兴南太投资公司Nalagi（纳兰格）酒店项目（斐济）等。

（四）渔业合作

30多年来，在国家相关政策的有力支持下，中国远洋渔业不断发展，规模不断扩大，实力不断增强，成为世界远洋渔业发展最快和最重要的国家之一。太平洋岛国渔业资源丰富，是中国远洋渔业发展的重要战略核心区。进入21世纪以来，中国在岛国的活跃渔船数和金枪鱼捕捞量均取得了快速突破。2017年，中国在岛国的活跃渔船数达365艘，金枪鱼捕捞量为6.5万吨，相比2001年，分别增长了2倍和5倍。

目前，在太平洋岛国经营的中资渔业企业主要有深圳市联成远洋渔业有限公司、上海蒂尔远洋渔业有限公司（上海水产（集团）总公司独资子公司）、中国水产（斐济）控股有限公司（中水集团远洋股份有限公司独资子公司）、中国水产瓦努阿图有限公司（中水集团远洋股份有限公司独资子公司）及中瓦渔业有限公司（中水集团远洋股份有限公司与瓦努阿图政府共同设立的合资公司，中水集团远洋股份有限公司独资子公司持有51%股权）。这些渔业企业深耕岛国长达十余年，为促进中国与岛国渔业合作发挥了重要作用。

深圳市联成远洋渔业有限公司，作为中国在太平洋岛国最大的金枪鱼捕捞企业和南太平洋地区最大的冰鲜金枪鱼供应商，该公司在岛国每年的金枪鱼捕捞量超过1万吨。该公司通过建立联成远洋渔业（密克罗尼西亚联邦）有限公司、华南渔业（库克群岛）有限公司、华南渔业（萨摩亚）有限公司、美国塞班南美白对虾有限公司等多家子公司，与岛国建立了密切的友好合作关系，不仅获得了大量的渔业资源和由海洋管理委员会（Marine Stewardship Council，MSC）正式颁发的可持续渔业证书，并且在马侏罗（马绍尔群岛）、波纳佩（密克罗尼西亚联邦）、科斯雷（密克罗尼西亚联邦）、科罗尔（帕劳）、帕果帕果（美属萨摩亚）、拉罗汤加（库克群岛）及阿皮亚（萨摩亚）建立了七个海外渔业基地，建立了集远洋捕捞、基地建设、冷链运输一体化经营的远洋渔业发展新模式，成为岛国渔业基地布局最多和最具竞争力的远洋渔业企业之一，为促进中国与岛国的渔业升级发展提供了良好经验和借鉴模式。

（五）农业合作

太平洋岛国农业比重高，农业合作一直是中国与其合作的重点（见表3-5）。作为岛国中国土、人口和经济规模最大的国家，其农业占GDP比重达18.8%，巴布亚新几内亚十分乐意同中国在农业投资、农产品加工开发、技术合作和培训等方面展开合作。2018，中铁国际集团有限公司通过协议获取了巴布亚新几内亚西高地省的哈迪和东高地省的卡洛菲谷两地共计6000余亩，为期99年的土地使用权。该地块是中国中铁、福建农林大学与巴布亚新几内亚多个省份合建的“一带一路”中国—巴布亚新几内亚农业产业园的核心区，将建成集种植、养殖、深加工、检验检疫、进出口许可、自主报关等于一体的综合性农业示范园区。

此外，农业在中国和密克罗尼西亚联邦的产业合作中也占有重要位置。中国援助密克罗尼西亚联邦的示范农场项目，位于波纳佩州马德里尼市，占地面积为8公顷，可耕作土地面积为4公顷。该项目承建单位为湖南国际工程建设有限责任公司，自1998年建立以来已超过20年。在中国派出专家和农业技术人员的努力下，该项目已经成为中密两国友好合作的象征。同时，农场也为当地百姓带来了实实在在的实惠和生活便利，已经被百姓广泛接受，成为宣传中国和中国农业成果的典型。

表3-5 中国援助太平洋岛国的典型农业合作项目

序号	国家	项目名称	负责单位	项目简介
1	斐济	中国援助斐济菌草技术示范中心	福建农林大学	2014年启动，旨在通过技术培训与示范推广，促进斐济菌草产业发展，已成为南太平洋地区岛国菌草业的重要示范基地
2	萨摩亚	中国援助萨摩亚农业技术项目	湖南省农业对外经济合作中心	2010年启动，旨在通过建立示范农户、升级示范农场、建设农业设施、推广作物良种、示范农业机械、开展技术培训，提升萨摩亚蔬菜水果的生产能力和生产技术水平
3	巴布亚新几内亚	福建省援助东高地省发展菌草、旱稻生产技术项目	福建农林大学	2000年，双方签署项目协议书，旨在推广菌草技术和旱稻宿根法栽培。该项目被东高地省列为“2018—2022五年发展计划”中重要优先项目
4	瓦努阿图	中国援助瓦努阿图油棕种植项目	中国热带农业科学院橡胶所	2005年启动，主要涉及引种、种苗培育、种植示范园建设等

续表

序号	国家	项目名称	负责单位	项目简介
5	汤加	中国援助汤加生态示范农场	—	2008 年启动，项目成功示范了养猪、沼气生产和蔬菜培育，试验栽培了蘑菇，还举办了半年的农业技术培训
6	密克罗尼西亚联邦	中国援助密克罗尼西亚联邦示范农场	—	从 1998 年开始，每期两年，由中国国内组织并派出高级农艺师和农业专家，对该国进行蔬菜生产指导与示范，主要包括土壤改良、新开菜地、有机肥示范、新建食用菌棚、新建蔬菜种植用钢大棚、维修农场围栏和大门、新建发酵池、维修猪舍、太阳能灯安装、新建沼气池、农业技术培训等，同时参与密波纳佩州农业局对示范农场的管理工作

资料来源：根据公开资料整理。

第三节　中国与太平洋岛国合作的重大成效

总体来看，中国与太平洋岛国合作的目标聚焦于安全、主权和发展。安全目标即发展中国与太平洋岛国的友好合作关系，共同应对和打击中国周边的传统和非传统安全威胁，创造一个稳定的周边和外围环境。主权目标即打击“台独”势力。发展就是在以上两个目标的基础上，实现双方良性、可持续发展。目前，中国与岛国合作在三方面均取得了重大成效，为中国推进“一带一路”倡议积累了重要经验。

一、奠定了合作升级的基础

随着新一轮全球化的深入发展，太平洋岛国在亚太地区的战略地位日益凸显。近年来，美、日等传统大国出于地缘政治方面的考虑，不断调整各自的太平洋战略。美国看重区域的地缘战略价值，积极构筑“亚太再平衡战略”

的安全利益链条；日本则试图将岛国纳入其“大国战略”“海洋战略”的轨道，挟岛国以捞取国际资本。同时，俄罗斯、韩国、印度等新兴国家也加入了援助队伍，以维护各自在该地区日益增长的国家利益。

对于中国而言，太平洋岛国是国家周边安全的重要组成部分和重要生命线所在。岛国处于太平洋中央，是亚洲与大洋洲、美洲海运、航空航线及海底电缆的必经之地，是亚太各国的重要枢纽和战略通道，在地缘上是中国不可或缺的战略跳板，在战略利益上与中国有重大的利益交汇，且不存在激烈的冲突与竞争，可以为中国构建海外战略支点，打通进入太平洋纵深的战略通道，冲出第二岛链、挺进第三岛链，提高战略伸缩空间，赢得经略太平洋的主动权，发挥桥头堡的作用。

自 1975 年同斐济建交以来，中国同太平洋岛国外交关系的发展经历了三次重大跨越，逐步从国与国之间的双边外交拓展到中国与岛国多边机制的外交关系，从一般伙伴关系提升到了全面战略伙伴关系，为中国主动深度参与岛国事务，维护中国同周边环境的和平与稳定，最大限度地打破国际势力的战略围堵奠定了良好基础。

二、完善了面向全球的网络

长期以来，中国的经贸往来集中于日、美、欧等发达国家，双方互为重要的贸易伙伴。但随着中国经济的日益增长，一些发达经济体出于自身利益考虑，对中国采取了不同形式的贸易保护主义政策，致使双方贸易摩擦不断，开拓西方市场日益困难。

为此，中国必须推动对外经济关系多元化，以确保国家经济利益。随着经济的持续增长，中国对于自然资源和能源的需求量越来越大，也需要寻求更大的产品行销市场和投资场所。太平洋岛国拥有丰富的动植物和矿产资源，是中国推进“一带一路”倡议，发挥“两个资源、两个市场”作用可以依托的重要对象。多元化的经济体是中国开展多种对外经贸关系的理想选择。与此同时，大多数岛国经济、产业和产品结构尚待完备，教育、卫生和基础设施建设需要完善，社会需求较为旺盛，与中国存在巨大的合作潜力。

40 多年来，中国同太平洋岛国以相互尊重为基石，合作交往日益频繁，经贸往来持续升温，为完善中国面向全球的经贸合作网络，加强国家经济安全保障发挥了积极作用。因此，未来中国需要抓住双方的共同需求和合作愿望，不断加强经贸合作，共同推进“21 世纪海上丝绸之路”的建设。

三、拓展了参与全球治理的范围

目前，中国的国际身份正在由一个注重经济利益、独善其身的发展中国家，转变为一个注重发展软实力、兼济天下的“负责任大国”。可以预见，不久的将来中国将在国际事务中发挥越来越重要的作用。

中国参与全球治理，既不能走欧洲殖民扩张的老路，也不能走“二战”后美国所走的道路，只能另辟蹊径。太平洋岛国土地、人口及经济规模均较小，可以作为探索全球治理模式的重要试验场地。中国在岛国拥有经济、政治和战略上的多重利益，发展与岛国的友好合作关系不仅是中国亚太外交的组成部分，也是中国“大周边”战略的重要环节。中国坚持将岛国作为“经济伙伴”“政治依托”和“安全保障”的战略定位，抓住双方的共同需求和合作愿望，通过多种途径在共同推进“21 世纪海上丝绸之路”建设上取得了不错成效，可以说在参与全球治理上已经迈出了重要的一步。

当今正是岛国外大国影响力再平衡的关键期，中国可通过打造对该区域援助发展模式的升级版，率先树立大国形象，展现大国风范，探索以小岛谋大局的合作共赢路径，为擘画新型的全球治理模式，共建人类命运共同体提供可行的路径参考。

四、遏制了“台独”势力的空间

中国在太平洋岛国有着资源、外交、战略等各个方面的利益考虑，而其中一个比较突出的战略考量就是通过外交手段打压“台独”势力的国际生存空间。

从 20 世纪 80 年代中期开始，台湾当局就开始不遗余力地开展所谓的“弹性外交”和“银弹外交”，谋求在一些太平洋岛国“扩大外交空间”。不过，近几年来，台湾当局的这种“收买外交”模式接连遭遇“滑铁卢”。

中国政府自与太平洋岛国建交以来，始终坚持互相尊重、平等互利的原则，通过积极开展经济援助、加强高层互访和经贸往来、增加对岛国投资等务实合作，不断重视和提升发展双边关系。中国国家主席两次访问岛国，体现了中国“亲、诚、惠、荣”的外交理念。中国与建交岛国长期保持稳定、健康的外交关系，是对“台独”势力国际生存空间的有效遏制。

第四章

“一带一路”倡议下中国—太平洋岛国深化合作构想

“一带一路”倡议是经济合作倡议，不是地缘政治的工具，但一定会受到地缘政治的影响。认识地缘、超越地缘、优化顶层设计、深化细化具体项目、促进合作方式的多元化，是实现中国—太平洋岛国双赢和多赢的前提和手段。

第一节　充分认识把握太平洋岛国的现状特点

一、归去来兮太平洋岛国

俯瞰太平洋，马来群岛的马来西亚、菲律宾、印度尼西亚以及中南半岛的越南、泰国、老挝、柬埔寨等国构成东南亚，并与其他次区域组成亚洲，雄踞太平洋西北缘。澳大利亚、新西兰与散落在太平洋中的较小岛国组成大洋洲，与亚洲隔洋相望。太平洋岛国泛指除澳大利亚、新西兰外的其他大洋洲岛屿国家，按地域分属美拉尼西亚、密克罗尼西亚、波利尼西亚三大群岛区。

美拉尼西亚群岛意为“黑人群岛”（岛上居民皮肤黑），主要包括所罗门群岛、新赫布里底群岛、新喀里多尼亚岛、斐济群岛、俾斯麦群岛、圣克鲁斯群岛和诺福克岛等，大部分为大陆型岛屿。

密克罗尼西亚群岛意为“小岛群岛”，主要包括马里亚纳群岛、加罗林群岛、马绍尔群岛、瑙鲁岛、吉尔伯特群岛等，多由珊瑚岛构成。

波利尼西亚群岛则以火山岛和珊瑚礁为主，主要包括夏威夷群岛、中途岛、威克岛、图瓦卢群岛、纽埃岛、萨摩亚群岛、托克劳群岛、库克群岛、莱恩群岛、菲尼克斯群岛、约翰斯顿岛、瓦利斯群岛、富图纳群岛、皮特凯恩群岛等。

大航海时代后，太平洋诸岛被逐步纳入西方殖民体系；"二战"后，又渐次独立。由于自身条件和历史原因，太平洋岛国至今未形成健康的经济、社会、政治自生长体系，高度依赖外部力量，这也是外部力量进入岛国的基础。在历史演进的过程中，夏威夷于1898年被美国兼并，1900年归属美国，1959年成为美国的第50个州；北马里亚纳群岛于1947年受美国托管，1986年解除托管的身份，成为美国自治邦；位于马里亚纳群岛最南端的关岛为美国"未合并的领土"。1986年，《自由联系条约》正式生效，帕劳共和国、马绍尔群岛共和国以及密克罗尼西亚联邦成为美国的自由联系邦。

新喀里多尼亚、法属波利尼西亚和瓦利斯与富图纳为法国海外领地，其中，法属波利尼西亚的穆鲁罗瓦岛设有法国的核试验中心。皮特凯恩群岛为英国海外领地。库克群岛和纽埃是与新西兰具有松散联系的自治领土。

总体上，太平洋岛国是澳大利亚、新西兰和美国的传统势力范围。

二、软实力产生硬影响

软实力是国家综合实力的重要组成部分，指一国在政治制度、文化、国家形象等方面的吸引力。美国、澳大利亚、日本在发挥软实力方面具有共性，主要表现在以下四个方面。

一是注重文化、教育援助。如美国，自20世纪60年代起，其和平队就进入斐济进行文化、教育援助；奥巴马政府时期，这一援助形式有增无减。和平队工作人员及志愿者深入太平洋岛国社会，了解民俗，传播美国文化和价值观，提升了美国国家形象。美国每年对岛国基础教育领域的援助约占援助总额的30%，对密克罗尼西亚更是达到了36%，通常是用来帮助相关国家建立学校、配备师资以及为学生建立相应的安全设施等（见表4-1）。

表 4-1　美国对部分太平洋岛国援助的资金流向（2014 年）

单位：万美元

援助项目	密克罗尼西亚联邦	斐济	帕劳	瓦努阿图	汤加	萨摩亚	巴布亚新几内亚	所罗门群岛	马绍尔群岛	合计
管理成本	2245.16		1108.32	8.6					764.02	4126.1
基础教育	3560.10	4.19	3.36	102.63	76.04	80.15			1346.01	5172.48
人道救援	1809.04								2372.43	4181.47
政府与公民社会	409.66	53.06		1.09			75.85	13.04		552.70
医疗健康	1759.64		157.02				367.46		689.37	2973.49
灾害预防	26.18		21.07					10.69		57.94
合计	9809.78	57.25	1289.77	112.32	76.04	80.15	443.31	23.73	5171.83	

资料来源：根据 USAID Foreign Assistance Database（FADB）资料数据翻译制作（http：//gbk. cads. usadallnet. gov.）。

二是注重亲己方人士培养。美国设立富布莱特（Fulbright）奖学金计划、哈福瑞（Humphry）奖学金计划以及南太平洋留学生奖学金计划，定期选取一些岛国的学生赴美交流学习，主要学习太平洋地区区域发展的相关专业，并且推荐、支持完成学业的留学生在岛国政府机构任职。太平洋岛国论坛资料显示，该论坛 60%的工作人员及会员都有美国资助的留学项目的教育背景，并且这一比例还在上升。

三是注重制度建设。以美国为例，大约有 8%～13%年度援助资金用于太平洋岛国的民主制度建设，这是其援助重点。如 2012 年，美国推动巴布亚新几内亚大选透明化、公开化。2014 年，美国国际开发署向斐济提供约 50 万美元的援助，帮助其重建民主制度，支持自由、透明、可靠的民主选举，希望在斐济经历多次军事政变后，通过提供经济援助等方法，为其宪政发展提供支持，推进其民主制度建设。澳大利亚则与受援国协商制定国别战略文件，定期评价援助效果，以此来提高援助的有效性。20 世纪 80 年代初期开始，澳大利亚对岛国的援助由原先的预算援助改变为方案援助，这一做法提高了澳大利亚政府在援助项目上的主动性，有利于其自身战略目标的实现。澳大利亚为每个受援国制定了 3～10 年战略计划，提出在特定阶段、特定受援国或地区将开展的重点援助领域和预期成果、预计的资源需求和援助双方的职责、援助合作的方式，对国别战略文件执行情况进行监测评估。

四是注重多边双边机制和非政府组织。美国通过推动美国国际开发署、美国对外灾难援助办公室与联合国人道主义办公室在斐济的太平洋区域办事处的合作，加强人道主义协调。在密克罗尼西亚，美国国际开发署与联合国粮食及农业组织（粮农组织）从 2013 年起开展合作，建立了食品安全生产和供应体系。美国还与国际移民组织合作，在密克罗尼西亚设立了赈灾物资管理中心，以便应对突发自然灾害引起的物资短缺。

澳大利亚对太平洋岛国的援助主要通过联合国开发计划署（UNDP）、联合国儿童基金会（UNICEF）、世界粮食计划署（WEP）等国际援助机构和太平洋岛国论坛（PIF）等地区国际组织来展开，通过提供捐款、股本等方式由多边援助机构向岛国提供资金、技术援助。

日本对太平洋岛国的援助也主要由双边援助和多边援助构成，援助的主要形式包括无偿资金援助、有偿资金援助和技术援助三部分。非政府组织（NGO）在日本与岛国外交联系中也扮演着重要角色，以笹川太平洋岛国基金为例，其更关注该地区的医疗、教育、扶贫等民生领域。日本通过综合考察、听取官方和 NGO 的调研报告，使得对岛国的政策更具针对性，更契合岛国实际，从而树立了日本国家的良好形象。

三、三层结构定乾坤

在长期的历史进程中，太平洋岛国区域形成了三个层级的利益制衡结构。

第一层级是美国、日本、中国、澳大利亚、新西兰等域内外大国，其中美国的影响力最大。太平洋岛国是美国主导的亚太同盟体系的一部分，即使对区域大国澳大利亚和新西兰来说，《澳新美同盟条约》也是其他条约所无法取代的。除夏威夷、马里亚纳群岛、美属萨摩亚和关岛等美国属地外，美国与密克罗尼西亚联邦、帕劳和马绍尔群岛共和国于 20 世纪 80 年代签署了《自由联系条约》，确认了这三个国家在内政上的自治权和外交上的自主权，但在防务和安全方面由美国负责。在军事方面，21 世纪初，澳大利亚又成为美国“亚太再平衡”和“印太战略”的重要节点。

日本 20 世纪 70 年代重返岛国，于 1997 年与太平洋岛国启动“日本—太平洋岛国首脑会议”，成为双方官方联系的重要平台。经过多年发展，日本对外援助已形成相对完备的体制机制，其对岛国援助资金的 80%为双边性质。在日本对岛国的援助、贸易、投资和安全四大政策体系中，贸易、投资和安全服从援助政策，是日本对这一地区援助体系的组成部分。岛国域外援助国与岛国合作会议召开次数见表 4-2。

表 4-2　域外援助国与太平洋岛国合作机制

国家	合作机制	举办次数	创立时间
日本	日本—太平洋岛国首脑会晤	7	1997 年
中国	中国—太平洋岛国经济发展合作论坛	2	2006 年
韩国	韩国—太平洋岛国外长会议	2	2011 年
印度	印度—太平洋岛国论坛	2	2014 年
美国	美国—太平洋岛国联合商业委员会	14	1993—2006 年

资料来源：根据各国官方资料整理。

澳大利亚和新西兰在文化传统、历史渊源、经济援助及军事外交等方面与太平洋岛国关系密切，具有很强的影响力。澳大利亚将通过三方面重点工作保持其在岛国的领导力：一是促进地区经贸往来和经济一体化建设，尤其是要促进劳动力的流动性。二是共同应对地区安全挑战，尤其是海洋安全挑战。三是促进人员交流和往来，尤其是为岛国提供更多的技能培训和领导力培训项目。澳大利亚 2016—2017 年度对岛国援助占其对全球官方开发援助的 29.7%（见表 4-3），新西兰也将其 60%的援助基金用于岛国。

表 4-3　2014—2017 年度澳大利亚对太平洋岛国和全球官方开发援助情况

项目	2014—2015 年度	2015—2016 年度	2016—2017 年度
太平洋岛国	11.53 亿美元	11.19 亿美元	11.38 亿美元
全球	50.32 亿美元	40.52 亿美元	38.28 亿美元
占比	22.9%	27.6%	29.7%

资料来源：澳大利亚外交与贸易部《澳大利亚援助预算概述 2016—2017》《澳大利亚援助预算概述 2014—2015》。

中国对太平洋岛国援助的历史不长，但发展迅速。1989 年，中国成为南太地区论坛（现太平洋岛国论坛）的对话国；1999 年，设立中国—太平洋岛国论坛秘书处合作基金，中国投资 300 万美元。2006 年之后，中国和岛国贸易投资往来和经济合作加速，除中国—太平洋岛国发展合作论坛以及《中国—太平洋岛国经济发展合作行动纲领》外，还签订了不同层次的经济合作协定，为双边贸易和投资提供制度便利。2013 年，中国和纽埃、库克群岛签订经济技术合作协定，和瓦努阿图签订优惠贷款框架协议；2015 年，中国与汤加签订了技术合作协定；2016 年，中国和密克罗尼西亚联邦成立双边经贸联委会，和巴布亚新几内亚签署政府间产能合作框架协议。2015 年之后，中国和岛国的双边贸易实现质变，在参与统计的 16 个岛国中，中国成为斐济和瓦努阿图的第一大进口国，巴布亚新几内亚、基里巴斯和瑙鲁的第二大进口国，汤加、萨摩亚和纽埃的第三大进口国。

第二层级为太平洋岛国区域组织。太平洋岛国论坛是该区域最重要的组织，太平洋共同体（原"南太平洋委员会"）是该区域最早建立的区域组织。通过区域组织，各岛国力求对内形成共识，对外形成合力。

1947 年，英国、美国、法国、荷兰、澳大利亚和新西兰 6 个在南太平洋地区拥有殖民利益的国家签订了《堪培拉协定》；协定生效后，六国宣布成立南太平洋委员会，也就是后来的"太平洋共同体"。南太平洋委员会作为南太平洋地区第一个现代意义上的区域组织，成为有关国家在南太平洋地区经济以及社会事务上进行合作的平台。在一定程度上，委员会改变了长期以来各群岛岛屿封闭隔绝的情况，促进了各岛国在自然资源开发、社会功能完善及彼此间的交流沟通。目前，太平洋共同体仍在为该地区的经济、社会发展发挥作用。

1971 年 8 月，一些太平洋岛国不满由域外国家主导的南太平洋委员会，决定另起炉灶，在新西兰首都惠灵顿召开南太平洋七方会议，正式成立"南太平洋论坛"，成员包括新西兰、斐济、萨摩亚、汤加、瑙鲁、库克群岛和澳大利亚。2000 年 10 月，为容纳更多岛屿国家并准确反映成员国实际情况，"南太平洋论坛"更名为"太平洋岛国论坛"。南太平洋论坛完全由域内国家组成，成为域内国家政府间进行沟通、决策的主要组织，在地区一体化进程中发挥着首要作用。

1976 年 6 月，第 7 届南太平洋论坛在瑙鲁召开，会议发布了《海洋法宣言》，强调太平洋岛国在联合国海洋法会议进程中的共同利益和协调立场。1976 年 10 月，联合国海洋法会议第 5 次会议结束后，南太平洋论坛在斐济首都苏瓦召开特别会议，做出设立 200 海里（约合 370.4 千米）专属经济区的决定。1979 年 7 月，南太平洋论坛在所罗门群岛首都霍尼亚拉举行第 10 届年会，通过《南太平洋论坛渔业局公约》，正式成立论坛渔业局，代表各成员国与域外大国进行捕鱼权谈判，为岛国海洋机制奠定了基础。

第三层级为各国和地方政府。“二战”后，太平洋各岛国为摆脱殖民统治，建立现代政治制度进行了长期斗争，其政治制度可分为两类：共和制和君主制。斐济、基里巴斯、瑙鲁、瓦努阿图实行共和制；巴布亚新几内亚、西萨摩亚、图瓦卢、所罗门群岛为英联邦成员，国家元首为英国女王；汤加国王由本土产生。共和制国家移植了西方议会制度、政党制度、内阁制度、选举制度等，形成了多样化的政治体制。总体上，大多数岛国实行一院制议会，如巴布亚新几内亚、基里巴斯、瑙鲁、汤加、图瓦卢、西萨摩亚、所罗门群岛。只有斐济议会推行两院制，分为上院与下院：上院是酋长院，由斐济传统酋长担任；下院为代表院，由选举产生。

第二节　中国—太平洋岛国深化合作需跨越“三重门”

近几十年来，太平洋岛国的战略意义凸显，引起了各方关注。日本、中国、美国、法国及欧盟组织、澳大利亚、新西兰等对太平洋岛国援助活动增多，在一定程度上形成了大国竞争的局面。如果外部资金的涌入不能增强岛国内生动力，则难以提高岛国的可持续发展水平，而西方的“民主外交”“人权外交”及改进提高岛国治理结构和治理能力的意图已受到岛国政府排斥。大多数岛国至今仍处于世界最贫困国家的行列，经济发展落后，居民卫生健康问题突出，各类社会问题矛盾丛生。

中国深化与太平洋岛国合作应当汲取各国教训，不忘初心，在帮助其本身这个出发点上，秉持双赢、多赢原则，深化合作的具体方向，丰富合作的方式和方法。

一、域外大国和原宗主国的不安全感

自西罗马帝国灭亡以来，欧洲国家地理版图长期破碎化，文明均势造就了国家均势，短暂的查理曼帝国、当今的欧盟也再难找回欧洲的大一统，中国的高速发展一方面为欧美创造了广阔的市场，另一方面也会激发起它们的顾虑。地理大发现之后，葡萄牙、西班牙、荷兰和英国相继对殖民地实行殖民统治，进行离岸制衡；英国还通过介入法德之争对欧洲大陆进行离岸制衡；甲午战争后，日本也妄图对中国进行离岸制衡。

“二战”后，美国继承旧大陆传统，通过联盟、协议、援助等形式对老大陆进行离岸制衡；澳大利亚和新西兰视太平洋岛国为后院，对其施加影响。“二战”以来，特别是“冷战”以来，国家安全、国家利益永远是最核心和本质的内容。

面对中国不断增长的实力及其在亚太、全球的影响力，美国深度介入、长期介入成为必然。从根本上看，美国和中国是两个不同类型的国家：美国是危机驱动型国家，不断在世界范围内寻找可能冲击其霸权地位的风险点，锁定之后采取应对措施；中国是目标导向型国家，我们最现实的目标就是追赶强国，而恰恰是这种追赶和追赶的效果让某些大国产生了极度的不安全感。就太平洋岛国而言，2006 年之后中国的介入触动了某些大国在该地区的利益。

作为最直观量化指标的 GDP，当 2014 年中国与美国 GDP 之比首次超过 60%时（见表 4-4），已对美国产生压力。按照中国人民大学重阳金融研究院《我国人均 GDP 排名变动情况及人均 GDP 预测》，2040 年中国人均 GDP 达到美国人均 GDP 的 60%~70%是大概率事件。

表 4-4 中国、美国 GDP 比较

单位：万亿美元

年份	中国	美国	中国/美国
2017	12. 24	19. 39	63. 1%
2016	11. 19	18. 62	60. 1%
2015	11. 06	18. 12	61. 0%
2014	10. 48	17. 43	60. 1%
2013	9. 61	16. 69	57. 6%
2012	8. 56	16. 16	53. 0%
2011	7. 57	15. 52	48. 8%
2010	6. 10	14. 96	40. 8%

资料来源：《国际统计年鉴 2018》。

太平洋各岛国制度设计主要是受到英国、德国及后来联合国托管制度的影响。汤加、斐济、新几内亚、所罗门群岛大部、图瓦卢、基里巴斯为英国殖民地。“一战”前，西萨摩亚、瑙鲁、巴布亚新几内亚等地为德国殖民地；“一战”后，德国战败，国际联盟把西萨摩亚划归新西兰，把瑙鲁划归英国、澳大利亚、新西兰共管，由澳大利亚代表三国行使主权。“二战”后，德国战败，其殖民地根据《联合国宪章》第七十七条规定，交国际托管，澳大利亚、新西兰为受托管理者。尽管中国与岛国深化合作聚焦经济发展，但前有斐济牵头提出“北望”战略，希望与中国、日本、印度尼西亚加强联系，再有中国“一带一路”倡议在“五通”方面的大力投入，域内大国和原宗主国产生疑虑在所难免。

二、岛国本身的不稳定性

太平洋岛国在近代早期纷纷沦为西方殖民地，引进了西方近代经济发展的模式。在“二战”后民族独立风潮下，各岛国纷纷独立，但由于基础设施落后，无法满足居民生活需要，对域外大国经济援助需求有增无减。

同一时间，随着殖民主义退却，外来投资剧减，太平洋岛国自身发展乏力，独立后相当一段时间发展艰难，政府治理能力欠缺、国家凝聚力不足、居民受教育程度不够、技术人才短缺等共性问题突出，加之远离世界市场，经济结构单一，外部依赖性强，增加了岛国的脆弱性。西方政治体制的快速移植、陆域空间的支离破碎、人口分布的广泛分散、部落文化的内向封闭、交通设施的供给不足以及殖民统治的负面作用都使得岛国不易形成良性自生长机制，部分国家政局动荡，影响外来资本进入。

在地域和种族问题上，由于原殖民当局在地界划分时往往是出于军事需要或行政管理需要，未认真考虑地域族群分布，因此单一族群割裂或多个族群混杂的现象普遍存在，当外部利益来临时，部落、族群冲突在所难免。从空间上看，太平洋各岛国在独立之前很少存在全国性政治中心，人口地域分布广泛和地域方言的差别很大，中央政府、州政府与族群间利益交叉，协调性差，国家治理困难重重。以三个陆地面积最大的岛国为例：

巴布亚新几内亚由于在殖民时代属德国（巴布亚）和澳大利亚（新几内亚）治理，融合难度大。例如，布干维尔岛是所罗门群岛中的最大岛，面积约为 1 万平方千米，是巴布亚新几内亚最大的铜矿潘古纳铜矿所在地。连同岛西北端的布卡岛在内，人口约 13 万，主要为美拉尼西亚人。1768 年，法国航海家布干维尔首先到达此地；1898 年，沦为德国属地新几内亚的一部分；第一次世界大战后，转为澳大利亚的委任统治地；第二次世界大战期间，曾为日本侵占，战后转为澳大利亚托管地；1975 年，归巴布亚新几内亚。由于中央政府、地方政府、开发公司、矿区土地主间矛盾激化，当地民众于 1988 年诉诸武力，关闭铜矿，并于 1990 年宣布独立，危机爆发。2001 年 6 月 22 日，中央政府与布干维尔各派就全面解决布问题达成协议，包括布自治、全民公投以及武器处理等内容。

在斐济东部，以酋长制为代表的联盟党长期居于统治地位。随着政治现代化推进，各群体和阶层要求突破一党执政的封闭性，代表全国各阶层各种族利益的工党崛起，在选举中获胜，但又数度在军人政变中下台，引发政局动荡。

所罗门群岛由几个群岛组成，岛屿分布十分分散，各岛之间交通不便，最西部的岛屿距离巴布亚新几内亚仅几千米，而距离所罗门群岛首都霍尼亚拉却有 500 千米之遥。独立伊始，西部省就开展分离运动，要求内部自治。1998 年至 2003 年间，所罗门群岛的霍尼亚拉和瓜达康纳尔岛经常发生土族人和马莱塔岛移民之间的暴乱。密克罗尼西亚联邦的雅浦州也存在类似问题。

三、中国自身经验的不足

中国对太平洋岛国援助历史不长，1989 年成为南太平洋论坛（现“太平洋岛国论坛”）对话国；1999 年设立中国—太平洋岛国论坛秘书处合作基金，由商务部和外交部主导制定岛国援助政策，围绕援助政策制定商业体系，具体由下属机构直接挑选国有和私人资本与该地区进行投资和贸易活动。总体上，中国—太平洋岛国合作仍处于建构期，存在区域认识不深、项目管理不力、合作方式单一、民间交往缺位、宣传工作不足等问题，需要不断总结经验教训，力求效果最优。

一是区域认识不深。目前，中国对太平洋岛国的研究尚处于起步阶段，成果较零散，不够深入，且相关研究往往关注的并非岛国，而是亚太关系及亚太区域化等大国政治问题。面对落实“一带一路”倡议的新形势，中国在针对岛国所进行的科学、系统的国别研究方面还略显不足，尤其是对岛国的历史文化背景、经济社会发展、政治外交关系等研究仍较为薄弱。国别研究的不足，直接导致中国对岛国无法形成清晰、深刻、系统的认知，不能制定系统化的顶层设计，这对中国在岛国进行精准战略定位，顺利推动与岛国共建“一带一路”，进行高效、务实的合作形成了一定挑战。

二是项目管理不力。中国对外援助决策和参与机构众多，除商务部援外司之外，外交部、文化和旅游部、教育部、卫健委等部门都参与其中，援助项目的管理、监督和后续评估体系不健全，造成工程项目施工过程缺乏监管，工程质量低下。这些“问题工程项目”不仅意味着后期维护成本增加，而且会造成太平洋岛国民众对中国援建项目产生不良的印象，进而影响相关外交活动开展。

以中国政府援建的密克罗尼西亚联邦波纳佩州政府办公大楼为例，这座由宁波建设集团股份有限公司承建，于 2008 年破土动工，2010 年交付使用的大楼，总投资为3000多万元人民币，占地总面积为21000平方米，建筑面积为3000多平方米，当年号称创下了波纳佩州多个第一：第一大单体建筑物，第一大户外停车场，安装了第一部电梯，配制了第一个中央空调系统。交付使用时举行了隆重仪式，诸多密克罗尼西亚联邦内外政要参加。但仅8年后，这一建筑已出现外墙脱落、内部渗漏水、地板鼓起断裂等问题，严重影响了中国援建项目的形象。

在这方面，日本的做法值得借鉴。与中国相比，日本建立了完善的援助政策体系和援助管理、评估系统，基本形成了外务省及其下属的国际协力机构（JICA）主导，财务省、经产省、经济企划厅各司其职的援助政策体系。在援助项目管理和评估系统中，其PDCA循环系统，即计划（Plan）、实施（Do）、评估（Check）和项目追踪（Act）等系列环节也保障了援助的透明性。

三是合作方式单一。中国对太平洋岛国的商业体系由贸易和投资组成，贸易和投资政策均围绕援助体系建构。援助和投资之间没有明确的界限，很多援助都以投资的形式实现，很难明确区分出哪些是援助，哪些是投资。对岛国成套项目援助的建设材料至少50%由中国公司提供，这样要求，一方面保证了这些材料的质量，另一方面客观上带动了中国公司在这一地区的投资和贸易。当向岛国某一领域提供援助时，受援国在其他领域的工程建设和商业贷款需来自中国企业和中国银行。这一机制有利于提高中国和岛国的合作水平，但也使得援助方式以双边为主，实施主体以国有企业为主，合作方式较为单一。此外，目前中国参与岛国的开发仍以政府无偿援助、低息贷款为主，援助领域基本以基础设施等非营利的公共产品领域为主。经营性行业，主要以渔业、矿产、林木等资源获取为主，产业链条短，发展方式粗放，缺乏成熟可靠的产业发展模式和长期稳定的盈利模式。

四是民间交往缺位。由于地理和交通基础设施原因，中国和太平洋岛国民间交往不足，特别是基于旅游等大规模产业带动和基于文化了解的民间外交有待深化。目前，两地民间认知尚处于建构期，存在不少认知盲区。在大项目方面，目前的援助机制为民间资本提供的空间较少，岛国居民主要通过当地华人经营的公司、工厂、饭店或是杂货店来了解中国。部分华人在经营期间，对劳工培训和薪酬方面的工作有所欠缺，导致个别国家民众对中国印象较差，小规模排华事件偶有发生。

五是宣传工作不足。在涉及中国核心利益的问题上，建交的太平洋岛国对中国给予积极支持，中国也尊重该地区各国根据本国国情所选择的发展道路，支持其维护国家主权与独立、促进经济社会发展与改善民生的努力。但在该地区与台湾当局争取“外交”承认的斗争也影响了正常外交活动，以致被国际社会误认为是一种“支票簿外交”行为，担心诱发该地区国家的贪污、浪费和挪用公款现象，加剧政府腐败和政权不稳定，阻碍其国家民主化改革。而当地民众主要通过脸书（Facebook）等社交媒体了解中国，中国自己在上面发声少，西方关于中国的负面报道多。这一现象要求我们不仅要务实进行外交斗争，同时要主动占领宣传、舆论阵地。

第三节　打开四大合作空间

太平洋岛国渴望新进援助和商业伙伴，但无意改变地区既有秩序，中国与岛国合作是一个取予平衡、达至双赢的过程，需要利用多种渠道来打开合作空间，避免封闭性、排他性、针对性。

一、推动合作方式多样化

中国坚持“不干涉别国内政”的原则，与美国、澳大利亚等要求受援国实行“好的治理模式”这种“附加改革议程”的援助形成了强烈反差。在实际推进过程中，二者各有利弊，需要综合协调，积极构建多边机制，避免或减少双边援助中存在的问题与不足。

一是提高合作的包容性。建立高层级交流平台和渠道，主动设定共同关心议题，寻求利益交汇点和最大公约数。参与或建立多边双边机制，及时预判、处理突发事件或冲突性议题。灵活、克制、有针对性地解决问题，分清主次，避免经济领域的矛盾激化成政治、安全矛盾，以多种方式增进与地区主导国澳大利亚、新西兰的信任和合作，营造较为宽松的国际舆论环境。

二是提高合作的长远性。积极参与涉及本地区长远利益的体制机制建设和议题讨论，针对太平洋岛国共同关心但以一国之力难以解决的问题，如气候变化问题、能源问题、数字化问题、医疗教育健康问题等提供中国方案，充分发挥双方比较优势，提供针对性强的公共产品。

三是提高合作的共享性。针对部分国家对中国在太平洋岛国活动的种种非议，务实推进第三方市场合作，以互利共赢为纽带把相关国家与中国—太平洋岛国项目紧紧联系在一起，在运作机制上提高项目的各方参与度与透明度，用事实说话，用数据说话，用本土人士说话，减少舆论压力，提高合作效果。

四是提高合作的务实性。在双边和地区机制框架下推进中国—太平洋岛国自由贸易区建设，提升中国—太平洋岛国的合作层次。在“一带一路”的框架下，利用丝路基金、亚洲基础设施投资银行、金砖国家开发银行等多边机制，强化与岛国的合作，推动“海上丝绸之路”的实施。扩大中国—太平洋岛国论坛合作基金规模，提高基金的影响力。结合岛国现实需求，推进商业银行业务。

二、占据道义制高点

针对西方的“冷战”思维和炒作的“太平洋地区已成为大国地缘政治的新角斗场”，稳扎稳打帮助太平洋岛国打通三大生命线：应对气候变化、渔业资源优化、旅游产业深化。打好三大基础：能源基础、国民健康基础、供应链基础。通过国际组织和区域组织、主流媒体和新媒体、岛国本身展示中国作为，发出中国声音，占据道义制高点。

一是提高中国气候变化南南合作基金的岛国覆盖面，在能力建设、政策研究、项目开发等领域为太平洋岛国应对气候变化提供更多支持，向岛国提供节能环保物资和可再生能源设备，开展地震海啸预警、海平面监测等方面的合作。

二是提高中国与太平洋岛国论坛（PIF）的合作面。通过官方提供水上交通、监控设备等设施，帮助太平洋岛国渔业组织提高严防非法、无报备、无管制的渔业行为（IUU）的能力。加强灾害应对、海上救援等针对岛国短板的设施建设和人员培训。

三是扩大公共服务的受益面。向国际红十字会联合会提供支持，通过国际红十字会向需求迫切的太平洋岛国提供居住设施、医疗设施、药品、饮用水供给和社区健康培训方案。针对人群相对密集区和疾病高发地制定中长期规划，开展人员培训和基础医疗设施建设。

四是提高基础设施的导入面。着眼于太平洋岛国的互联互通，充分发挥中国企业基础设施方面的优势，在传统基础设施和新型基础设施，如机场、港口、道路、海底电缆、通信设施等方面继续推进，促进该地区交通、经贸、旅游的便利化。

三、强化支点国家旗舰项目

制定中国—太平洋岛国合作国别方案，选择支点国家，布局旗舰项目。

一是对接太平洋岛国“北望政策”。斐济、巴布亚新几内亚、所罗门群岛是该政策的提出者，也是岛国中陆地面积最大的三个国家，中国应积极开展多边双边合作，大力开展援助外交、经济外交和公共外交，突出民间、民用目标，加强在非传统安全领域的合作。避开军事事务，避免挑战美国、澳大利亚在该地区的安全战略，缓解中国外部压力。强化与美国自由联系邦之一的密克罗尼西亚联邦合作，提高赤道以北岛国的支点地位。

二是对接地区大国现实利益。澳大利亚在强化美澳同盟和密切同中国贸易联系问题上存在“政策两难”的困境。新西兰在发展对华关系上走在了澳大利亚的前面，2017 年 3 月，率先与中国签署《关于加强“一带一路”倡议合作的安排备忘录》，是中国在“一带一路”框架下与太平洋地区国家签署的首个合作文件，具有示范效应。中国应扩大与新西兰在岛国的第三方市场合作，扩大朋友圈，营造利益共同体。

三是对接太平洋岛国的迫切需求。发挥技术、资金优势，构筑应对气候变化、能源、交通三大生命线。选择图瓦卢、基里巴斯等受气候灾害影响严重的国家，多边合作推进人工浮岛实用化，应对全球气候变暖造成的海平面上升的威胁，拓展低洼岛国生存空间。

由中国官方或民间发起“无碳能源岛计划”，发挥无碳与低碳能源开发方面的资金、技术、规模、经验优势，借助于与巴布亚新几内亚、斐济、密克罗尼西亚联邦等在开发水电、太阳能等领域已形成的良好合作基础，助力其能源自给与能源转型，确实降低用电价格，树立共建人类命运共同体的合作样板。

优化提升港口功能，发挥托雷斯海峡、库克海峡和巴斯海峡等海上通道优势，可有效贯通太平洋能源航线（见表4-5）。

表4-5　太平洋岛国重要港口

港口	所属国家	特点
霍尼亚拉	所罗门群岛	所罗门群岛最大的港口，港区最大水深9.6米，主要出口物为椰干、鱼类、原木、棕榈油等
阿内瓦湾	巴布亚新几内亚	巴布亚新几内亚的矿石出口港
莫尔兹比港	巴布亚新几内亚	天然深水港，巴布亚新几内亚第一大城市，港区最大水深14.5米
苏瓦港	斐济	斐济最大海港，南太平洋航运中心，有“南太平洋十字路口”之称
塔拉瓦港	基里巴斯	由许多小岛围成的环礁湖可进吃水9.1米的船舶，主要出口货物为椰干、珍珠鱼及工艺品等
维拉港	瓦努阿图	全国最重要的港口及经济中心，免税港
卢甘维尔港	瓦努阿图	位于瓦努阿图最大岛屿桑托岛卢甘维尔市，依托桑托岛与奥雷岛间的天然深水航道及外围岛屿的遮挡，水面平静，是天然的深水港
努美阿	新喀里多尼亚	全国最大的海港，最大可停靠10万吨油船
阿皮亚	萨摩亚	地处太平洋中南部，是西萨摩亚最主要的港口，距离机场大约46千米，港区主要码头泊位有3个，最大水深12米
尼亚夫	汤加	允许进港船只吃水5.49米，无拖轮，无燃料供应

资料来源：世界港口交通地图集［M］. 北京：中国地图出版社，2015.

四、激活民间力量

一是建立定期交流机制。建立从中央政府到地方政府，从官方到民间的全方位、多层次的交流机制，鼓励民间和地方政府与太平洋岛国互动，加强中国与岛国的多渠道联系。扩大奖学金和各类研修培训名额，继续派遣教师、医疗队到岛国工作，鼓励更多中国游客赴岛国旅游。

二是发挥华人华侨优势。通过华人社团与当地政府在经贸、远洋渔业和基础设施等领域开展长期合作。招募和定期派遣志愿者、专家，允许非政府组织参与太平洋岛国事务。

三是聚焦双方比较优势。力促实现太平洋岛国的渔业资源、旅游资源、矿产资源与中国的消费、养殖技术、工程施工能力对接，推动岛国可持续发展。打通空中航线，实现旅游消费和供给对接。合作建设岛国海洋牧场，实现岛国渔业资源由自然资源获取型向人工养殖供给型转变。促进矿产资源的多边合作，可持续开发利用，实现双赢、多赢。

第五章

助力太平洋岛国培育“造血功能”

受区位、资源和市场容量等多因素限制，在基础设施建设、产业发展、投资与贸易渠道等方面存在着短板，且长期以来受美国、澳大利亚、新西兰和日本等周边强国的援助，太平洋岛国自身“造血功能”较弱，各国经济发展水平整体较低，抗风险能力也较弱。

为了实现更高水平的发展，太平洋岛国正积极推动由被动保障、利用到主动营造、互惠的转变，寻求美国、澳大利亚、新西兰和日本等传统合作对象之外的新伙伴和新力量。中国提出的“一带一路”倡议引起了岛国的浓厚兴趣和高度重视，未来双方在基础设施互联互通、现代产业发展和投资与贸易合作等方面的合作潜力巨大，这也是岛国培育“造血功能”的重要机遇。

第一节　打通太平洋岛国内外部互联互通瓶颈

太平洋岛国位于海上交通要道的交汇处，是“海上十字路口”，是全世界诸多海空航路的必经之地，是连接中国与拉美的最短海路与航线。虽然岛国处于海上交通要道，但其在港口、机场等海空航路节点设施方面的建设显得滞后。在“21 世纪海上丝绸之路”的框架下，中国与大洋洲各国在基础设施方面的合作潜力巨大。巴布亚新几内亚等国未来几年均有在交通运输、通信、电力、港口等领域加强基础设施建设的规划。

大力发展通信基础设施与交通基础设施，实现区域内与区域外互联互通，对太平洋岛国实现跨越式发展至关重要。通信基础设施的快速发展使得岛国在全球网络外包服务中占据一定的竞争优势，有望创造大量的就业机会，斐济、萨摩亚、汤加已经初步具备该行业的发展潜力。提升交通基础设施联通不仅可以创造更多收入，提供更多就业机会，更能吸引投资，拉动旅游业发展。

利用基础设施推动经济增长需要持续的投资，不仅是政府投资，民营企业也可以参与其中。不仅要在太平洋岛国进行通信基础设施与交通基础设施的建设，更重要的是要使当地的政府、企业有能力运营、管理、维护这些基础设施。中国与岛国可在以下几方面开展合作：促进岛国陆运、海运、空运联动发展，促进通信基础设施互联互通，提高通信及交通基础设施抗灾能力等。

一、优化健全交通基础设施体系

近年来，岛国的基础设施建设不断完善，太平洋岛国基础设施基金（PRIF）在协调太平洋地区基础设施发展方面发挥了至关重要的作用。PRIF 的成员由亚洲开发银行、澳大利亚政府、欧盟、欧洲投资银行、世界银行等多方力量组成，重点支持岛国建设能源、电信、运输、固体废物管理、供水和卫生等五类基础设施。2009 年以来，PRIF 成员已向 12 个岛国注入基础设施项目投资总额约 16.4 亿美元（见图 5-1）。

目前，太平洋岛国经济发展水平相对落后，交通基础仍然相对薄弱，主要交通设施为公路、空运和水运，大型城市的航空运输水平较低，国家间交通运输系统仍有待完善（见表 5-1）。此外，岛国政府普遍财力薄弱，对基础设施建设的投资力度较弱，依靠自身力量难以支撑基础设施建设所需的巨额投入，因而基础设施项目建设资金的来源以外部援助资金为主。

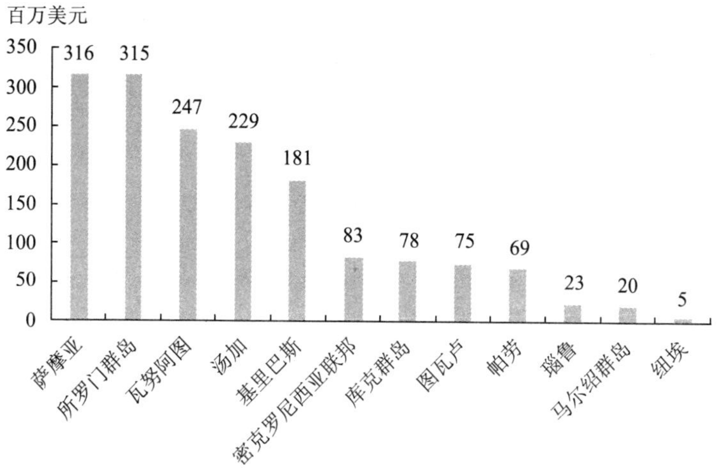

图 5-1　太平洋区域基础设施基金投资额

资料来源：根据列国志编写组《列国志·太平洋岛国系列》（社会科学文献出版社）相关数据整理所得（http：//e. dangdang. com/touch/products/1900700031. html？id=1900700031&mediaId=1900700031&mediaType=2.）。

表 5-1　太平洋岛国基础设施建设情况

类别	斐济	巴布亚新几内亚	密克罗尼西亚联邦	萨摩亚	汤加	努瓦阿图
公路	7500 千米，其中 1700 千米为沥青路面，连接各主要城镇	30000 千米，国家级公路里程为 9000 千米，省级公路里程为 2.1 万千米。山路崎岖，路况较差	240 千米，公路运输较为落后	总长为 976 千米，柏油公路为 332 千米	总长度为 950 千米	总长度为 1900 千米，其中土路为 639 千米，砾石路为 1000 千米，沥青路为 260 千米
铁路	铁路总长 820 千米，用于运输甘蔗，目前已部分荒废，无客运铁路	无铁路	无铁路	无铁路	无铁路	无铁路
空运	拥有楠迪机场等 28 个机场	共有 578 个机场，铺设跑道的机场有 21 个	各州均有小型国际机场	共有 2 个商业机场	共有 6 个机场	各岛屿都有机场

续表

类别	斐济	巴布亚新几内亚	密克罗尼西亚联邦	萨摩亚	汤加	努瓦阿图
水运	共有 4 个港口	境内有 50 多个港口，其中商业港口有 17 个	境内共有 607 个岛屿，人员、货物往来依靠水路运输	共有 1 个港口	共有 6 个港口	水路总长为 780 千米，岛际交通以水路为主

资料来源：根据商务部国际贸易经济合作研究院、中国驻各太平洋岛国大使馆经济商务参赞处、商务部对外投资和经济合作司《对外投资合作国别（地区）指南——斐济（2018 年版）》第 17—18 页，《对外投资合作国别（地区）指南——巴布亚新几内亚（2018 年版）》第 16—17 页，《对外投资合作国别（地区）指南——密克罗尼西亚联邦（2018 年版）》第 13—14 页，《对外投资合作国别（地区）指南——萨摩亚（2018 年版）》第 20 页，《对外投资合作国别（地区）指南——汤加（2018 年版）》第 17—18 页，《对外投资合作国别（地区）指南——瓦努阿图（2018 年版）》第 16—17 页等整理所得（http：//fec. mofcom. gov. cn/article/gbdqzn/. ）。

因此，太平洋岛国基础设施和接待服务设施的建设是其发展的重点。中国在岛国开展交通、通信等基础设施建设，要优先考虑有利于旅游与贸易发展的项目。开通双向直航是打破目前旅游合作瓶颈的关键所在，同时增加各岛国旅游中心城市之间的航班航线，并提升服务质量。加大港口、游轮、游艇建设力度，建立并完善海上救援系统。加快各岛国旅游中心城市主干道建设。通过加快旅游通道建设，逐渐打通中国通往岛国的各路航线以及南太平洋区域内的水、陆、空交通线，形成以航空为先导、以陆路为主干、以水运为补充的立体国际通道网络格局。

（一）打造立体国际通道网络格局

共建太平洋岛国国际航运枢纽。广东省、福建省、上海市和海南省等地可充分发挥区位优势，以建设国际航空枢纽为契机，以巴布亚新几内亚、密克罗尼西亚联邦、斐济等为试点，制定优惠政策，鼓励中国大型国际航空公司开通与岛国的直达航线或旅游包机，提高航空可进入性，尽快构建辐射岛国的航线网络，将上海、广州、深圳、厦门和三亚等地打造成为中国到岛国的重要枢纽。

同时，太平洋岛国的斐济具备建设地区集装箱中转港的区位条件和补给条件，中国可充分发挥在港口领域的投资、建设及经营优势，分步推进，将斐济建设成为岛国国际航运枢纽。首先，应随着经济的发展强化现有港口的集装箱运输能力，提高装卸能力和吞吐能力，尤其是重点发展苏瓦港，尽早建设洛克比利码头项目；其次，结合苏瓦（向东延伸至瑙索里）—楠迪（向北延伸至劳托卡）快速通道的规划建设，全面提高斐济整体集装箱运输能力；再次，利用地理优势形成太平洋地区海运，特别是集装箱运输的枢纽，逐步形成本地区的集装箱中转中心；最后，随着远期赤道以南集装箱运输干线的发展建设国际集装箱转运中心。

强化基础设施建设的支持力度。太平洋岛国经济发展水平相对落后，交通基础设施落后，中国同岛国政府应共同协商，采取相应措施，提高其旅游便利化水平。制定优惠政策，加快旅游通道的开通与建设步伐。中国同岛国政府应就技术、资金以及修建路线等方面积极协商，适当加大对航空基础建设等方面的投资力度，提高大型城市的航空运输水平，实现部分中型城市的航空运输等，加快建设岛国间完善而系统的交通运输体系。

提升基础设施建设投融资能力。太平洋岛国政府普遍财力薄弱，依靠自身力量难以支撑基础设施建设所需的巨额投入，因此，中国企业应在开展传统施工总承包以及 EPC 一体化总承包的基础上，积极探寻创新业务的发展模式，大力推动投融资与项目建设相结合的 BOT、PPP 等新业务模式。岛国政府可以通过中国政府获得融资支持，也可以通过亚投行、丝路基金等项目获得资金来源，加快对交通设施的维修保养，形成和完善交通运输网；同时，要充分利用中国政府的政策性融资和商业贷款，运作优惠贷款、优惠买方信贷和商业贷款等模式的大型项目。积极争取丝路基金、亚投行基金等股权性资金，努力争取国际金融机构和各类民间资金，提升投融资业务的发展能力（见表5-2）。

表 5-2 重点基建企业名录表

国家	序号	名称
巴布亚新几内亚	1	中国海外工程有限责任公司巴布亚新几内亚公司
	2	中国港湾（巴布亚新几内亚）工程有限责任公司
	3	中国江苏国际经济技术合作集团有限公司巴布亚新几内亚分公司
	4	中铁建工集团巴布亚新几内亚有限公司
	5	中铁建设集团有限公司

续表

国家	序号	名称
巴布亚新几内亚	6	中国建材投资有限公司巴布亚新几内亚公司
	7	中国机械设备工程股份有限公司
	8	广东建工对外建设有限公司
	9	中国江西国际经济技术合作公司巴布亚新几内亚工程有限公司
	10	葛洲坝巴布亚新几内亚有限公司
	11	中国武夷巴布亚新几内亚分公司
	12	中国沈阳国际经济技术合作有限公司巴布亚新几内亚分公司
	13	中铁国际集团有限公司巴布亚新几内亚分公司
	14	中国水电巴布亚新几内亚分公司
	15	华为技术有限公司巴布亚新几内亚代表处
	16	瑞木镍钴管理（中冶）有限公司
	17	中济建设（巴布亚新几内亚）有限公司
	18	中国十九冶集团有限公司
	19	中铁建工集团巴布亚新几内亚房地产有限公司（诺德地产巴布亚新几内亚公司）
	20	华山国际工程（巴布亚新几内亚）公司
	21	深圳能源 PNG 水电开发有限公司
	22	特变电工巴布亚新几内亚子公司
	23	中建钢构巴布亚新几内亚有限公司
斐济	1	中铁一局集团斐济有限公司
	2	中铁五局集团斐济分公司
	3	上海蒂尔远洋渔业有限公司
	4	中国葛洲坝集团斐济分公司
	5	烟建集团斐济有限公司
	6	中水（斐济）控股有限公司
	7	中铁十四局斐济公司
	8	天洁水泥斐济有限公司
	9	中交一航院斐济公司
	10	广信投资（斐济）有限公司
	11	东成投资斐济有限公司
	12	峨嵋资本投资有限公司
	13	中国水电建设集团斐济分公司

续表

国家	序号	名称
密克罗尼西亚	1	中国援密示范农场
汤加	1	中国土木工程集团南太有限公司
	2	烟建集团汤加公司
	3	上海建工集团援汤加政府综合办公楼项目组
	4	黑龙江燕北集团澳发汤加有限公司
瓦努阿图	1	中国建材集团
	2	瓦努阿图棕榈油公司
	3	江苏省建筑工程集团（瓦努阿图）有限公司
	4	中国土木工程集团南太有限公司
	5	中国建筑股份有限公司
	6	烟建集团有限公司
	7	上海建工集团
	8	中兴通讯股份有限公司
	9	华为技术有限公司
	10	湖北联投瓦努阿图投资有限公司

资料来源：商务部国际贸易经济合作研究院、中国驻各太平洋岛国大使馆经济商务参赞处、商务部对外投资和经济合作司《对外投资合作国别（地区）指南》（2018 年版）（http：//fec. mofcom. gov. cn/article/gbdqzn/. ）。

（二）打造方便快捷的内部交通体系

加快与太平洋岛国对发展规划的沟通协调，加大对公路改造、桥梁建设等项目的援助力度，围绕岛国核心节点国家重大生产项目基础设施和民生工程建设，尽快编制基础设施援助建设规划和项目储备。

专栏　太平洋岛国主要国家基础设施发展规划

一、斐济

预计自 2017 年以后的 10 年将投资 15 亿斐元，未来发展方向以水电为主，以太阳能发电等其他清洁能源发电为辅，加强地区电网建设，鼓励私人企业、外国企业参与投资。受 2016 年强飓风“温斯顿”影响，中短期内斐济政府基础设施建设重点将在重建城镇公共设施、路桥等方面。由于斐济不具备发展轨道交通的条件，公路和桥梁不收费，所以仅码头、海运、电信、电力等具有投资潜力。斐济允许私人投资、外资进入基础设施投资领域。

二、巴布亚新几内亚

根据《巴布亚新几内亚发展战略规划2010—2030年》，政府出台了一系列基础设施建设项目，主要包括以下三类项目。

1. 公路项目

公路规划项目包括：

（1）10.23亿基纳国家级公路维护与升级计划。

（2）8130万基纳国家级桥梁维护与替换计划。

（3）2.635亿基纳城镇公路建设计划。

（4）6970万基纳省级公路维护与重建计划。

（5）2000万基纳打通战略经济走廊计划。

2. 港口项目

港口规划项目共有21个，其中最主要的3个港口是Lae（莱城港）、Port Moresby（莫尔兹比港）和Kimbe（金贝港）。

3. 航空运输

巴布亚新几内亚全国拥有22个国家级机场，但仅有12个符合相关航空标准，90%的农村飞机跑道停用或关闭。政府未来的目标是恢复和提高现有国家级机场的等级，并建立起全国性的航空运输网络。

近年来，中国部分企业已参与到巴布亚新几内亚基础设施建设项目中，按照资金来源，主要有四种类型：第一类是执行中国政府无偿援助巴布亚新几内亚的成套建设项目；第二类是巴布亚新几内亚政府资金项下的建设工程项目；第三类是中国政府贷款项下的建设工程项目；第四类是其他国家政府或机构对巴布亚新几内亚的无偿援助项目。

三、密克罗尼西亚联邦

密克罗尼西亚联邦于2015年12月发布了密联邦2016—2025年基础设施发展规划。该规划由联邦交通通信和基础设施部会同波纳佩、丘克、雅浦、科斯雷州共同制定，内容涉及电力、公路、航运、空运、电信等基础设施建设。密克罗尼西亚计划在未来10年内投资金额10.82亿美元，其中联邦及州政府自筹资金占全部预算的23%，外国及国际组织援助占全部预算的77%。投资用于联邦比例为11%，波纳佩州为26%，科斯雷州为16%，丘克州为30%，雅浦州为17%。

航空：联邦一直需求开通中国到丘克州和波纳佩州的直航，解决必经关岛需要美国签证的难题，提升互联互通水平，拉动旅游业发展。国会已拨款扩建波纳佩州、丘克州和雅浦州周边外岛的机场跑道，建成后可起降中国运-12飞机。

电信：联邦于2014年通过电信市场自由化法案，结束了联邦电信公司对电信市场的垄断。目前，联邦只有波纳佩州与关岛联通海底光缆，可高速上网。

四、萨摩亚

萨摩亚政府于2011年5月出台了未来5~10年基础设施发展规划，提出了优先发展领域、重大项目和投资规划，欢迎外国政府、企业和个人通过各种方式给予援助和参与合作。该规划提出的优先发展领域和重大项目涉及道路、海港、机场改扩建、通信等方面，2016—2020年预计项目投资0.55亿美元。

五、瓦努阿图

瓦努阿图政府于2015年9月正式启动“2015—2024年基础设施发展战略计划”，该计划由亚洲开发银行牵头的太平洋基础设施发展基金项目提供资助。该计划规划了未来10年瓦努阿图基础设施领域的优先发展项目，主要包括道路修建及维护、机场、码头、信息及通信技术等。瓦努阿图允许并鼓励外国投资者参与当地基础设施投资。

二、提高国际通信互联互通水平

近年来，太平洋岛国移动通信业务取得了里程碑式的进展。斐济在岛国中拥有最佳的通信条件，电话普及率高，并有国际直拨（IDD）、电话、传真卡等服务。汤加、努瓦阿图和萨摩亚的手机覆盖率分别达到了总人口的66%、57%和95%。此外，国际互联网业务发展迅速，移动和宽带市场目前处于高速发展阶段，用户需求旺盛。当前，各大运营商在华为公司等外援支持下，纷纷启动4G等移动数据网络升级及基础光缆设施的建设。斐济、巴布亚新几内亚、汤加和密克罗尼西亚联邦的互联网覆盖率分别达46%、12%、40%和31.5%。

太平洋岛国整体通信基础设施薄弱，在快速发展的同时也面临着诸多问题，如4G等移动数据网络传输及接入资源不足，卫星和海缆带宽租赁费用高昂，移动通信覆盖率在农村地区覆盖率低，上网费用高，家庭上网普及率低及通信信号弱等，限制了其通信设施的进一步发展。

目前，太平洋岛国正在积极寻求与各国通信公司的合作与支持。积极致力ICT（Information Communications Technology）等基础通信设施的建设，大力发展并拓宽新用户，提高农村地区的移动通信覆盖率。同时，重组国有运营商，实现资源配置效用最大化。此外，岛国也致力将通信设施的建设成果积极应用于公共服务系统，从而促进政府系统信息化的快速发展及公共安全和海缆网络的建设等方面。

（一）加强信息化基础设施建设

依托中国电信领域成熟运营模式和具有国际竞争力的通信供应商，如华为、中兴通信等企业在全球广大的网点布局以及丰富的大型通信设施建设经验，鼓励国内企业利用自身产业、技术、人才等优势，加强与亚太地区及太平洋岛国信息通信基础设施的互联互通，全面参与岛国的通信、海底光缆、智能交通等战略性基础设施工程的承包、建设以及后期的运营、管理，以此为基础，全面、深入地参与岛国未来的城镇化建设，共享数字新经济。

共同推进跨境光缆等通信干线网络建设，规划洲际海底光缆项目，完善空中（卫星）信息通道和接收站建设，扩大信息交流与合作，提高国际通信互联互通水平，畅通信息丝绸之路。在巴布亚新几内亚、斐济、瑙鲁、帕劳等国选址规划建设国家数据中心和通信人才培训中心，为构建太平洋岛国ICT枢纽提供基础支撑。

（二）探索建立中国—太平洋岛国信息港

加强现代化信息通道建设，积极推动上海、福建、广东等地与太平洋岛国的信息走廊建设，完善信息网络合作与信息传输机制，促进与“海上丝绸之路”沿线国家和地区信息互联互通，打造便捷的信息传输体系。探索建立中国—太平洋岛国信息港基础设施建设，提升中国作为中国—太平洋岛国信息枢纽的核心地位和亚太地区信息枢纽的核心地位，提升与岛国信息交流的质量和效率，降低信息交流的时间和成本。

专栏　中国东盟信息港

一、成立背景

中国—东盟信息港是由中国和东盟各国共同建设，以深化互联互通、加强信息合作为基本内容形成的以广西为支点的中国—东盟信息枢纽，推动互联网经贸服务、人文交流和技术合作，发展更广范围、更宽领域、更深层次的互联网经济，携手共筑“信息丝绸之路”。

中国—东盟信息港股份有限公司（简称“中国东信”）是市场化运作的平台型信息科技公司，肩负着建设运营中国—东盟信息港的重要使命。中国东信将通过构建“互联网+”产业生态圈，将中国—东盟信息港打造成为以广西为中心、辐射西南中南、面向东盟国家的核心通信枢纽和信息产业基地，为推动广西经济结构转型升级和经济社会发展注入强大动力，架起中国与东盟国家之间的经济、社会、科技、人文等交流沟通的桥梁。

二、产业布局

中国东信实施以信息产业为中心的产业生态战略，采用“一体两翼、产融结合”的产业布局。“一体”为信息产业，聚合上下游资源，打造“互联网+”产业生态圈，是中国东信的基石产业；“两翼”分别是金融投资和服务贸易，以生态圈为中心，开展投融资业务和服务贸易业务，创造产业价值和实现资本增值（见专栏图5-1）。

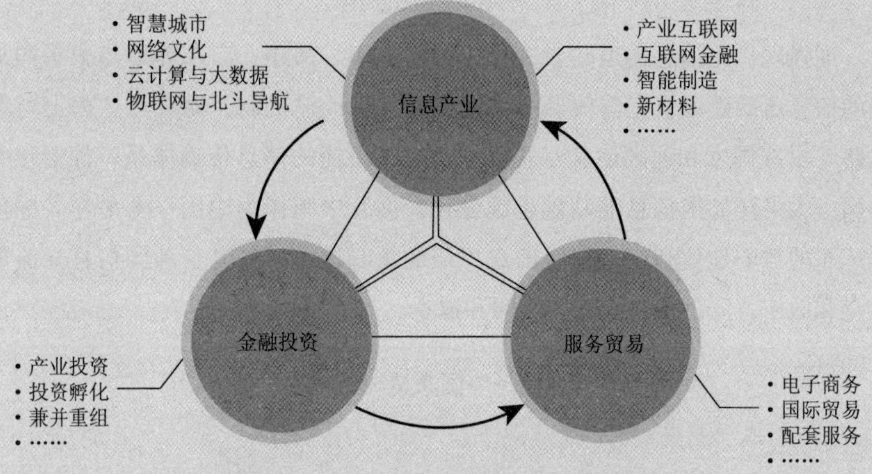

专栏图 5-1　中国—东盟信息港股份有限公司产业布局

在信息产业板块，中国东信着力打造信息通信基础设施、互联网应用、信息内容运营、智能制造和大数据运营五大信息产业内容，采用国内最先进的技术和运营模式，运用互联网强大的连接能力和数据分析能力，通过平台运营促进各链接方进行端到端的交流与互动。在金融投资板块，中国东信采取自有资金、银行贷款、政府专项资金、社会资金等开展产业投资、创业孵化和兼并收购等运营，为入驻中国—东盟信息港基地企业提供金融服务，利用金融杠杆的力量助力中国—东盟信息港内各类企业快速成长，为企业的发展插上腾飞的翅膀。在服务贸易板块，中国东信利用互联网思维打造领先的服务贸易平台，向企业提供智能化的成长服务。一方面，打造面向“互联网+”的 4.0 产业园区，提供先进专业的园区配套服务，向企业提供优越的发展环境；另一方面，通过整合产业互联网平台资源和优质产品资源，组织大规模的跨境电子商务，为企业快速扩张市场规模提供有力手段。信息产业、金融投资和服务贸易是中国东信发展的“三驾马车”，三大产业板块协同发展，共同推动中国东信产业生态圈繁荣发展（见专栏图 5-2）。

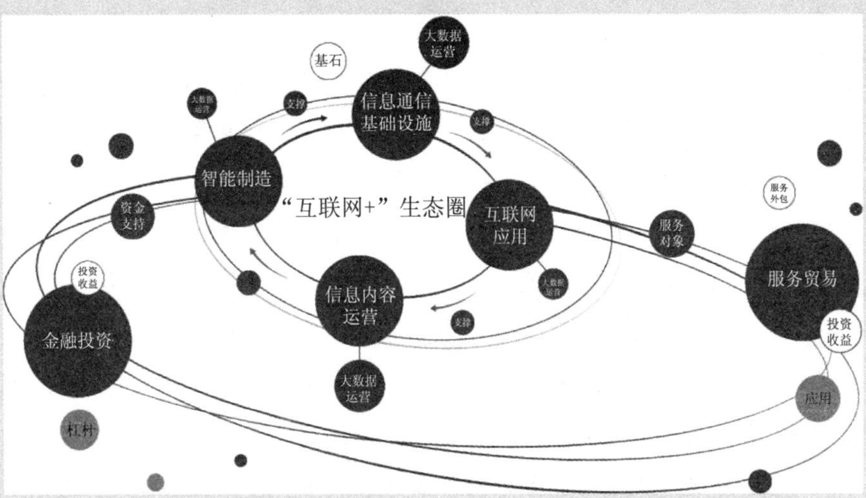

专栏图 5-2　中国—东盟信息港股份有限公司“互联网+”生态圈示意

三、主要产品及案例

目前，中国东信已拥有平台类、应用类、服务类、金融类等四大类 27 项产品。

专栏表 5-1　中国—东盟信息港股份有限公司产品介绍

产品类别	产品名称
平台类	产业云、中国—东盟商贸通、国际陆海贸易新通道多式联运平台、城市大脑、单一窗口国际合作平台、安全隐私号、易连接平台、无线城市、医学影像及远程医疗平台
应用类	智连云平台、港口通、数据通、信用云、政务云、城管云、旅游云、云电商、交通云、云消息、流量分发、容器云、IPv4-IPv6 互通互联云中心
服务类	易运维
金融类	智能收银、资金管理云平台、信息港基金、信易链

资料来源：中国东信官方网站。

1. 中国—东盟蔗糖通平台

广西是全国蔗糖的主产区，其食糖产量连续 10 年占全国总产量的 60%

以上，是广西国民经济的重要组成部分和支柱产业。近年来，传统蔗糖产业由于缺乏统一数据中心和统一监管，出现了“信息孤岛”现状严重、产业链效率不高、产值较低、中间流通环节过长、无金融服务支撑、生产成本高等问题，严重影响了蔗农生产的积极性和食糖的有效供给。

中国东信将在深入调研广西糖业现状的基础上，通过开展中国—东盟蔗糖通平台，打造甘蔗生产服务大数据平台、蔗糖生产服务大数据平台、广西泛糖现货交易平台等贯穿蔗糖全产业链的三大平台，在 IT 系统建设、平台运营服务、金融产品应用三方面为蔗糖产业提供高效、便捷的全流程互联网化平台服务，实现农工商一体化。通过对蔗糖产业链全流程互联网化的升级，有效地解决了蔗糖产业规模小、成本高、价格不稳定、附加值低等问题，保障了供需的有效平衡，巩固了广西糖业在全国糖业产业中的核心地位。

2. 梧州市信息惠民服务总平台

梧州市信息惠民服务总平台涵盖梧州市政务云数据中心、“互联网+政务服务”平台和智慧城市应用展示中心。依托电子政务外网和互联网，规范业务流程，面向省、市、县、街道、社区各层级的政府部门用户，企业用户和个人用户采集基础信息、行政审批、行政服务、行政监察及电子证照等方面的数据，搭建梧州市信息惠民服务总平台，建设综合服务、共享交换、电子监察、决策支持四大业务系统。

平台开放后，市民通过政务服务网的情形选择智能引导功能，按照办事流程准确提交办事信息和材料，可实现政务服务网上办理，避免重复提交材料，简化办事程序。同时，通过共享交换平台联通各部门业务系统，有助于打破信息孤岛，畅通办事渠道，提高部门之间业务协同能力，实现国家要求的跨区域、跨部门、跨层级的“一号申请、一窗受理、一网通办”的目标。

3. 北海市城市 WiFi 覆盖项目

该项目由中国东信承建，以全市免费 WiFi 为基础，结合大数据、云应用打造新一代无线城市。该项目共计建设55个热点区域1200多个热点，覆盖景区景点、交通枢纽、医疗机构、政务机构、重要商圈和公园广场等人流聚集地，可同时支持5万人免费上网。此外，城市WiFi可实现一点认证全市漫游，为用户提供统一的城市名片入口，以及政务、便民、新闻、同城、商城、旅游八大板块60多个子内容的配套“互联网+”应用服务，为城市管理者提供WiFi运行大数据可视化平台展示和管理决策支持。

建设信息通信枢纽。通过建设洲际海底隧道连通中国与太平洋岛国，在斐济、巴布亚新几内亚、萨摩亚、汤加、瓦努阿图、密克罗尼西亚建设云计算中心，援助巴布亚新几内亚政府信息集成系统项目（见图5-2）。依托云计算中心与当地相关产业密切结合，建设产业互联网平台，为政府和企业提供各类云服务，促进当地信息化技术与社会经济发展相融合（见图5-3）。

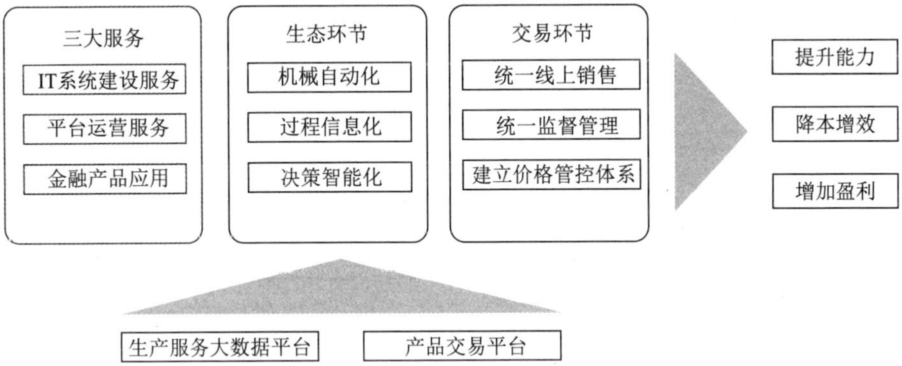

图5-2　产业互联网平台功能示意图

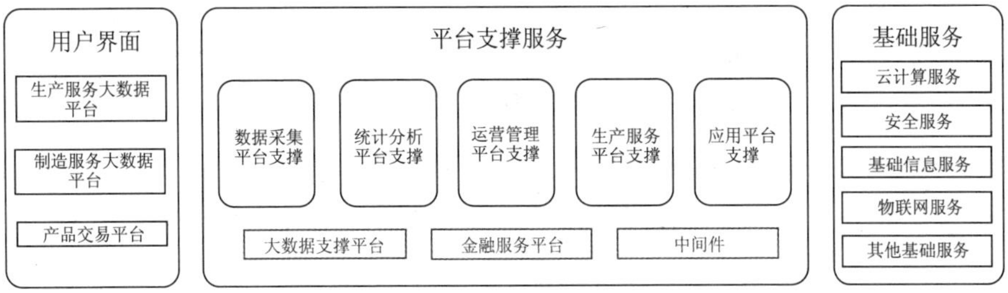

图5-3　产业云平台框架示意图

专栏　斐济通信设施建设情况

斐济拥有太平洋岛国中最佳的通信条件，电话普及率较高，全国有 10 万余部电话，并有国际电话直拨（IDD）、电话卡、传真等服务。斐济有两大电信运营商：斐济电信（Telecom Fiji）和斐济国际电信公司（Fiji International Telecommunication Ltd.，FINTEL）。前者提供地方和全国长途电话服务；后者主要从事国际电信业务，包括视频会议等高端服务。斐济的对外通信直接连通到南十字光缆网络的光缆干道，该网络是从澳大利亚经新西兰、斐济、夏威夷连接到美国西海岸的通信网。

国际移动通信业巨头沃达丰于 1996 年进入斐济，成立沃达丰斐济公司（Vodafone Fiji），后成为斐济本国全资企业。近几年来，沃达丰斐济公司已经建立了比较完整的移动通信网络，信号覆盖范围包括主岛大部分地区及海岸线以外 30 千米范围。据世界银行最新数据，2015 年斐济每百人拥有移动电话 106 部。

斐济的国际互联网业务发展比较迅速，能够提供 ISDN、集团网络解决方案和宽带服务。根据国际电信联盟的《世界电信发展报告》和世界银行的统计数据，斐济 2015 年每百人拥有互联网的人数为 46.3 人。

第二节　支持太平洋岛国构建现代产业体系

一、加快打造渔业经济升级版

（一）中太双方存在巨大的渔业合作空间

一是太平洋岛国对于渔业经济升级发展需求强烈。依托专属经济区内得天独厚的渔业资源，各岛国均十分重视渔业发展，渔业长期以来是岛国的经济支柱。但由于岛国捕捞技术落后，渔业收入很大程度上依靠出售入渔许可证，在渔业基础设施建设、渔业深加工、渔船服务等方面发展严重不足。以瓦努阿图为例，其专属经济区面积为 85 万平方千米，海洋渔业捕捞主要分为四个层次：农户自捕、小规模商业捕捞、当地渔船商业捕捞和外国船队大规模商业捕捞。其中，瓦努阿图70%以上农户人口从事传统方式的渔业捕捞，是农业种植外最为重要的经济来源。农民主要在近海礁石区捕鱼，使用刺网、手钓、鱼叉等传统方式。小规模商业捕捞方面，瓦努阿图全国范围内共有100个左右小规模的商业捕捞船队，但由于多数船队仍使用传统捕捞方式，实际每艘船日捕捞量仅为40~70千克。另外，具有许可证的当地商业渔船只有十几艘，外国渔船大约100多搜。本国渔业捕捞能力总体偏小，并且由于缺乏陆地水产品加工设施，卸鱼、加工等环节均在斐济进行，瓦努阿图政府所获经济收益甚微。瓦努阿图的发展现状是岛国渔业发展的一个缩影，加快渔业经济升级发展是各国的共同需求。

二是中国正处于远洋渔业转型升级发展的关键阶段。自1985年起步以来，在党中央、国务院高度重视和有关部门的大力支持下，中国远洋渔业持续快速发展，远洋渔业加快转型升级，产业规模不断壮大，远洋渔船更新建造速度明显加快，综合实力显著提升，管理制度日趋完善，中国开始从远洋渔业大国向远洋渔业强国稳步迈进。截至2016年底，全国远洋渔业企业162家，比2010年增长46%；远洋渔船近2900艘（含在建渔船），作业船数比2010年增长66%（见图5-4）；远洋渔业总产量达199万吨，比2010年增长78%。公海作业渔船有1329艘，占世界公海作业渔船的6%，产量达132万吨，占世界公海渔业产量的12%，船数和产量均居世界前列。同时，装备水平显著提升，更新建设了一批专业化、标准化、现代化的远洋渔船，5年以内船龄的占远洋渔船总数的52%，10年以内的占72%；自主设计与建造了金枪鱼围网船、秋刀鱼舷提网船、大型鱿鱼钓专业渔船、双甲板拖网船、玻璃钢金枪鱼延绳钓船、超低温冷藏运输船等大型专业化远洋渔船，达到了国际同类先进水平；大部分船载关键设备和部件实现了国产化，渔船信息化水平显著提高。

但由于起步较晚，中国在装备水平、作业方式、资源探测能力等方面，与日本等远洋渔业强国相比仍有一定差距。同时，中国远洋渔业公司多以捕捞生产为主，货物运输、油料补给以及冷藏、加工、维修等后勤服务和配套设施基本依赖境外公司，在全球远洋渔业产业链中仍处于相对弱势。因此，中国远洋渔业的转型升级发展，亟须在三个方面取得突破。一是亟须把发展中心放在产业链的整合上，有效促进各产业环节协同，提升产业的全流程控制能力，实现产业价值的最大化；二是亟须在主要集中作业海域的沿岸国家和地区建立远洋渔业海外综合性基地，建设码头、冷库及渔船修造厂等基础设施，完善生产配套服务设施，并加快与远洋渔业发展需要相匹配的渔需物资供应、冷链运输及补给能力建设，进一步完善远洋渔业产业体系；三是亟须加强市场控制能力。市场控制能力决定了远洋捕捞利润的最终实现，谁掌握了终端，谁就掌握了远洋渔业价值实现的关键环节。

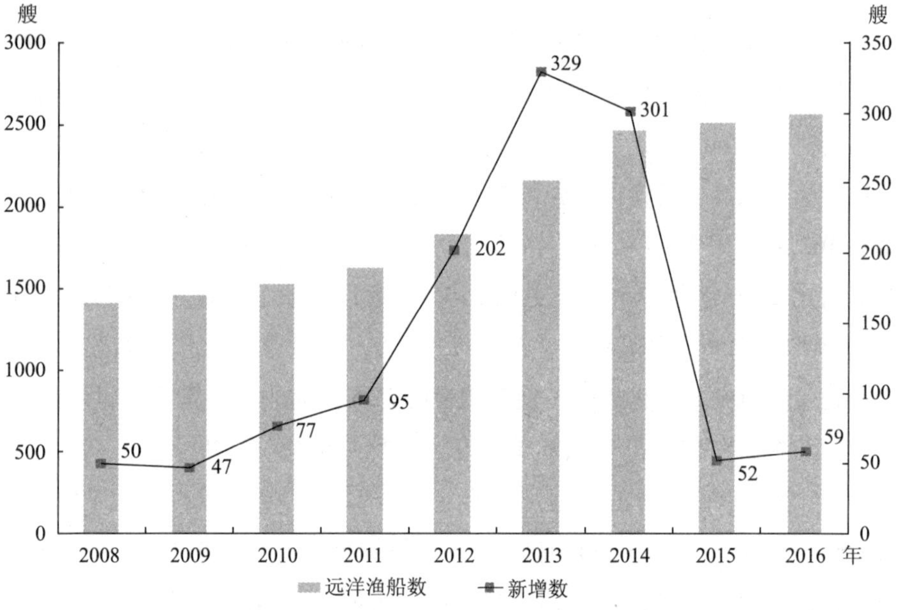

图 5-4　中国远洋渔船总数及其新增情况（2008—2016 年）

资料来源：历年中国渔业统计年鉴。

从活跃渔船数来看，自 2000 年以来，中国在太平洋岛国活跃渔船总数快速增长，最高超过 400 艘/年，如表 5-3 所示。目前，以深圳市联成远洋渔业有限公司、上海蒂尔远洋渔业有限公司、中国水产（斐济）控股有限公司、中国水产瓦努阿图有限公司及中瓦渔业有限公司等为代表的中资渔业企业已经在该地区进行了长达十余年的深耕细作，与各国建立了良好的友好合作关系，并且为促进当地渔业基础设施建设、推动渔业资源开发、支撑经济发展、创造税收、带动就业发挥了重要作用，也为进一步推动中太渔业合作打下了良好的基础。

表 5-3　中国在太平洋岛国的活跃渔船及金枪鱼捕捞量变化（2001—2017 年）

年份	活跃渔船数/艘	金枪鱼捕捞量/万吨
2001	117	1.1
2002	126	1.7
2003	183	4.6
2004	218	4.7
2005	220	6.5
2006	166	8.2
2007	96	7.8
2008	211	9.1
2009	231	12.5
2010	256	8.8
2011	287	11.1
2012	299	9.9
2013	393	12.7
2014	372	9.5
2015	449	7.9
2016	429	4.6
2017	365	6.5

资料来源：WCPFC Tuna Fishery Yearbook 2017.

（二）中太渔业经济合作发展重点

一是推进渔业资源合作开发利用。推进与太平洋岛国签订渔业捕捞许可协议，努力争取和扩大金枪鱼捕捞配额，稳步发展超低温金枪鱼延绳钓及金枪鱼围网渔业，适度扩大冰鲜及低温金枪鱼延绳钓渔业，采取可行的合作方式开发中西部岛国水域金枪鱼资源。加强渔业资源开发利用技术革新，充分利用新一代信息技术，支持远洋渔业企业开发信息化管理系统，实现渔船作业活动记录、RFID 溯源标签、电子渔捞日志、碰靠警报、冷链数据监控等功能，提高远洋渔业生产效率；开发建设金枪鱼溯源系统，采用 RFID、条形码等物联网技术，构建分布式开放框架的产品质量追溯体系监控平台，确保渔货品质。通过渔船船位监测系统、水文信息、鱼汛信息、鱼舱温度信息、渔船及船员档案管理等信息化管理系统，建立起渔货可追溯系统和质量体系认证，提高质量管理水平和生产效益。鼓励发展远洋渔业海外养殖基地。依托岛国丰富的渔业资源和广阔的海域面积，充分发挥中国技术、资金等方面的优势；同时，完善政府提供保险基金、政策扶持等保障措施，支持大型远洋渔业企业“走出去”，在岛国建设远洋渔业养殖基地，推动远洋渔业由捕捞向捕捞和养殖协调发展。

专栏　太平洋区域金枪鱼产业多层级治理结构

太平洋区域远洋金枪鱼产业的区域渔业治理具有多层级结构特征：第一个层级是联合国（UN），联合国对全球的海域管辖权、跨界和高度洄游的渔业资源做出了明确规定，为全球渔业资源管理、生态环境保护提供了一个国际性的框架，其他区域的治理框架必须在该治理框架下进行；第二个层级是中西部太平洋渔业委员会（WCPFC），它是太平洋区域渔业管理组织，为太平洋区域金枪鱼产业的可持续发展提供了基本框架，制定了可捕量、作业类型、作业区域以及其他相关的管理措施，对于捕捞、运输、贸易环节均有原则性的规定；第三个层级是太平洋岛国论坛渔业局（FFA），它是岛国政府间组织，主要就岛国在资源养护、国外渔船入渔许可的权限分配进行政府间的合作；第四个层级是 PNA 国家之间建立的紧密合作组织；最核心的是 PIC 岛国政府，它们最终拥有对入渔国的具体分配权和管理权限。

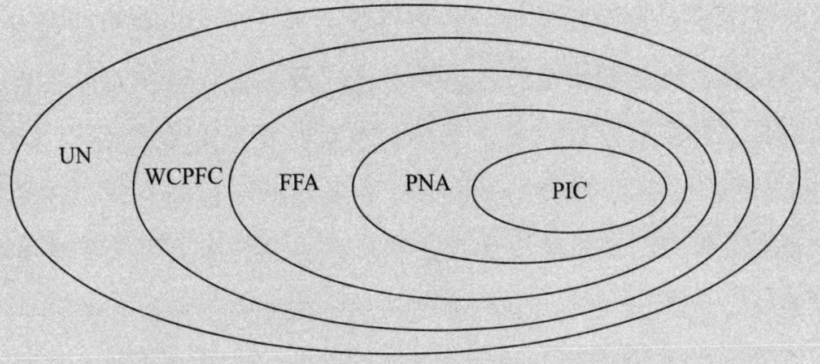

专栏图 5-3　太平洋区域金枪鱼产业多层级治理结构示意图

二是加快布局建设远洋渔业基地。海外渔业基地代表着渔业“走出去”战略发展的新形态，对于提升中国远洋渔业的综合竞争力具有重要意义。目前，福州宏东远洋渔业有限公司投资 1 亿美元建立的毛里塔尼亚综合基地，成为目前中国境外投资规模最大的远洋渔业基地；山东靖海集团有限公司在印度尼西亚马老奇建设的远洋基地项目实际投资达 5000 万美元左右；深圳市联成远洋渔业有限公司及其战略合作伙伴在太平洋岛国建立了 7 个基地，为中国渔业海外基地建设发挥了良好的示范带动作用，不仅能更好地服务企业自身发展，也成为中国与入渔国在互惠互利中深化远洋渔业合作的重要内容。发展重点主要包括两方面：

一方面，支持国内远洋渔业龙头企业在太平洋岛国规划建设一批集生产基地、冷藏加工基地、远洋渔船补给基地和服务保障平台等于一体的远洋渔业多功能综合服务海外基地，为国内外众多远洋渔业企业提供渔获物集散、渔获精深加工、冷链物流、船舶租赁与维修等全方位服务。引导远洋渔业行业组织成立专门性服务机构，为远洋渔业企业建设海外基地提供专业化咨询服务，加大对远洋渔业综合性经营管理人才的培养、培训力度。

专栏　斐济—中国渔业综合产业园

山东俚岛海洋科技股份有限公司在斐济劳托卡市西海岸建设的中国斐济渔业综合产业园，总体开发格局为“一中心、两基地”。“一中心”即中国·斐济渔业技术培训中心，“两基地”即中国·斐济远洋渔业综合基地、中国·斐济渔业养殖基地。总体投资约 3.2 亿元，建设用地规划 345 亩，主要包括：远洋捕捞生产区、渔船修理服务区、水产品加工区、仓储物流保税区、科技服务区、育苗养殖示范区。园区企业组成“信息互通、异议共商、风险共担、收益共享、合作共赢”的经济结合体，已发展成为南太平渔业最繁荣的经济中心和产业发展平台，已成为南太平洋最大的集育苗、养殖、捕捞、加工、销售、培训于一体的综合渔业产业园区。

到 2020 年，园区重点建设面积达到 345 亩，实现年产值 5 亿美元，入园企业达 30 家，带动当地就业 1000 人；实行标准化生产；水产品加工产业将达到国际食品认证标准；带动当地劳动者收入明显提高；打造先进、高效的仓储物流业，使之发展成为立足斐济、辐射大洋洲及太平洋的，功能最完善的，规模最大的育苗养殖基地、远洋捕捞基地、水产品加工中心、技术培训中心、渔货交易中心。

另一方面，争取将远洋渔业海外基地建设纳入国家财政的支持范围，同时开发服务远洋渔业海外基地建设的金融筹资、商业保险等项目，引导商业性股权投资基金和社会基金共同参与的模式进行渔业基地（码头、冷库、油库、修船厂、加工厂等）综合开发，积极盘活太平洋岛国专属经济区资源，鼓励岛国渔业资源入股建立合资企业，加快完善基地基础设施建设（见表 5-4）。整合资源，为船队提供保障和支持，提高产品附加值，也为当地政府增加税收收入，以及为当地居民提供更多的就业机会，以获取当地政府的进一步支持和更多的捕捞许可证、配额优势，增强渔货供应的保障能力。

表 5-4　中国部分远洋渔业企业的海外基地及办事处建设情况

序号	企业名称	海外基地数量	分布区域	功能	规划
1	中水公司	建立了 3 个远洋渔业海外基地及 20 个海外办事处	斐济、瓦努阿图、东南亚、西非、西班牙拉斯帕尔马斯、厄瓜多尔、苏里南	拉斯帕尔马斯海外基地建设完善，可进行渔获的冷藏、加工，渔获的集散贸易，船体的维护、补给等	壮大集远洋捕捞、运输、销售贸易、代理服务于一体的海外基地建设

续表

序号	企业名称	海外基地数量	分布区域	功能	规划
2	上海水产	已建立3个远洋渔业海外基地（西非渔业基地、南美渔业基地、中西太平洋渔业基地）	西班牙、摩洛哥、毛里塔尼亚、智利、阿根廷、乌拉圭、斐济、马绍尔群岛（作业区域分布在斐济、马绍尔群岛、巴布亚新几内亚、密克罗尼西亚联邦、瑙鲁、基里巴斯、所罗门群岛等多个岛国所属水域）	船只停泊，坞修，补给及渔获收购、储藏、加工、回运等业务	投入更多资金和技术力量加大基地建设，做足做强远洋渔业基地捕捞、运输、加工和销售一体化的经营体系
3	福州宏龙海洋水产	建立了3个远洋渔业海外基地	印度尼西亚、巴基斯坦、斯里兰卡	船只坞修、补给、渔获的冷藏、简单加工等功能	开展远洋渔业国际合作项目，改善海外基地的加工与贸易效益
4	深圳市联成远洋渔业有限公司	已建立7个海外渔业基地	马侏罗（马绍尔群岛）、波纳佩（密克罗尼西亚联邦）、科斯雷（密克罗尼西亚联邦）、科罗尔（帕劳）、帕果帕果（美属萨摩亚）、拉罗汤加（库克群岛）及阿皮亚（萨摩亚）	为本企业及其他远洋渔企提供卸鱼、补给和渔获运输三大服务；拥有发达的渔获回运物流系统；基地冷藏、加工设施完善	进一步提高远洋渔获的精深加工能力，广泛争取国内外合作项目，开展海外合作养殖项目，增强远洋渔业海外基地的综合服务能力
5	宏东渔业股份有限公司	建立了1个远洋渔业海外基地	毛里塔尼亚	建设码头、加工厂、制冰厂、冷藏库、生活用房等基础设施，具备渔船停泊、补给、维修、制冰、加工等功能	充分利用国内外两个市场、两种资源建设远洋渔业综合基地，提升远洋捕捞产品精深加工水平和综合利用水平
6	靖海集团（拥有3家具备远洋渔业资质的渔业企业）	远洋渔业海外基地1个，4个海外办事处	印度尼西亚马老奇港海外基地，斐济、阿根廷、乌拉圭、巴基斯坦办事处	配备码头、船舶修造厂、冷藏加工厂、办公大楼、船员休息场所等设施，集捕捞、运输、加工、仓储等功能于一身	加快在远洋渔船生产集中的西南大西洋、中西太平洋等区域建设综合性远洋渔业基地，为远洋渔船提供配套服务

资料来源：根据各企业官网公开资料整理。

三是培育全产业链发展新模式。鼓励远洋渔业企业积极创新全产业链发展模式，带动捕捞、养殖、加工、渔港、冷库及物流体系全产业链建设，探索集远洋捕捞、基地建设、冷链运输一体化发展的渔业共赢发展新模式，打造以“造船—海外基地—运输—终端市场”为链条的全产业链经营模式（见图 5-5）。探索在太平洋岛国布局远洋渔船检测服务基地，开展远洋渔船境外年审、检测、职务船员考试发证，以及远洋渔民教育、培训等工作，形成人才培训、技术输出、资源获取、产品开发、市场开拓链条式的项目经营模式，全面优化在岛国的产业化发展路径，促进对外投资由资源获取型向产业合作型转变，提升双方渔业合作的新优势。

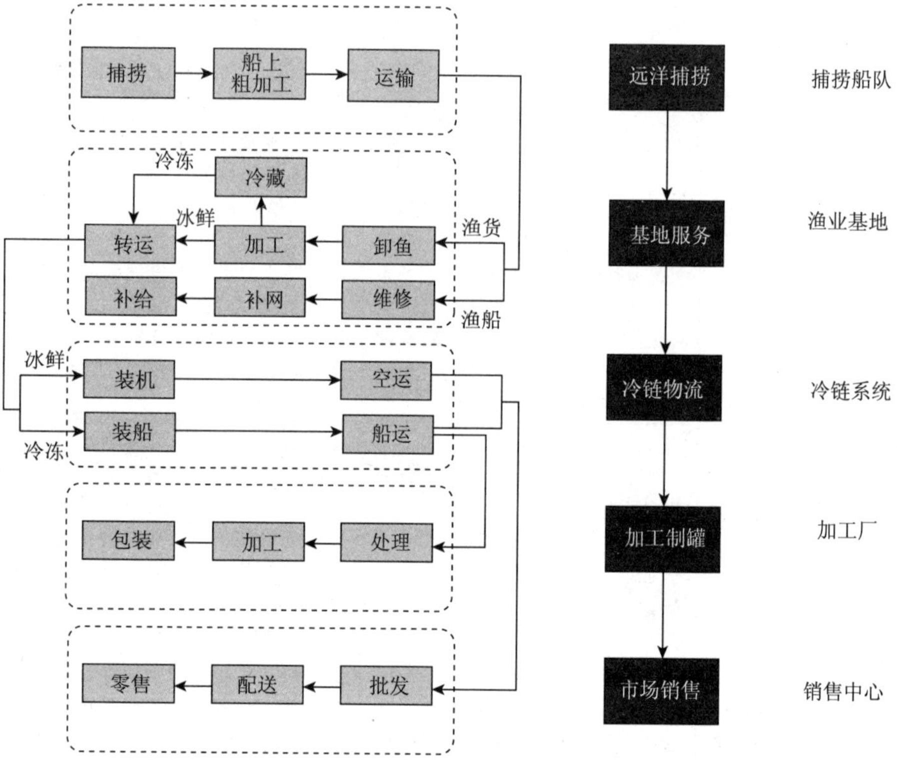

图 5-5　金枪鱼产业链构成

专栏　金枪鱼全产业链

金枪鱼产业是以金枪鱼捕捞船队为核心，以冷链物流为支撑的集产、供、销于一体的产业体系，是远洋渔业的重要组成部分。完整的金枪鱼产业链主要包括远洋捕捞（Fish）、基地服务（Base Services）、冷链物流（Cold Chain Logistics）、加工生产（Process）和市场销售（Marketing）五大关键环节。

（1）远洋捕捞：远洋捕捞是金枪鱼产业链的生产环节，是指“捕捞—船上粗加工—运输到岸”的全过程。捕捞效率的提升主要依赖技术的发展和经验的增加，包括：捕捞渔具的材料、结构和生产工艺的技术进步，如对投线/网机的运用及对生产过程的持续改进，减少了劳动力的运用，提高了捕捞效率；渔船机动化，发动机功率提高，使船舶朝大型化发展，承载能力增加；航海仪器的使用，卫星定位系统广泛使用，使航海更安全，效率更高。

（2）基地服务：基地服务是金枪鱼产业链承上启下的关键环节，其布局和配套程度决定了产业链上下游的对接和利润水平。一般海外基地及配套服务设施建设为渔船提供捕捞过程中必需的多元配套服务，包括渔船维修服务，补网服务，以及油料、饵料、水、冰等补给服务。

（3）冷链物流：目前，均温冷藏工艺为保持冰鲜金枪鱼原始鲜度和品质提供了一种新方法，也是保持超低温金枪鱼原料长期低温储藏的重要工艺，已成为贯穿冰鲜和超低温金枪鱼产品从捕捞到餐桌整个供应链过程中必不可少的环节。该冷链包括金枪鱼延绳钓船，金枪鱼围网拖船，金枪鱼冷藏运输船，以及金枪鱼陆地冷藏库、加工厂、运输车、冷柜等。

（4）加工生产：加工生产主要是指通过对加工厂的建设所形成的以金枪鱼为原料的加工产业链。金枪鱼的加工生产包括三方面：一是粗加工，即将捕捞的金枪鱼进行处理，形成冰鲜或冷冻产品；二是加工成半成品，即鱼柳的加工生产；三是加工成产成品，即罐头的加工生产。

（5）市场销售：市场销售是金枪鱼产业链的终端环节，是指金枪鱼产品（包括冰鲜、冷冻、罐头等产品）通过国际贸易商，供应给大型批发商，进入大型超市、小型便利店和小型商贩等终端消费市场的过程。

二、稳步提升旅游业的合作发展水平

（一）中太双方旅游业发展互补优势明显

一是太平洋岛国特色旅游资源丰富，旅游业发展空间广阔。岛国由 1 万多个岛屿组成，自然环境和人文环境独特，旅游资源丰富，原生态特色鲜明。岛国拥有丰富的自然旅游资源，海洋、沙滩、椰林、热带雨林、潟湖、珊瑚岸礁、火山、峡谷、瀑布、溶洞以及种类繁多的海洋生物是其最典型的代表。除了得天独厚的自然环境和资源，岛国还拥有独特的美拉尼西亚文化、波利尼西亚文化以及深厚的毛利文化，当地奇特的民俗风情和多元的人文景观也是非常宝贵的旅游资源。在不少地区或岛屿上，有的部族仍然保留着部落社会的遗风和原始的生活习俗，吸引着不少外国游客。

从近年太平洋岛国接待的国际旅游人数来看，规模较小，增长幅度不大，目前保持约 160 万人次。但以斐济、库克群岛、萨摩亚、巴布亚新几内亚、帕劳、瓦努阿图为代表的部分国家已经进入了旅游业发展的快车道，并且初具规模。2017 年，六国游客接待量分别达到了 84.3 万人次、16.1 万人次、15.5 万人次、14.3 万人次、12.3 万人次和 10.6 万人次。其中，巴布亚新几内亚、库克群岛、萨摩亚等国相比 2013 年增幅均超过 25%（见表 5-5）。正因为如此，岛国普遍重视旅游业的发展。如斐济政府视旅游业为未来国家经济发展的“主要驱动力”，正在制定《斐济旅游发展战略》，拟通过加强旅游业基础设施建设、行业整合与协调、保护生态环境等吸引更多海外游客，增加旅游收入。

表 5-5　2013—2017 年太平洋岛国年游客接待量

单位：人次

序号	国家	2013 年	2014 年	2015 年	2016 年	2017 年
1	斐济	657706	692630	754835	792320	842884

续表

序号	国家	2013 年	2014 年	2015 年	2016 年	2017 年
2	库克群岛	121306	121458	125132	146473	161362
3	萨摩亚	123865	131719	136104	145176	154973
4	巴布亚新几内亚	101879	191442	184961	178509	142943
5	帕劳	105066	140784	161931	138416	122816
6	瓦努阿图	110109	108811	89952	95117	106338
7	汤加	50554	50436	53731	59130	62434
8	密克罗尼西亚联邦	—	35440	30240	24125	25939
9	所罗门群岛	23654	20070	21623	23192	25700
10	纽埃	7047	7408	7707	7818	9938
11	瑙鲁	—	—	—	3038	6002
12	基里巴斯	5649	5111	4353	5018	5663
13	马尔绍群岛	4891	4876	6311	9831	5262
14	图瓦卢	1087	1416	2344	2465	2530
合计		1312813	1511601	1579224	1630628	1674784

资料来源：根据南太平洋旅游组织数据整理。

太平洋岛国的旅游客源市场主要是澳大利亚、新西兰、美国、欧洲和日本。在多数岛国，澳大利亚和新西兰的客源市场份额占到一半以上。过度依赖澳大利亚和新西兰客源市场，使得岛国旅游业发展受这两个国家的政局、政治关系及经济波动影响较大。例如，2009 年全球金融危机，由于澳大利亚和新西兰经济迅速下滑，岛国的旅游业受到重创。开发更大、更广阔、更稳定的客源市场是岛国旅游业可持续发展的一项重要举措。

二是中国旅游市场巨大，出境旅游处于高速发展阶段。目前，中国已成为世界第一大出境旅游消费国。中国文化和旅游部数据显示，2018 年中国出境游旅客达到 1.4 亿人次，比 2017 年的 1.29 亿人次多出 1100 万，同比增幅达到 13.5%。中国出境旅游的快速发展将为岛国旅游业发展带来新的增长空间（见图 5-6）。中国亟须以旅游为突破口，加强与太平洋岛国的旅游合作，打造以旅游外交带动与岛国外交关系全面突破的新格局。

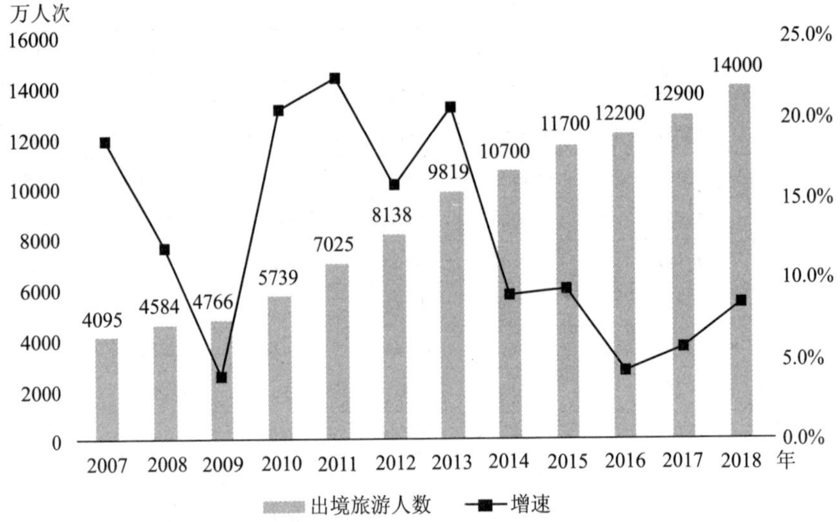

图 5-6　中国出境旅游人数增长情况（2006—2018 年）

资料来源：中华人民共和国文化和旅游部。

目前，中国赴太平洋岛国旅游规模较小，除宣传推广等因素影响以外，还存在两大突出瓶颈亟须突破。首先，交通方面。目前与中国建交的岛国中只有 2 个国家（斐济和巴布亚新几内亚）与中国香港开通直航，而与中国内地城市均无直达航线；同时，岛国的基地航空公司有 17 家，其机队规模均较小。此外，还有日本、韩国、菲律宾等亚洲国家的航空公司开通了至岛国的直飞航班。另外，中国台湾地区也有两家航空公司运营台北桃园机场直飞帕劳机场的航班。但这些与岛国衔接的国际航班中没有一个是由中国大陆的航空公司开通的。2018 年，中国赴岛国的游客约有 15 万人次，较 2011 年增加了近 4 倍。这是在未开通直飞航线的情况下所呈现的快速增长态势，可以预料直飞航线的开通将带来更快速的增长。其次，签证方面。与中国建交的岛国中有 4 个国家对中国游客免签证，有 2 个国家实行落地签证政策，有 2 个国家需要办理签证。虽然免签证和落地签证政策给中国游客带来了很大的便利，但还需要转机，还要受经停国家的过境签证政策限制。交通通达性、旅途时间、手续繁简以及旅行费用成为影响游客数量的关键因素之一（见表 5-6）。

表 5-6　太平洋岛国主要旅游目的地国家交通及旅游签证情况

目的地国家	交通	签证
斐济	中国香港开通直航，每周三班；也可经韩国转机	落地签证（有效期 4 个月），若转机则需考虑是否需要办理过境签证
密克罗尼西亚联邦	未开通直航，须经中国香港飞往关岛（美国海外属地），然后转机密克罗尼西亚联邦	免签证（30 天内），但需要办理美国过境签证
库克群岛	未开通直航，可经新西兰、斐济转机前往	免签证（31 天内），但需要考虑是否办理过境签证
巴布亚新几内亚	中国香港开通直航，每周一班	需办理签证（有效期 60 天）
萨摩亚	未开通直航，须经新西兰、斐济、澳大利亚转机	免签证（60 天内），但需考虑是否办理过境签证
汤加	未开通直航，须经新西兰或斐济转机	需办理旅游签证（有效期 30 天），还需考虑是否办理过境签证
纽埃	未开通直航，须经新西兰转机	免签证（30 天内），但需考虑是否办理过境签证
瓦努阿图	未开通直航，须经澳大利亚、新西兰或斐济转机	落地签证（有效期 30 天），若瓦努阿图是出境唯一的目的地，且经澳大利亚转机，则需在瓦努阿图驻华使馆申请签证，并据此申请澳大利亚的过境签证；若经停新西兰则只需要考虑是否办理过境签证

资料来源：根据公开资料整理。

（二）中太旅游业合作发展的重点

一是积极推进旅游合作中心城市建设。推进中国与太平洋岛国旅游合作中心城市建设，有利于促进国家级、省（州）级、地区（市）级等不同政府层面的旅游交往与合作，改善岛国旅游客源市场单一化以及旅游业时空发展不平衡等状况，加快中国与岛国旅游合作的网络化发展。中国与岛国需在国家层面旅游合作的基础上，充分发挥旅游中心城市之间的交流与合作。中国可先设立若干旅游中心城市与岛国首都或热门旅游城市进行全面接轨，使其成为中国与岛国旅游合作的大本营。岛国旅游合作中心城市可以选取目前旅游发展条件较好的首都或热门旅游城市，如斐济首都苏瓦、热门旅游城市楠迪，巴布亚新几内亚首都莫尔兹比港，密克罗尼西亚联邦首都帕利基尔，库克群岛首都阿瓦鲁阿，萨摩亚首都阿皮亚，汤加首都努库阿洛法，以及瓦努阿图首都维拉港；中国旅游合作中心城市首选的省、市有上海、昆明、广东、北京等。

专栏　中国国内城市与太平洋岛国旅游合作的基础

上海市不仅通过举办中国国际旅游交易会、上海世界博览会与太平洋岛国建立了较好的合作基础，而且与瓦努阿图首都维拉港缔结友好城市关系已长达20年，双方在经贸、建筑、教育、医疗等领域开展了务实合作，可进一步开拓旅游领域的合作。

昆明市曾借助于举办2013年中国国际旅游交易会之契机，举办“昆明—太平洋岛国旅游文化交流会”，与南太平洋旅游组织及岛国国家部长团积极对话，增进了双方的文化交流、互信与友谊，具备了较好的旅游合作基础。

广东省是中国与岛国开展合作时间较早、规模较大、层次较深、人员往来较频繁的重要省份。从2007年至今，广东省先后派出了17个团出访斐济、瓦努阿图、巴布亚新几内亚、密克罗尼西亚联邦、萨摩亚、汤加、库克群岛等岛国，在经贸、文化、医疗、教育、农业等领域开展了广泛合作，并于2011年11月与密克罗尼西亚联邦丘克州、斐济首都苏瓦市缔结了友好关系。广州市因举办第二届“中国—太平洋岛国经济发展合作论坛”以及库克群岛在中国的首次旅游推介会，加深了与岛国的交往合作。广州作为中国与岛国旅游合作的中心城市颇为适合。

北京作为中国的政治、经济、文化和国际交往中心，是中国与岛国政府高层互访、政策制定的重要城市，也是各岛国大使馆所在地，具有作为双方旅游合作中心城市的得天独厚的条件。

二是打造一批精品旅游线路和优质旅游产品。目前，斐济是中国公民赴太平洋区域旅游的主要目的地，旅游产品和线路较为单一。应加强对接国内旅游需求和太平洋岛国海洋资源优势，适时开通包机干线、支线航线，开发岛国主题园区、邮轮游艇等旅游产品，发挥澳大利亚、新西兰和斐济的辐射作用，结合各国旅游资源特点及旅游业发展现状，分阶段推出辐射区域范围的精品旅游线路，形成具有向心性和层次性的旅游网络结构。近期可将岛国旅游发展基础较好的斐济、瓦努阿图、萨摩亚、库克群岛逐步纳入中国—澳大利亚、中国—新西兰、中国—澳大利亚—新西兰的旅游线路中，推出澳大利亚、新西兰与岛国的联合旅游产品。从岛国方面来看，此举既能分流中国赴澳大利亚、新西兰的游客量，又能为岛国旅游宣传营销增加一条重要渠道；从中国游客角度来看，联游产品中各旅游节点距离不远，能使游客通过增加相对少量的投入而获得更多的旅游体验回报。

三是突破交通和签证瓶颈，加快开通与建设旅游通道。鼓励中国大型国际航空公司开通中国内地与太平洋岛国的直达航线或旅游包机，提高航空可进入性，可先开通北京、上海直飞斐济，香港直达密克罗尼西亚联邦的航线，开通双向直航，鼓励中国大型国际航空公司开通赴岛国的直达航线或旅游包机，同时增加各岛国旅游中心城市之间的航班航线，并提升服务质量。加快各岛国旅游中心城市的主干道建设。通过加快旅游通道建设，逐渐打通中国通往岛国的各路航线以及南太平洋区域内的水、陆、空交通线，形成以航空为先导、以陆路为主干、以水运为补充的立体国际通道网络格局。如，待中国内地开通与斐济的直达航线后，可充分发挥国家间旅游资源的优势互补，推出斐济　汤加—库克群岛—萨摩亚—瓦努阿图—斐济的岛国旅游环线产品。一方面，打造以“空中巴士”（直升机）为主的小环型区域精品旅游路线；另一方面，合理布局，打造以“邮轮”为主的大环型区域精品旅游路线，并逐步将范围扩大至其他岛国。

四是建立旅游集散中心。在斐济等具有比较优势的旅游中心城市建立专门的旅游集散中心，配套建设旅游车船公司、手工艺品超市，以及能够满足不同消费层次旅游者需求的度假村、星级酒店、经济型酒店、宾馆饭店等，并逐步向其他城市辐射，不断完善太平洋岛国的旅游接待服务设施，巩固中国与岛国旅游合作的现实基础。

五是鼓励中国企业投资太平洋岛国旅游业。鼓励有条件的中国企业到岛国进行旅游投资，突破现有以投资酒店和大型在线旅行社为主的形式，采用股权投资与非股权投资双向拓展，开展旅游资源开发、旅游设施建设、旅游企业经营管理以及旅游人才培养等全方位的合作，形成集项目前期规划设计、中期投资建设（包括道路交通、生态景观、酒店等基础设施）及后期运营管理（如旅游市场的开拓、航线的运营、旅游线路的规划）于一体的全链条旅游合作开发模式。通过建立海景婚纱摄影基地、影视拍摄基地，启动与明星同行及与知名人士同游活动，打造文化、旅游、影视、商业一体化的完整产业链条，实现更高水平的友好互利、共赢发展。

六是加强太平洋岛国旅游推介宣传。充分发挥南太平洋旅游组织的协调作用，加快组织各国政府联合制定并签署《中国—太平洋岛国旅游合作纲领》，明确旅游合作的政策环境与重要领域。根据合作纲领，进一步组织制定旅游合作近、中、远期规划，筛选并确定未来 10 年优先发展的旅游城市和重点建设项目框架，以促进合作纲领的具体实施；继续组织岛国定期参加中国国际旅游交易会，加强岛国旅游宣传，拓展中国客源市场，寻找旅游合作企业；尽快开通南太平洋旅游组织中文网站，并建立中国与岛国旅游合作信息专区，及时更新合作动态，通过旅游机构之间的信息网络化运作提高双方旅游合作的效率和效果；尽快在中国设立办事处，处理中国与岛国旅游合作中的日常事务，加强在中国营销推介岛国旅游投资项目并给予中方企业具体投资引导；定期出版《太平洋岛国旅游投资蓝皮书》，使中国企业及时了解各岛国的旅游投资环境和旅游发展动态。

三、加强清洁能源合作、推广与应用

（一）中太开展清洁能源合作的基础

太平洋岛国生态环境脆弱、产业基础薄弱，建立绿色低碳发展模式是岛国实现可持续发展的重要方向，其中，能源安全是重要环节。但目前，岛国普遍存在能源特别是电能供给不足、成本过高等问题，能源自给难以得到持续、有效的保障；同时，岛国出于自身对气候变化、全球变暖的担忧，对于推动能源绿色化转型的诉求十分强烈，纷纷把发展清洁能源列入国家发展规划或行动计划，希望尽快开发水力、太阳能、风能、生物质能等。《密克罗尼西亚联邦政府能源战略》提出，到 2020 年，对石油依赖程度减少 30%，电力能源利用效率提高 50%，大力发展太阳能、水力、风能等新能源。萨摩亚政府也十分重视开发利用太阳能、风能、水力等新能源发电。汤加政府在世界银行的指导下实施能源路线图计划，计划在未来 10 年内，逐步采用可再生能源替换汤加现有的以柴油发电为主的电力结构。但由于自身缺乏建设清洁能源基础设施的资金、技术和工程能力，岛国只得向域外国家和国际社会寻求资金援助和技术支持。

专栏　汤加可再生能源规划方案

在世界银行和国际可再生能源机构的帮助下，汤加政府于 2010 年出台了能源发展计划，旨在未来 10 年由绿色能源取代柴油发电，解决电价过高的问题，初步目标是在 2020 年实现 50%的发电由绿色能源取代。目前，已有新西兰援建的发电 1.4 兆瓦的太阳能发电场，日本和阿拉伯联合酋长国分别在汤加主岛和瓦瓦乌岛援建的 1 兆瓦和 0.5 兆瓦的太阳能发电场。2016 年 12 月 6 日，中国珠海兴业太阳能公司投资建设的汤加 2 兆瓦太阳能发电项目举行奠基仪式，2017 年 9 月 28 日并网发电。

汤加规划的主要可再生能源方案包括：①风能，汤加已对汤加主岛和瓦瓦乌群岛的风力数据进行了测量和收集；②太阳能，是汤加王国规划的重点，新西兰、日本等国已在汤加开始小规模建设该系统；③潮汐能、生物质能和垃圾发电规划；④智能电网、节能灯及其他能源管理方案。

近年来，中国已逐步从清洁能源技术和产业方面取得了快速发展。一方面，中国光伏电池技术创新能力大幅提升，创造了晶硅等新型电池技术转换效率的世界纪录，建立了具有国际竞争力的光伏发电全产业链，突破了多晶硅生产技术的封锁。多晶硅产量已占全球总产量的 40%左右，光伏组件产量达到全球总产量的 70%左右。另一方面，中国的海洋能整体发展水平显著提升，进入从装备开发到应用示范的发展阶段，自主研发了 50 余项海洋能新技术、新装置，多种装置走出实验室进行了海上验证，向装备化、实用化发展，部分技术达到了国际先进水平。中国已成为世界上为数不多的掌握规模化开发利用海洋能技术的国家之一。

（二）中太开展清洁能源合作重点

一是优先推广太阳能微电网和微水电发展。重点推广国内成熟的平板式以及其他高性能太阳能集热器核心关键技术及装备，低成本大面积化合物薄膜太阳能电池的高效率工艺，高效率柔性薄膜光伏器件工艺，柔性光伏组件封装镀层材料和封装关键技术与工艺，光伏并网关键设备设计与制造技术、群控技术、并网接入标准和设计规范。对有条件安装太阳能系统的新建宿舍、公寓、医院住院部和酒店等建设项目，实施集中热水管理，鼓励安装太阳能热水系统。积极推进在产业园区、公共设施等建筑屋顶建设分布式光伏发电项目。同时，有效结合太平洋岛国雨水资源丰富的特点，因地制宜，合理推广微水电布局发展。

专栏　微电网、微水电在岛国的适用性

斐济全国 332 个岛屿中，106 个有人居住，多为珊瑚礁环绕的火山岛。对于农村、偏远地区及其他海岛，由于远离主电网且经济相对落后，如按传统的大电网覆盖方式解决用电问题，既不经济也不现实，而微水电及微电网在这些地区有很好的发展前景和现实意义。

一方面，微电网将发电机、负荷、储能装置及控制装置等相结合，形成一个单一可控的单元，同时向用户供给电能和热能。微电网中的电源多为微电源，包括微型燃气轮机、燃料电池、光伏电池、风力发电机、微水电、生物质能、地热能、海洋能等。微电网既可与大电网联网运行，也可以单独运行。微电网供电有别于传统的大电网供电，微电网具有安全、高效、可靠等优点。微电网可以优化和提高能源利用效率，减轻能源动力系统对环境的影响，推动分布式电源上网，降低大电网的负担，改善电网的安全可靠性。因此，微电网对于提高斐济偏远地区及海岛用户用电质量和供电可靠性有着重要意义。

另一方面，微水电是利用小溪、小河进行发电的装置，功率一般在 100 kW 以下，可直接供电给用户。具有建设便捷、工程量极小、几乎不对生态环境产生影响，以及投资节省、运行经济、维护简单等优点。因此，对于拥有水资源的偏远地区，可以优先发展微水电。

二是推进海洋能发电技术示范应用。发挥太平洋岛国海洋能资源分布优势，因地制宜开展海洋能开发利用。加强海洋能综合利用技术研发，重点支持百千瓦级波浪能示范工程建设，开展小型化、模块化海洋能的能源供给系统研发，争取突破高效转换、高效储能、高可靠设计等瓶颈，探索岛国海洋能独立电力系统示范工程建设，率先形成若干个具备推广应用价值的海洋能综合利用项目，为规模化开发海洋能资源奠定基础。

三是探索推广发展无碳能源岛。优选经济条件好、资源条件好的地区建立无碳能源岛试点，可考虑在与中国有外交关系的巴布亚新几内亚、密克罗尼西亚联邦等可再生能源资源丰富、合作基础良好的地区，选择条件适合的岛屿或地区为试验区。按照国际合作、多边援助、企业为主体、商业化运作的原则，建设风电、光伏、波浪能、潮汐能、储能等“多能组合”的无碳能源体系，探索一种太平洋岛国内自给自足的净零碳能源供应模式。在试点过程中，探索投资、建设、运营、管护等“投建营管组合”商业化模式，推动可再生能源科学研究、技术开发、产业化发展等“研发产组合”国际合作模式。

四、全面拓展现代农业合作范围

农业在太平洋岛国各国经济中所占比重较大，大多在家庭规模基础上呈现自给自足的原始状态，农业发展具有较大的提升空间。以巴布亚新几内亚为例，农业是其支柱产业之一，农业人口占总人口的85%，但农业技术较为落后，主要出口农产品为棕榈油、可可、咖啡、椰干油、橡胶等。其中，巴布亚新几内亚每年为全球市场提供约4万吨可可，约占全球总量的1%。可可种植涉及200万巴布亚新几内亚人的生计，约90%的可可由小户农民种植，农户80%的经济收入来源于此。为此，巴布亚新几内亚政府十分重视农业的发展。2018年，巴布亚新几内亚将年度政府预算中农业领域预算提高到

6.659 亿基纳（约 14.05 亿元人民币），同比增长 72%。同时，巴布亚新几内亚还设立了总额达 1 亿基纳的农业商业化基金，其国家开发银行也提供了 1 亿基纳用于农业中小企业贷款。其他资金扶持项目还包括农业生产伙伴计划、建立国家养牛场、可可和咖啡运费补贴、咖啡果甲虫防治等。此外，巴布亚新几内亚政府还决定在税收政策上给予优惠。例如，农业领域投资可享受 10 年免税，农业科研和农业服务的支出可享受 150%税前扣除，农村企业所得税率下调为 20%，等等。因此，发挥中国的农业技术优势，利用岛国的气候资源优势，创新农业合作开发模式，对于双方产业合作具有重要价值。

（一）探索推广境外农业合作示范区建设

在巩固、深化粮食育种、种植和深加工等合作，进一步推进菌草等现有产业合作示范园建设的基础上，鼓励农业技术研究机构联合农业科技企业，建立海外农业合作试验区或海外农业合作示范区。支持企业在巴布亚新几内亚等国开展农业综合开发，设立境外农业生产基地，积极发展农产品仓储物流，参与海外农产品物流体系合作建设，建立农产品生产加工园、农产品产销加工储运基地。加快建设“一带一路”中国—巴布亚新几内亚农业产业园核心区，建成集种植、养殖、深加工、检验检疫、进出口许可、自主报关等于一体的综合性农业示范园区，形成可复制、可推广的农业园区合作模式。中国首批境外农业合作示范区建设成效显著，如表 5-7 所示。

表 5-7　中国首批境外农业合作示范区建设试点名单

序号	项目	组织实施企业
1	塔吉克斯坦—中国农业合作示范园	新疆利华棉业股份有限公司
2	莫桑比克—中国农业技术示范中心	湖北省联丰海外农业开发集团有限责任公司
3	江苏—新阳嘎农工贸现代产业园（坦桑尼亚）	江苏海企技术工程股份有限公司
4	乌干达—中国农业合作产业园	四川友豪恒远农业开发有限公司
5	亚洲之星农业产业合作区（吉尔吉斯斯坦）	河南贵友实业集团有限公司
6	苏丹—中国农业合作开发区	山东国际经济技术合作公司

续表

序号	项目	组织实施企业
7	老挝—中国现代农业科技示范园	深圳华大基因科技有限公司
8	柬埔寨—中国热带生态农业合作示范区	海南顶益绿洲生态农业有限公司
9	斐济—中国渔业综合产业园	山东俚岛海洋科技股份有限公司
10	赞比亚农产品加工合作园区	青岛瑞昌科技产业有限公司

资料来源：中华人民共和国农业农村部网站。

（二）积极开展育种、制种及种业交易合作

一是抓住生物育种技术快速发展的机遇，发挥中国生物产业发展的基础优势，大力推动生物育种技术发展，鼓励中国种业企业与太平洋岛国开展农业合作，重点在鱼苗、大豆、棉花、棕榈油、食糖等农产品领域建立育、繁、推一体化的发展模式，促进生物育种技术的成果转化。

二是探索建立国际化种业交易中心。争取在太平洋岛国建立国际化种业交易中心。利用互联网建设种业知识产权交易平台，建设初期交易对象包括大宗农作物、蔬菜和苗木等植物新品种权，审定品种和相关专利技术等种业相关知识产权。通过知识产权拥有者和需求者公开、公平、公正双向选择的过程，发挥平台技术成果转化的桥梁作用，实现农业技术成果向岛国流转，促进中国农业科技成果的转化。

（三）加快向岛国的农业技术输出

继续向太平洋岛国派遣农业技术、职业教育、高级顾问等援外专家组，传授农事管理经验，指导当地农民提高农业综合生产能力。开展中太农业相关科研机构合作，围绕适用岛国的新品种新技术新装备开展联合攻关和研究开发，创新应用模式，促进农业发展提质增效、转型升级。推动中国在岛国援建农业技术示范中心，集中展示中国先进农业品种技术，搭建多边双边技术合作平台，探索市场化商业化可持续运营模式。同时，几个主要岛国也对未来做出了自己的规划（见表 5-8）。

表 5-8　主要太平洋岛国未来规划方向

序号	国家	发展规划	规划重点
1	巴布亚新几内亚	《2010—2030 年巴布亚新几内亚发展战略规划》	农业产出增长 5 倍，80%的林业产品经加工后出口，打造世界金枪鱼中心
2	斐济		重点发展农业经济、能源、食品加工、信息科技、娱乐业以及旅游业
3	密克罗尼西亚联邦	《密克罗尼西亚联邦政府战略发展规划（2004—2023 年）》	维持经济稳定，改善经济增长所需环境，改善教育与卫生状况，保证自力更生以及可持续增长
4	萨摩亚	《2016—2020 年农业发展计划》	种植高产优质农作物，引进先进农业机械和设备，推动农渔业全面健康发展
5	汤加	《2015—2025 年汤加战略发展框架》	发展服务业，应用新技术提高农产品和渔产品附加值。2025 年发展目标：农产品出口、海产品出口和旅游收入分别达到 GDP 的 0.8%、3%和 7%
6	瓦努阿图	《国家可持续发展规划 2016—2030》	改革金融部门，发展私有部门经济，不断改善商业环境，开展基础设施、辅助性服务、教育和人力资源建设等

资料来源：商务部国际贸易经济合作研究院、中国驻各太平洋岛国大使馆经济商务参赞处、商务部对外投资和经济合作司《对外投资合作国别（地区）指南》（2018 年版）（http：//fec. mofcom. gov. cn/article/gbdqzn/. ）。

专栏　中国援助萨摩亚农业技术项目

农业虽然是萨摩亚的支柱产业，但作物主要集中于椰子、芋头、香蕉等少数几个品种，食品依然高度依赖进口。提高农业产量，减少食品进口，增加农产品出口，提升农民收入，改善膳食结构成为萨摩亚农业发展的主要目标。2010 年，作为中国和萨摩亚政府双边合作项目，由湖南省农业对外经济合作中心负责实施的中国援助萨摩亚农业技术项目正式启动，旨在通过建立示范农户、升级示范农场、建设农业设施、推广作物良种、示范农业机械、开展技术培训，提升萨摩亚蔬菜水果的生产能力和生产技术水平。中国援助萨摩亚农业技术项目以循环农业、生态农业、低碳农业理论为指导，推广“种、养、沼”一体化、热带大棚蔬菜种植等关键技术，通过设施建设与技术应用相结合，示范农场与示范农户相结合的方式，建立了1个示范农场、9个农业站、100个示范农户的农业推广体系，对7000多人次进行了技术培训，有效地提高了萨摩亚蔬菜生产的水平，大幅度增加了蔬菜的品种和供应能力。

五、有序推进海洋经济合作

太平洋岛国海域辽阔，海洋资源丰富，港口众多，是中国开展海洋战略合作、拓展蓝色经济发展空间的优质选择。

一是探索建立“港—园—产”一体化的联动发展模式。以港口为切入点，以临港的产业园区为核心和主要载体，打通港口与腹地的集疏运通道，开发产业园区、物流园区、内陆港等项目，积极发展“港—园—产”一体化的综合性项目。重点推进巴布亚新几内亚、斐济、瓦努阿图等国家的港口和园区项目建设与运营，拓展港口综合服务保障功能，系统解决制约产业转移的硬环境短板和软环境短板，打造与太平洋岛国的国际产能合作平台，带动临港制造业和港航服务业发展，实现港口、产业和园区的多赢与互动良性发展格局。

二是积极开展深海矿产资源勘探开发和综合加工利用合作。争取将太平洋岛国的大洋矿产资源勘探工作纳入中国政府的经济援助计划中，利用优惠贷款，设立援助勘查项目，逐步推进资源勘探、开发、加工、交易、储备、输送及配套码头建设，推进深海矿业产业化。

三是培育发展海洋药物和生物制品业。加强海洋生物功能活性物质研究，开发高附加值的海洋生物营养品、功能食品、保健品和新型营养源，开展海洋医用材料、创伤修复产品的研发，开展绿色、安全、高效的新型海洋生物功能制品产业化。主要包括：海洋功能食品、海洋新资源食品和特膳食品；药物酶、工具酶、工业用酶、饲料用酶等海洋特色酶制剂产品；微生态制剂、饲料添加剂和高效生物肥料等绿色农用制品；海洋生物基因工程制品、海洋极端环境生物制品、海洋生物新化合物制品等新型生物功能制品。

四是延伸发展海洋化工业。积极发展海洋精细化工，加强系列产品开发和精深加工。重点开发生产海洋防腐涂料、海洋无机功能材料、海洋高分子材料等新产品，探索建设一批海洋新材料产业基地。

第六章

创新公共领域区域合作模式

由于独特的自然地理条件和相对落后的社会经济条件，太平洋岛国普遍缺乏独立应对灾害、抵御风险和维持国家可持续发展的能力，迫切需要在传统国际援助的基础上，探索建立应对气候变化、海洋防灾减灾和能源安全保障等方面的区域合作新模式。面临新形势和岛国发展的客观现实，中国亟须发挥自身优势，加强与岛国在公共领域的深度合作，为岛国贡献“中国方案”。

第一节　加强应对气候变化合作

太平洋岛国在应对气候变化时的需求也存在提升生存能力、产业能力和国家治理能力三个维度。中国对岛国的气候援助应该具有“精准援助”的思维，即将援助内容与对方需求精准对接，以自身发展带动岛国发展，实现中国整体气候政策与岛国应对气候变化的双赢。①

一、太平洋岛国参与全球气候治理的主张要求

面对日益严重的全球灾难性环境变化，岛国立足自身，通过太平洋岛国

① 康晓．多维视角下中国对南太平洋岛国气候援助［J］．太平洋学报，2017，25（9）：24-35.

论坛制定本区域气候治理措施，积极与域外大国展开双边合作，通过引资引智引技，减缓全球气候变化给本区域带来的危害，不断提高本区域适应气候变化的能力。但作为新世纪影响最深刻的全球公害问题，全球气候变化问题需要全球共同努力才能得到有效治理。岛国只有被纳入全球气候治理体系中，才能事半功倍。为此，岛国利用一切机会向国际社会表达全球气候治理主张及要求，希望获得国际社会的关注与支持。①

（一）加强与国际社会对话谋求自身生存权和发展权

生存权和发展权是首要的基本人权，也是一个国家最为基本的权利。全球气候的变化，严重影响着太平洋岛国的生存权和发展权。岛国大都属于小岛和低地国家，全球气候变暖导致的海平面上升将会对这些国家的生存造成严重威胁，这也使得岛国在国际气候谈判中特别关注自身的生存权和发展权，并且迫切需要得到国际社会的关注。岛国极力呼吁加强与国际社会对话，在2011 年第 42 届太平洋岛国论坛（PIF）领导人会议中，时任太平洋岛国论坛秘书长的斯莱德表示，岛国论坛已经走过 40 年的历史，本次会议是岛国论坛历届会议中十分重要的一次会议，是首次和联合国秘书长潘基文一起讨论岛国问题；此外，领导人们还在为联合国大会议题做准备，希望国际社会更多地关注岛国面临的气候变化等问题。② 2013 年 9 月 3 日至 5 日，第 44 届太平洋岛国论坛领导人会议在马绍尔群岛共和国首都马朱罗举行，与会领导人通过《马朱罗宣言》，表示岛国将力争成为应对气候变化的引领者，并呼吁国际社会采取紧急行动，共同应对气候变化带来的挑战。③ 此外，岛国还积极开展中国—太平洋岛国经济发展合作论坛、日本与太平洋岛国首脑峰会（PALM）、韩国—太平洋岛国外长会议等双边机制会议，呼吁美国等西方国家加大对岛国气候变化援助，以提高其自身适应气候变化能力。

---

① 余姣．太平洋岛国参与全球气候治理问题探析［J］．战略决策研，2018，9（3）：67-80，101-102.

② 太平洋岛国论坛秘书长呼吁更多关注岛国面临的气候变化等问题［EB/OL］．［2018-09-09］．http：//news. xinhuanet. com/world/2011-09/08/c_ 122002154. htm.

③ 太平洋岛国论坛领导人会议通过《马朱罗宣言》［EB/OL］．［2019-05-08］．http：//www. chinadaily. com. cn/hqgj/jryw/2013-09-05/content_ 10047787. html.

（二）主张世界各国特别是发达国家主动减排

20 世纪特别是“二战”后以来，工业化的快速发展，特别是发达国家过度排放二氧化碳所产生的温室效应，引起了全球气候变暖、海平面上升。全球温室气体的排放关系着岛国的生死存亡，因此它们对限制温室气体排放有着强烈的要求。

2009 年，在澳大利亚凯恩斯召开的第 40 届太平洋岛国论坛领导人会议中，与会的 15 国领导人就积极应对全球气候变化、推动地区经济发展等问题取得共识，明确要求世界各国到 2050 年将温室气体排放量在 1990 年的水平上减少至少 50%，同时呼吁发达经济体立即制定相关政策和法案以实现温室气体减排目标。① 2017 年 9 月举行的第 48 届太平洋岛国论坛领导人会议将会议的主题定为“蓝色太平洋”，一致主张各国有必要携手努力，加强多边合作，共同应对全球气候变暖带来的挑战。《联合国气候变化框架公约》第 23 次缔约国大会（COP23）于 2017 年 12 月在德国波恩举行，这是美国政府宣布退出巴黎协议后的第一次峰会，也是首次由小岛屿国家担任主席国的峰会。经过各方共同努力，会议最终达成名为“斐济实施动力”的一系列积极成果，通过了加速 2020 年前气候行动的一系列安排，并为《巴黎协定》实施细则谈判如期完成奠定了良好基础。

（三）主张国际社会加大技术、资金援助

太平洋岛国的气候脆弱性问题不仅是环境问题，也是促进可持续发展的资金技术短缺问题。这使得小岛屿国家对于国际资金、技术等方面的援助具有强烈依赖性，争取更多的国际援助就成为它们在国际气候谈判中的重要目标之一。岛国在贸易和经济发展方面面临特殊的困难和挑战，面积狭小，资源有限，处于世界市场边缘地带，经济地位不利，难以发展规模经济；小规模开放经济，极度依赖外部市场和资源，难以在全球贸易竞争中找到实力强大、规模较大的合作伙伴。目前，岛国还无力自行研发、推广应对气候变化所需的包括减缓领域及适应领域的新技术，因此在需要国际社会援助的清单中，技术援助占了很

---

① 太平洋岛国就应对全球气候变化等问题达成共识［EB/OL］.［2019-05-08］. http：//news.xinhuanet.com/world/2009-08/06/content_ 11838899.htm.

大比重。经济脆弱问题是岛国在参与应对全球气候变化过程中的严重阻碍。因此，岛国积极致力加强与国际社会尤其是域外大国（或区域性组织）的合作，发展双边伙伴关系和多边金融机构援助，在国际发展伙伴的协助下提升经济发展能力，进而作用于其经济复原能力及参与全球气候治理能力的提升。

（四）呼吁国际社会及周边国家在必要时接纳移民

根据“联合国政府间气候委员会”（IPCC）2007 年报告，到 2100 年全球海平面将会上升 18～59cm，这就会使得如马尔代夫、马绍尔群岛、图瓦卢等国家的大部分领土被淹没。数据表明，自从 1910 年以来，南太平洋大部分地区、西太平洋区域的年度和季节性海洋表面和岛屿空气温度增加了 0.6～1.0℃。① 因此，太平洋岛国要求国际社会必须立即重视和讨论安全问题以及由于气候变化所造成的人权问题，包括如何为这些人的重新定居创造条件问题等。②

二、推动构建多层级的中太区域合作机制

在全球层面积极落实《巴黎协定》，维护和支持太平洋岛国立场和主张，奠定应对气候变化区域的合作基础。2017 年《联合国气候变化框架公约》第 23 次缔约方大会首次由岛国斐济担任主席国，代表小岛屿国家联盟提出：①确保今后全球的气温升高幅度不高于工业化前平均水平的 1.5℃；②呼吁各国继续加强对小岛屿发展中国家的援助，帮助小岛屿发展中国家完成国家自主贡献（INDCs）的目标；③呼吁各国根据《巴黎协定》为小岛屿发展中国家提供资金的支持和融资的便利等目标要求。为此，一方面要在《联合国气候变化框架公约》下，积极支持岛国以小岛屿国家联盟形式参与国际气候合作、规则制定和决议执行③，彰显大国责任，严格履行《巴黎协定》；另一方面，围

① Climate Change 2007：Impacts，Adaptation and Vulnerability [EB/OL]. [2019-05-08]. http：//www.icc.ch/publica-tions_ and_ data/publications_ icc_ fourth_ assessment_ report_ wg2_ report_ impacts_ adaptation_ and_ vulbera-ability.htm.

② 曹亚斌. 全球气候谈判中的小岛屿国家联盟 [J]. 现代国际关系，2011 (8)：39-43，51.

③ 余姣. 太平洋岛国参与全球气候治理问题探析 [J]. 战略决策研究，2018，9 (3)：67-80，101-102.

绕气候变化技术需求的重点领域和技术、特点以及技术转移障碍等，加大对岛国的气候援助，提升其适应气候变化威胁的能力，为区域应对气候变化合作奠定坚实的基础。从表 6-1 中可以集中看出太平洋岛国论坛 10 多年来对气候问题的关注。

表 6-1　太平洋岛国论坛 2006—2017 年公报中关于气候变化问题统计

时间	问题概要	主要内容
2017 年	气候变化、海洋及资源管理	就气候变化、海洋及资源管理等议题进行研讨，旨在确保南太平洋地区实现可持续、安全及和平发展，呼吁美国不要退出《巴黎协定》
2016 年	气候变化和灾害风险管理	重申海洋是太平洋人民生计的基础；承诺继续发挥太平洋区域所显示的强有力的领导作用；保护海洋可持续发展
2015 年	气候变化	重申太平洋岛国环境的脆弱性；对日益严重的气候威胁表示担心；呼吁完成《联合国气候框架公约》的谈判，认真贯彻落实减少温室气体排放；关注岛国气候变化
2014 年	海洋	《帕劳宣言》；欢迎澳大利亚提供援助（包括应对气候变化）
2013 年	气候变化	赞同《马朱罗宣言》关于采取紧急行动应对气候变化的陈述
2012 年	气候变化	承认太平洋环境规划署在气候变化领域中的重要地位；欢迎澳大利亚承诺提供资金支持 FIC；敦促其发展伙伴履行承诺的资金援助
2011 年	气候变化	重申气候变化是太平洋地区人民的生计；通过了《太平洋岛国领导人关于在全球范围内采取紧急行动应对气候变化的呼吁》
2010 年	气候变化	重申气候变化是太平洋地区人民的生计；扩大国际筹资
2009 年	气候变化	呼吁全球共同应对气候变化；欢迎联合国的 A/RES/63/281 号决议
2008 年	气候变化	对《京都议定书》的承诺表示赞赏；回顾《关于进一步执行小岛屿发展中国家可持续发展行动纲领的毛里求斯战略》
2007 年	气候变化	减少温室气体排放；呼吁国际社会采取可行有效的措施实现《联合国气候框架公约》的目标
2006 年	气候差异和变化、海平面上升和极端天气事件	重申对《2006—2015 年太平洋岛屿气候变化行动框架》的承诺；敦促太平洋区域环境规划署秘书处（SPREP）重视该框架并进行有实质性的工作

资料来源：根据历次太平洋岛国论坛公报有关资料整理。

在区域层面积极参与太平洋岛国论坛、太平洋共同体等合作平台，充分发挥对话国、基础发展合作伙伴的作用。太平洋岛国论坛是区域应对气候变化的核心平台，致力建设超越国家甚至地区的宏观气候合作机制，从整体上推进地区气候合作，赋予地区的应对气候变化方案以合法性。中国要发挥对话国作用，遵循《太平洋计划》和《太平洋地区主义框架》，在应对气候变化方面加强与太平洋地区国家和地区之间合作。① 借助于太平洋共同体平台，通过科学和技术方式参与太平洋地区气候合作，借鉴欧盟—北太平洋—厄尔尼诺防范项目（The EU-North Pacific-Readiness for El Niño（RENI）Project）和美国太平洋岛国适应气候变化的体制强化项目（Institutional Strengthening in Pacific Island Countries to Adapt to Climate Change，ISACC）经验，为岛国提供应对气候变化的资金和技术支持。此外，还可发挥中国在太平洋岛国发展论坛中的基础发展合作伙伴角色的作用，促进岛国创新工具如绿色经济、适应性领导力和真正伙伴关系利用，通过可包容的战略实现区域绿/蓝太平洋经济。目前，太平洋岛国论坛成员数量约为 37 个（见表 6-2）。

表 6-2　太平洋岛国发展论坛成员一览表

基础成员	太平洋岛国（24）	斐济、巴布亚新几内亚、萨摩亚、所罗门群岛、汤加、图瓦卢、瓦努阿图、库克群岛、密克罗尼西亚联邦、基里巴斯、马绍尔群岛、瑙鲁、纽埃、帕劳、东帝汶、美属萨摩亚、北马里亚纳、法属波利尼西亚、关岛、新喀里多尼亚、皮特凯恩群岛、托克劳、瓦利斯和富图纳群岛
	地区组织（2）	太平洋岛屿联盟与非政府组织、太平洋岛屿私营部门组织
基础发展合作伙伴（6）		中国、土耳其、俄罗斯、科威特、卡塔尔、阿联酋
技术伙伴（5）		国际自然保护联盟、美拉尼西亚先锋集团、太平洋共同体、南太平洋大学、世界自然基金会

资料来源：笔者据有关资料整理。

强化以中国—太平洋岛国经济发展合作论坛为核心的应对气候变化区域多边合作机制。中国—太平洋岛国经济发展合作论坛是 2006 年成立的中国与岛国建交国的多边合作机制，是中国对太平洋地区外交战略决策，“与岛国全面加强绿色发展合作，共同提高应对和适应气候变化的能力”是其主旨。依

① Pacific Islands Forum Secretariat. Framework for Pacific Regionalism [EB/OL]. [2017-10-24]. http://www.forumsec.org/pages.cfm/strategic-partnerships-coordination/framework-for-pacific-regionalism/.

托该平台，中国不断强化与岛国应对气候的全方位合作。2014 年，习近平主席访问斐济时提出将在南南合作框架下为岛国应对气候变化提供支持，向岛国提供节能环保物资和可再生能源设备，开展地震海啸预警、海平面监测等合作。2015 年，中国宣布出资 200 亿元人民币建立“中国气候变化南南合作基金”，在能力建设、政策研究、项目开发等领域为包括岛国在内的广大发展中国家应对气候变化提供更多支持。此外，中国履行《巴黎协定》，要求帮助岛国提升治理能力，“以便采取有效的气候变化行动，其中主要包括执行适应和减缓行动，并应当便利技术开发、推广和部署、获得气候资金、教育、培训和公共宣传的有关方面，以及透明、及时和准确的信息通报”① （见表 6-3）。

表 6-3　2015 年中国做出的与太平洋岛国气候合作的相关承诺

场合	承诺
2015 年联合国发展峰会	设立 20 亿美元“南南合作援助基金”；到 2030 年对最不发达国家的投资增加到 120 亿美元；免除对有关最不发达国家、内陆发展中国家、小岛屿发展中国家截至 2015 年年底到期未还的政府间无息贷款债务
2015 年南南合作圆桌会	未来 5 年内，支持其他发展中国家开展“六个 100”项目，包括 100 个减贫项目、100 个农业合作项目、100 个促贸援助项目、100 个生态保护和应对气候变化项目、100 所医院和诊所、100 所学校和职业培训中心；成立南南合作与发展学院
2015 年习近平总书记访美	设立 200 亿元人民币“气候变化南南合作基金”
2015 年巴黎气候大会	实施“10+100+1000”计划，包括在其他发展中国家建立 10 个低碳示范区，开展 100 项减缓和适应气候变化项目，提供 1000 个应对气候变化培训名额

资料来源：喻常森，王学东，常晨光．大洋洲发展报告（2016—2017）：全球治理框架下的大洋洲区域合作［M］．北京：社会科学文献出版社，2017.

三、为太平洋岛国创新提供多元化的区域公共产品

提升与太平洋岛国应对气候变化区域的合作水平，需要满足中国气候政策的整体目标，同时有针对性地提升岛国应对气候变化的能力，将中国转变发展方式的国内成果外溢为国际公共产品，与岛国的需求对接，实现双赢。

① 顾朝林．气候变化与低碳城市规划（第 2 版）［M］．南京：东南大学出版社，2013.

（一）固岛建岛

气候变化带来的海平面上升是太平洋岛国面临的首要生存威胁，与此类似的还有印度洋的马尔代夫。马尔代夫通过修建人工岛，以抬高国土面积的方式应对危机。中国可以参考此类做法，既可以凭借强大的工程能力帮助岛国修建海拔更高的人工岛，也可以在现有地理环境下抬高部分区域的海拔，将当地居民房屋搬迁其上。同时，人工岛建设和城市搬迁并非是孤立的，建立新的生存和发展空间，会带来新的产业、交通、能源和生活设施的需求。因此，中国在援助岛国建设人工岛和城市搬迁的过程中，可以帮助其修建包括港口在内的基础设施，既可以提升其对外运输能力，又可以为“21 世纪海上丝绸之路”的南线通道增加支点。① 营造有利于我们的国际和区域舆论环境，以适应气候变化、保护岛国人权、避免气候难民的名义帮助岛国固岛建岛，把握道义制高点，扩大全球治理话语权。

专栏　太平洋岛国将建首座浮动城市

世界上首座浮动城市将出现在南太平洋的塔希提岛附近。2017 年，法属波利尼西亚与美国海洋家园研究所签署了设计与建造一座海上城市的合约。未来该城市将以水产养殖、医疗保健和可持续能源为特色。按照设计方案，这座海上之城是由多个五边形、长方形的人工岛屿构成，每个人工岛上都是独立的建筑物，可以是办公楼、酒店，也可以是运动场所、动物园。第一座城市将建在 11 个长方形和 5 个五边形组成的平台上，每个平台长度为 50 米，厚度也为 50 米，以便保护建筑物和居民。这些平台将由钢筋混凝土制成，可支撑三层及以下建筑上百年。首批入住居民将为 250~300 人。每个平台的造价在 1500 万美元以下，整个浮动城市的成本在 1.67 亿美元左右。该公司汇集来自各国的海洋生物学家、航海工程师、水产养殖业者、海事律师、医药研发人员等海洋领域精英，因此这座城市设计得也相当环保，可以把排出的废弃物和二氧化碳，转变成能源或者食物，再次提供给陆地城市。

① 康晓．多维视角下中国对南太平洋岛国气候援助［J］．太平洋学报，2017，25（9）：24-35.

探索通过人工浮岛的方式满足太平洋岛国生产生活空间的需求。从全球来看，人工浮岛主要有固定式和浮动式两类。目前，在开发固定式人工浮岛方面，世界上主要应用两种技术：一是采用钢结构立柱、构架或桩腿支撑的平台形式，发源于海洋石油、天然气钻采和生产行业的各类平台，延伸到海上风电开发领域。二是融合了桥梁施工技术和海洋石油行业固定式平台技术的混凝土透水平台方案，在这方面中国已走在世界前列。固定式人工浮岛建造规模小、成本高、周期长，可以为岛国发展可再生能源提供综合解决方案。移动式浮岛可以设计成适合海上居住、旅游等产业的多层多体式人工浮体。中国正计划在深圳近海海域上建造首个海上多体桁架式结构的移动浮岛，作为海洋经济发展的示范工程。中国未来向着综合性海上平台方向发展，实现模块化设计生产、功能多元化定制，可为岛国居民建设多元生产生活空间，发展适合岛国自身特点的旅游休闲产业探索道路。

（二）气候融资

气候融资是太平洋岛国应对气候变化、提升应对能力的重要保障。目前，岛国在气候融资方面，需要面对援助方资金与实际需求不平衡等困难，如绿色气候基金规模，从最初承诺的1000亿美元，直接削减到正式开始运营时的100亿美元，且美国政府在决定退出《巴黎协定》后，除了已经向绿色环境基金支付的10亿美元外，拒绝支付承诺的剩下的20亿美元，这将对岛国应对气候变化工作的开展产生不利影响。同时，由于融资制度设计过于复杂，也增加了岛国的融资难度，如全球环境基金有一系列申请和审批机制，岛国难以完全合规进行申请，即使能够申请，也有大量的资金实际被用于前期的审批、研究、调查等工作，难以真正发挥其本应有的作用。此外，援助方在资金使用方面有很大的话语权，致使气候资金的使用与岛国的实际需求并不一致，如联合国和其他援助方十分重视对岛国“能力建设”方面的援助，如反复组织人员参加讲习班等，在一定程度上忽略了其他方面。①

---

① Barnett J, Campbell J. Climate Change and Small Island States: Power, Knowledge, and the South Pacific [M]. London: Earthscan Publications, 2010: 91.

积极参与全球环境基金（GEF）、绿色气候基金（GCF）等，帮助太平洋岛国构建稳定的气候融资渠道。积极参与全球环境基金，发挥中国在联合国开发计划署、联合国粮农组织、联合国环境计划署、联合国工业发展组织等机构的作用和影响力，提升在涉及岛国气候变化援助项目中的参与度。积极引导市场资金参与绿色气候基金，加强对岛国应对气候变化影响的能力建设，挖掘太平洋在可再生能源和能源效率解决方案方面的潜力。此外，还可积极开展对特别气候基金（SCCF）、最不发达国家基金（LDCF）、华沙损失与损害国际机制执行委员会（WIMEC）、最不发达国家专家组（LEG）等专项组织合作机制的研究，帮助岛国构建应对气候变化的新模式。

专栏　澳大利亚推动太平洋岛国气候融资

澳大利亚加强与私营部门和多边银行合作，通过绿色气候基金和其他基金，帮助太平洋岛国更容易和更简单地获得融资。2016—2018 年，澳大利亚政府陆续投入 230 万美元，用于加强与联合国开发计划署、亚洲开发银行、世界银行、太平洋岛国论坛秘书处和太平洋环境方案秘书处之间的协调和对话。澳大利亚的援助将加强岛国政府的公共财政管理系统，以便更好地管理、支付、利用和报告岛国所获得的气候融资。作为绿色气候基金理事会的联合主席国之一，澳大利亚计划在 4 年内，每年向绿色环境基金注资 2 亿美元，利用其影响力帮助岛国最大限度地从 GCF 获得资金，支持理事会每年向斐济、图瓦卢、库克群岛、萨摩亚和瓦努阿图五国的拨款增加至 1.65 亿美元。澳大利亚还建立了“气候变化行动基金”，于 2011—2015 年提供 3400 万澳元，用于加强与非政府组织合作，提高岛国和东南亚国家社区层面应对气候变化的能力。

推动亚洲基础设施投资银行（亚投行）扩大太平洋岛国成员范围，搭建区域气候融资与金融货币合作新平台。资金融通是互联互通的“血脉”，在“一带一路”合作的大框架下，目前已有巴布亚新几内亚、斐济、萨摩亚、汤加、库克群岛、瓦努阿图等岛国成为亚投行成员，且岛国包括在亚投行的业务范围之内。作为新兴的多边开发银行，亚投行所有的成员国都是《巴黎协定》的签署国，在投资基础设施项目时将优先考虑环境影响，同时也更多地关注可再生能源领域的投资项目。这与岛国弥补基础设施短板，更多考虑应对气候变化的现实需求十分契合。因此，有必要将亚投行作为中国与岛国之间金融合作，特别是气候融资领域的重要新平台，持续推动中国与岛国在基础设施建设、贸易与投资等领域的深入合作。此外，还需研究推动亚投行以适当形式参与太平洋岛国论坛，进一步强化中国在岛国的金融影响力。

第二节　深化区域海洋防灾减灾合作

区域合作中公共产品虽然产生于集体需求，但一般大国需要主动承担供给公共产品的职能。中国有必要在与太平洋岛国多边双边合作层面通过公共产品提供和利益让渡，推动双方在地区事务合作上更加顺畅、健康地发展，推进中国—太平洋岛国命运共同体建设。以区域海洋治理和海洋防灾减灾合作为切入点，积极推动中国的理念、技术、装备、服务扎根岛国，拓展安全合作发展新空间，有序推进责任共同体、安全共同体建设。

一、做好太平洋岛国海洋防灾减灾国际合作顶层设计

系统评估中国与太平洋岛国已开展的海洋防灾减灾交流合作，深入开展对相关国家发展战略及海洋防灾减灾需求的研究分析，以建设中国—太平洋岛国安全共同体为总体目标，推动双方制定海洋防灾减灾合作的内容、目标、方式与步骤，通过签署多边双边减灾救灾协定，制定切实可行的措施和建立贯彻执行措施的机构，保证此类机构在各国得到落实并在关键时刻发挥作用。

深入开展对太平洋岛国海洋防灾减灾需求的研究分析，在“一带一路”框架下，倡议共建岛国海洋灾害预警预报系统，共同研发海洋灾害预警预报产品，为海上运输、海上护航、灾害防御等提供服务。推动与岛国共建海洋防灾减灾的合作机制，设立培训基地，开展海洋灾害风险防范、巨灾应对合作研究和应用示范，为岛国提供技术援助。借鉴澳大利亚的经验，研究推出气候和海洋支持项目，帮助岛国提高气象服务水平，协助岛国政府和民众根

据气象资料，制定农业、卫生、水资源安全等领域的规划。探索编制岛国灾害适应的项目，选取密克罗尼西亚联邦、巴布亚新几内亚等国作为试点，提高跨国适应气候变化灾害管理的能力。

在具体防灾减灾合作方面，可针对太平洋岛国实际情况，协助岛国政府评估关键公共基础设施的抗灾能力，制订升级计划，增强规划设计的基础设施投资和重建项目的弹性和适应性。引导中国保险行业探索岛国灾害保险业务和产品，如通过补贴低保费收入家庭或由特殊税收资助的全民保险等。协助岛国开展现代城市规划，编制推广适合岛国实际的国家建筑规范。通过组织培训等方式输出中国沿海地区防灾减灾组织管理和制度经验，研究制定岛国社区一级灾害应急响应机制和有效策略。

二、打造监测—预警—救助一体的防灾减灾体系

一是加强海洋监测网络建设。面向太平洋岛国海洋预报和服务需求，加强监测平台建设，为岛国海洋预报和服务提供观测数据保障。建立以卫星遥感为核心的天空地一体化的海洋综合观测网，实现对岛国重要港口、航道及近远海高空间分辨率、高时间分辨率和高辐射精度的观测。

二是提升海洋灾害防御能力。推进太平洋岛国多灾种、标准化、一体化的海洋灾害风险预警业务。强化海洋气象服务发布能力，建设以海洋气象广播系统和北斗卫星预警发布系统为核心，结合电视、网络、手机等多种手段的海洋信息发布网络，实现对海洋信息的全覆盖。建设岛国台风监测预警中心，加强区域数值预报能力建设，提高模式的计算精确度和稳定性，提高异常台风路径预报。推动建立海上丝路海洋减灾数据中心，提升海洋灾害信息获取、共享、分析和研判能力。

三是建立完善的国际救援合作机制。提升共同应对重特大海洋灾害和海上重大突发事件的能力，在国际法律框架下进一步完善和细化海上救援合作机制。结合太平洋岛国的实际需求，在重要海域共同建设海上救援基地，探索成立岛国海上搜救合作基金，加强海上救援联合演练。

三、推动防灾减灾技术、装备、服务"走出去"

一是积极推动新技术和新装备输出。中国技术已具备大规模"走出去"的实力，随着北斗导航技术日渐成熟，在布局全国的同时，也应加快在全球范围内建立导航体系。借助于开展自然灾害风险与综合减灾国际合作，争取与太平洋岛国达成深入合作，可以助推北斗导航、高分遥感、无人机等高新技术与工程技术，以及综合气象观测装备、人工影响天气装备、天气预报装备、气象应急保障装备等输出真正"走出去"。全面加强中国遥感监测和卫星资料的推广应用，为岛国海洋预报及防灾减灾提供支持。

二是带动服务输出。针对太平洋岛国重大基础设施建设，借助于中国无缝隙、格点化、精细化、定量化的现代天气预报业务，开展专业的、有针对性的气象服务保障；针对公众服务能力薄弱、气象灾害致灾严重的区域，重点推动影视气象服务、互联网气象服务、移动客户端气象服务等能力输出。

专栏　中国建立南中国海区域海啸预警中心，推进南中国海海啸预警与减灾系统建设

中国作为负责任和敢担当的大国，向来支持南海地区自然灾害风险防范国际合作，以提升南海周边各国应对自然灾害能力，促进南海周边国家与区域持续发展。2005 年 1 月，印度尼西亚海啸发生后仅 1 个月，中国即与东盟在北京举行了中国—东盟地震海啸预警研讨会，并签署了《关于建立地震海啸预警系统技术平台的行动计划》，提出尽快建立印度洋海啸预警系统，帮助东盟国家提高预警能力。同年 9 月，又在北京举行了亚洲减灾大会，来自亚洲和南太平洋地区 42 个国家和 13 个国际组织的 450 多名代表出席，东盟国家均派代表参加。中国坚定推动亚洲区域减灾合作的实际行动得到了国际社会的一致认可。

2011 年，经国务院批准，国家海洋局在联合国教科文组织政府间海洋学委员会（以下简称"海委会"，IOC）框架下积极推动南中国海海啸预警工作，呼吁南中国海沿岸国家密切沟通合作，共同建立南中国海海啸预警与减灾系统，并牵头制定了《南中国海海啸预警与减灾系统建设框架方案》（以下简称“《方案》”）。2013 年，海委会太平洋海啸预警与减灾系统政府间协调组第 25 届大会在俄罗斯符拉迪沃斯托克召开。会议批准了由中国提交的《方案》，同意由中国国家海洋环境预报中心（国家海洋局海啸预警中心）牵头建设南中国海区域海啸预警中心。2018 年 1 月，经海委会正式批准，由中国承建的南中国海区域海啸预警中心正式开展业务化试运行。中心将为中国及南海周边的越南、马来西亚、菲律宾、文莱、印度尼西亚、泰国、柬埔寨、新加坡等国提供全天候海啸监测预警服务，为中国全面参与南海周边地区自然灾害风险防范，提供了重要的切入点和平台支撑。

第三节　深入推进特色文化交流

太平洋岛国是世界上文化最丰富的地区，有着缤纷的本土文化，包括澳大利亚、巴布亚新几内亚、新西兰、波利尼西亚、密克罗尼西亚联邦和美拉尼西亚六个种族文化区，大体可以分为三个部分：西部岛国属于美拉尼西亚文化，东部是波利尼西亚种族，北部是密克罗尼西亚种族。每个种族都有自己独具特色的传统和文化（见表 6–4）。

表 6–4　太平洋岛国种族与文化分布

种族文化区	国家和地区
美拉尼西亚	斐济、巴布亚新几内亚、所罗门群岛、瓦努阿图、新喀里多尼亚
密克罗尼西亚	密克罗尼西亚联邦、基里巴斯、瑙鲁、帕劳、马绍尔群岛
波利尼西亚	美属萨摩亚、库克群岛、萨摩亚、汤加、纽埃、法属波利尼西亚、图瓦卢托克劳、瓦里斯和富图纳群岛

太平洋岛国独特的文化已存在数千年，逐步形成了独特的认知和理解体系，其中一些与西方文化并不同，比如与海洋航行、船舶建造和传统医学相关的文化。岛国非常重视保护其文化的独特性和多样性。一是关注传统文化

的传承与保护。岛国的传统文学、艺术主要采用口头传授的形式，缺乏书面形式的艺术作品和家族谱系资料，近年来岛国非常关注民族文学、民族艺术、民族工艺、民族历史等传承问题，大量收集保存现有的历史书籍、传统工艺品、传统舞蹈和音乐以及传统乐器等，鼓励民间艺人记录民族传说故事。2004年，纽埃建立了“托加纽埃”文化建设办公室，主要目标是支持、促进纽埃文化、语言、传统的保护及其应用。汤加制定了2015—2025年的10年计划，收集、整理非物质文化遗产传承人信息，并积极筹备社会、文化领域实践。二是实施非物质文化遗产保护。岛国积极申报联合国非物质文化遗产保护项目。2003年，联合国教科文组织将瓦努阿图沙画列入第二批“人类口头和非物质遗产代表作”；2008年7月8日，在加拿大魁北克城举行的第32届世界遗产大会上，瓦努阿图洛伊·玛塔酋长领地入选联合国教科文组织的《世界遗产名录》，成为南太平洋地区首个世界文化遗产。三是开展多种形式的文化宣传展示活动。岛国注重利用节日庆典宣传展示当地传统文化，保持文化生命力，以文化遗产日、国际博物馆日、传统节日等为契机，开展形式多样的宣传展示活动，如斐济“红花节”“鼓节”“火把舞”与“走火仪式”“酒红节”“斐济新年”等。

在全球化的发展浪潮下，太平洋岛国文化习俗深受西方文明的影响，如何保持其文化的独特性和多样性以及如何让传统文化被外界认同和理解是岛国人民非常关注的问题。中国在与各岛国进行文化交流与合作时需要对此重点关注。

一、搭建文化外交双向交流平台

（一）落地文化外交项目

开展多样化文化外交活动，向太平洋岛国讲好中国故事。一方面，要充分发挥岛国原住民与中国东南沿海族群血脉相通、文化同源的人文资源优势，围绕古丝绸之路、古船模、古海图等海洋文化主题及人类文化遗产，广泛开展各领域与岛国互办文化年、艺术节、电影节、电视周和图书展等活动。另一方面，还要充分发挥政党、议会交往的桥梁作用，加强与岛国之间立法机构、主要党派和政治组织的友好往来，支持地方智库之间开展联合研究、合作举办论坛等。

专栏　文化外交的形式

欧洲国家习惯把文化外交称为“第三外交”，把对外文化关系作为国家对外政策的“第三根支柱”（在政治、经济之后）。文化外交作为国家外交工作的有机组成部分，早在 1961 年《维也纳外交关系公约》中便已被特别提到，各国使领馆的职责之一就是“促进派遣国与接受国之间的友好关系，及发展两国间之经济、文化与科技关系”。由此可见，文化外交得到了国际法的确认。文化被越来越多地引入国家的对外政策中，与传统的政治外交、经济外交相辅相成，在国家整体外交实践中共同担负起实现国家利益的重任。因此，文化外交必须具备以下几个基本特性：①以维护国家利益、实现国家对外战略目标为根本出发点的外交行为；②以政府为主导、面向对象国政府和民众的官方行为，其行为主体是一国政府，政府是文化外交活动背后的主推手；③以文化为表现形式，通过和平的、非武力的手段加以实现的公关活动。

一般说来，文化外交有两种途径：①国家政府间的行为。如政府间签订各项国际文化交流项目协议或计划，洽谈文化业务，组建或加入国际文化组织，以及有关机构执行实施文化合作协定等；②国家对外向国际社会、对象国民众（包括各类民间团体组织等）所展开的一系列国际公共关系活动。如文学艺术、语言教学、图书出版、新闻传媒、体育交往、人员交流、文化遗产保护、信息服务、文化产品贸易、文化援助等。

（二）建立中国文化中心

推动中国各省（自治区、直辖市）文化厅开展与南太平洋地区中国文化中心对口合作项目，聚焦青少年群体，弘扬中华文化，联合当地政府开展针对青少年的主题活动；推动人员往来，积极推动中国文化团深入太平洋岛国开展采风创作，推动岛国政府官员、民间艺人与友好人士到中国考察，互学互鉴；借助于文化中心资源与优势，构建合作平台，积极融入当地重大节庆活动，丰富交流内容。

专栏　中国文化中心

建立文化中心是双边关系进一步深化的重要标志，旨在加强两国文化交流与合作，增进两国人民之间的相互了解和友谊。中国自20世纪80年代开始在海外建立文化中心，近10年来发展较快，迄今为止，已在非洲、欧洲、亚洲和北美洲、大洋洲建成了坦桑尼亚、毛里求斯、贝宁、开罗、巴黎、马耳他、首尔、柏林、东京、乌兰巴托、曼谷、莫斯科、马德里、墨西哥、尼日利亚、哥本哈根、斯里兰卡、老挝、悉尼、新加坡、巴基斯坦、尼泊尔、布鲁塞尔、新西兰、斐济、斯德哥尔摩、金边、雅典、海牙、明斯克、特拉维夫、索菲亚、仰光、河内共35个中国文化中心，2020年海外中国文化中心将达50个以上。

中国文化中心的宗旨如下：

优质：文化中心追求专业的水准、精心的组织，向公众提供高质量的服务和文化活动。

普及：文化中心面向社会各界人士，欢迎不同年龄段、不同职业的公众来参与活动。

友好：文化中心开展活动的根本目的是为了不断增进相互理解和巩固发展友谊。

合作：文化中心开展活动要与当地机构建立伙伴关系，促进两国文化交流、交融。

中国文化中心的主要职能如下：

文化活动：常态化、不间断地举办演出、展览、艺术节、文体比赛等各类交流活动。

教学培训：组织语言、文化艺术、体育健身等各类培训项目以及实施各类短期培训计划。

思想交流：组织学术讲座、研讨会、汉学家交流等活动。

信息服务：内设图书馆，向驻在国公众提供涉华信息，介绍中国的历史、文化、发展和当代社会生活。

（三）发挥智库的宣传引导作用

支持中国国内智库对外交流和发声，推动国内智库和学界加强与国外科研机构的学术交流和合作研究，围绕世界新形势、时代新发展、国际关系新变化、“一带一路”“中国梦”与命运共同体等重大理论和现实问题进行深入探讨与交流。鼓励智库等非官方团体积极参与构建和完善中国的国际关系和外交理论体系研究，将“中国特色”研究与世界基本思潮有机结合，探讨中国作为新兴大国探索走和平发展的新型大国之路，与守成大国构建新型大国关系，加强智库间交流，消除太平洋岛国对中国发展的误解和疑虑。

二、拓宽侨胞文化交流新途径

（一）拓宽侨胞交流新渠道

华侨、华人社团既是中华文化的重要继承者，也是中华文化的重要传播者。加强南太平洋地区的华侨、华人社团不断与中国地方政府外事部门合作，可极大地推动华文教育的普及和中华文化的传播。加强与太平洋岛国华侨华人社团的联系与合作，支持汤加、瓦努阿图、萨摩亚和巴布亚新几内亚建立以血缘和地缘为联系纽带的各类华人社团。中国地方政府外事部门应积极组织科技团、交流团和经贸团等出访活动，开展南太地区国家侨胞交流活动；与海外经济文化交流促进会或协会加强联系，借助于海外经济文化交流中介机构的网络和资源开展侨胞交流活动；组建“南太侨胞联谊会”“南太侨胞创新创业人才联谊会”等新平台，开拓南太交流新领域。

专栏　南太侨务外交概况

旅居海外的华侨华人是沟通中国与世界的桥梁和纽带。太平洋岛国是华侨华人较早定居的地区之一，从 19 世纪中叶开始，华人劳工和一些华商及其后代就开始在岛国定居。目前，生活在岛国的华侨华人约有 70000 人。其中，华侨华人较多的国家有斐济、巴布亚新几内亚、汤加等国。目前，斐济有 20000 多名华侨华人，巴布亚新几内亚有华侨华人 10000 人左右，汤加有华侨华人 2000 人左右。萨摩亚华侨华人有 300 人左右，但混血华裔超过 30000 人，约占萨摩亚国家总人口的 20%。

太平洋岛国华人社团是当前中国开展侨务外交的重要载体。在岛国中，斐济是拥有华人社团最多的国家。目前，斐济华人社团的数量已经增至 27 个，涵盖教育、艺术、体育、青年、妇女等各个领域。这些华侨华人既是中斐侨务外交的重要组织者，也是中斐侨务外交的重要参与者。

（二）拓展侨胞交流的新方向

利用好广东华侨的资源优势，加快两地友好城市建设和民间往来。充分利用东莞、中山等地在南太侨胞资源比较集中的优势，加强与太平洋岛国华侨联系，充分利用好岛国广东同乡会、友好协会和华人联合会等组织资源，了解侨情的新变化和侨胞的新需求，在加强培养第二、第三代华侨与家乡交流等方面取得更大的进步。针对华侨华人聚居区的华文教育力量薄弱，直接导致第二、第三代华侨会说中文识汉字的越来越少的现象，要在新生代华侨华人中开展文化交流活动，派出汉语志愿者以提高华文学校的汉语教学水平。

三、建立蓝色文化交流桥头堡

一是开展海洋文化交流，继续实施中国政府海洋奖学金计划，扩大沿线国来华人员的研修与培训规模。推动实施海洋知识与文化交流融通计划，推动沿海城市与沿线国城市结为友好城市，加强与沿线国海洋公益组织和科普机构的交流与合作。二是推进世界妈祖海洋文化中心建设，弘扬妈祖海洋文化，促进海洋文化遗产保护、水下考古与发掘等方面的交流与合作，与沿线国互办海洋文化年、海洋艺术节，传承和弘扬“21 世纪海上丝绸之路”友好合作精神。三是借力海上竞赛、海岛旅游助推汉语言文化交流。依托中国杯帆船赛等国际体育赛事，搭建面向亚太及太平洋岛国的海洋文化、旅游、演艺嘉年华平台。在举办中国—太平洋岛国旅游年系列活动的同时，进一步加强对汉字、汉语以及中华文化的传播推广活动。

专栏　东亚岛屿与海洋文化国际论坛

东亚岛屿与海洋文化论坛（EAIOF）创立于 2012 年，是由中国海洋大学、上海海洋大学、广东海洋大学、浙江海洋大学、台湾海洋大学，日本神奈川大学、鹿儿岛大学、琉球大学，韩国木浦大学等高校的海洋文化相关研究单位在 2013 年共同成立的国际性学术组织，论坛致力东亚海洋以及海岛方面的人类文化和生态环境等方面议题的协同研讨和学术研究。EAIOF 的目标是在 21 世纪的东亚地区，打造出一个共同讨论、交流有关海洋区域和岛屿可持续发展及共存问题的学术研究平台。

专栏表 6-1　6 届东亚岛屿与海洋文化国际论坛基本情况

论坛	举办地点	承办单位	时间	论坛主题
第一届东亚岛屿与海洋文化国际论坛	日本	鹿儿岛大学	2013 年	发起，磋商
第二届东亚岛屿与海洋文化国际论坛	中国	上海海洋大学	2014 年	东亚海洋岛屿文化与社会发展
第三届东亚岛屿与海洋文化国际论坛	韩国	木浦大学	2015 年	
第四届东亚岛屿与海洋文化国际论坛	中国	台湾海洋大学	2016 年	沿海地区与岛屿文化
第五届东亚岛屿与海洋文化国际论坛	日本	神奈川大学国际常民文化研究中心	2017 年	海洋文化的多样性
第六届东亚岛屿与海洋文化国际论坛	中国	广东海洋大学	2018 年	海洋文化的共通性

四、推动中医文化交流合作

（一）完善中医药项目政府间的合作机制

一是加强中医药南太平洋地区发展的政策研究，制定适合中国推进中医药“走出去”建设的政策措施，构建政府层面的中医药产业政策沟通交流体系。扩大与南太平洋地区中医药国际合作范围，积极探索对外服务模式项目，推进与沿线国家和地区在中医药医疗、科研、教育、经贸、服务和文化等方面的交流与合作。二是落实中医药双边合作协议，构建政府间磋商和协调机制，加强政策沟通，协调解决重大问题，为中医药沿“一带一路”“走出去”营造良好政策环境。三是充分发挥世界卫生组织、国际标准化组织等多边组织作用，探索建立中国—太平洋岛国国际植物药法规与监管合作组织、中国—太平洋岛国草药协调论坛等多边机制，倡导建立双边传统医学发展的战略和标准规范研究与制定工作。

（二）建设中医药国际合作平台和交流合作基地

一是为有条件的中医药机构（企业）“走出去”搭建中医药海外服务贸易平台，推动中医药产品、中医药文化通过南太平洋走向“一带一路”沿线国家。加快推进中国—太平洋岛国中医药科技产业园建设，推动国内成熟中药产品以药品、保健食品、功能食品等方式在南太国家注册，形成知名品牌，扩大南太地区市场份额。二是依托各类中医药机构，在南太地区建设一批中医药国际医疗合作基地，提升外向型合作水平，吸引沿线民众来华接受中医药医疗保健服务。支持有实力的中医医疗机构获得国际知名保险机构的认证，提高国内中医医疗机构的服务品质，推动其纳入国际医疗保险体系。三是支持广东省中医医疗机构与国外医疗机构共同打造中医药国际化的医疗基地。向沿线民众提供中医医疗和养生保健服务，推动中医药理论、服务、文化融入沿线国家和地区的卫生体系。开展中医药远程教育、远程诊疗服务、养生保健国际咨询和认证服务，以及推动沿线国家和地区人员来粤就医、接受中医药学历教育等合作模式。

专栏　中国国内11家中医药对外合作交流基地

2015年，国家中医药管理局开展了中医药国际合作专项项目，即中医药对外交流合作示范基地（以下简称“示范基地”）建设。首批中医药国际合作专项项目设立于2015年，国家中医药管理局选择了国内多家在医疗、文化、教育等方面具有对外交流合作基础的机构作为项目承担单位，共17个专项，其中有5个示范基地：中医药国际教育培训基地、中医药国际康复合作基地、中医药服务贸易健康跨境服务基地、中医药国际科技合作基地、中医药健康旅游示范基地。首批专项项目实施后，海外中医药中心、国际合作基地、国际指标体系和国际文化传播等项目在推动中医药国际化方面发挥了引领示范作用。2016 年 12 月 19 日，国家中医药管理局在北京召开了中医药“一带一路”发展战略暨国际合作专项座谈会。在此次座谈会上，第二批 30 个专项及其执行单位名单公布，其中新增 6 个示范基地：中美中医药教育研究基地、世界传统疗法研究与国际合作示范基地、中医特色微创技术（筋骨针法）国际传承基地、中国—东盟传统医药交流合作中心、东北亚中医药传播发展基地等。

第四节　继续扩大教育培训合作

斐济是太平洋岛国中教育水平比较发达、文化水平较高的国家。斐济的公立小学实行免费教育，学龄儿童入学率近 100%，但整个岛国高等教育和职业教育发展水平相对落后，除斐济拥有南太平洋大学（University of the South Pacific），汤加拥有南太平洋汤加分校、汤加高等教育学院（Tonga Institute of Higher Education）、阿特尼斯大学（Atenisi Institute of Higher Education）、海事学院（Maritime Institute）、护理学院（Nursing School）以及图普技术学院（Tupou Technological Institute），所罗门群岛拥有所罗门群岛师范学院（Solomon Islands Teachers College）、霍尼亚拉技术学院（Honiara Technical Institute）和南太平洋大学分校外，绝大多数岛国没有自己的大学，且现有高校除南太平洋大学作为一所地区性大学办学水平相对较高外，其他高校办学水平相对落后。各岛国学生前往澳大利亚、新西兰、美国等国家的高校学习情况较为普遍。目前，各岛国政府大力发展与国外高校之间的合作，通过互联网课程、网络公开课程、业余学校、慕课等形式，向本国居民提供高等教育，主要以人员培训为目的。同时，岛国的职业教育发展水平亦参差不齐，而且大多数国家均缺乏一个好的职业教育发展规划，整个地区合格的教职人员相当匮乏。

2018 年，在太平洋岛国论坛教育部长大会上通过了太平洋岛国面向 2030 年的教育发展计划——《太平洋地区教育框架》(*Pacific Regional Education Framework*, *PacREF*),在接下来的12年里,岛国将重点关注教育质量和相关性、学习途径、学生成果和福祉及教师专业化四个政策领域,并安排系列重点活动以提高教育发展的水平(见表6-5)。

表6-5 太平洋地区教育框架(*PacREF*)

政策领域	政策对象	目标
质量和相关性	提供给各种不同教育水平学习者的相关高质量课程	为所有学习者提供安全和支持环境,在这个环境中,学习者能获得具有意义、具有价值、具有包容性和面向未来的高质量学习机会
学习途径	学生的需求通过多样化的项目和交易方式得到满足	所有学习者都能平等地获得能满足他们全部潜能的多重的、无缝的、多样化的学习机会
学生成果和福祉	各种教育水平的学习者能充分发挥他们的潜能	使所有学习者都能获得知识、技能和价值观,帮助他们为家庭、社区和国家建设做出贡献
教师专业化	教师行业通过持续发展、共同理解和问责得到支持和授权发展机会	拥有有能力、有资格和有资质的教师和掌握目前专业知识和实践的学校领导者。教师参与并有效致力学生们的整体发展且会得到支持

资料来源:笔者据 *Pacific Regional Education Framework*, *PacREF* 及有关资料整理。

中国与太平洋岛国之间建立了友好的教育往来,中国从20世纪80年代开始向萨摩亚、斐济和巴布亚新几内亚学生提供政府奖学金名额,从1995年、1999年开始向瓦努阿图、汤加提供来华留学奖学金和政府奖学金名额。此外,每年岛国也会应邀选派官员或青年来华参加中方举办的各类技术培训班或官员研修班。近年来,中国与岛国教育合作在不断推进。在2013年11月举办的第二届"中国—太平洋岛国经济发展合作论坛"上,中国宣布今后4年可为岛国提供2000个奖学金名额,帮助岛国培训一批专业技术人员,以支持岛国开发人力资源。2014年,习近平主席访问岛国时,又提出未来5年中国将为岛国提供2000个奖学金名额和5000个各类研修培训名额。中国与岛国的教育交流项目还包括向岛国派遣汉语教师、与岛国的大学结成友好大学及大学间的人文交流等。从1986年起,中方先后向斐济派驻汉语教师共23人次。从2014年起,中国每年向萨摩亚派遣3名小学汉教老师和1名大学汉教老师。2016 年，应萨摩亚教育部邀请，聊城大学派出 5 名教师到萨摩亚从事中小学数理化教学；2017 和 2018 年，聊城大学分别派出第二、第三批援萨教师赴萨摩亚任教。2018 年，中国和汤加签署了关于教育交流与合作的谅解备忘录，聊城大学汤加学院正式启动。

一、开展双边高等教育合作办学

（一）加大两地生源流通， 拓宽教育培训合作渠道

通过中国政府海洋奖学金、太平洋岛国论坛项目等，吸纳太平洋岛国留学生、进修生，来华接受高等教育或技能培训；推进地方有能力的高校特别是职业院校进行国际化办学，以在岛国设立分校的方式，培养岛国地区的学生；扩大相互间留学生的规模，开展合作办学，积极开拓和推进与岛国在青年就业、创业培训、职业技能开发、社会保障管理服务、公共行政管理等领域的合作；进一步强化宣传意识，构建多维立体宣传平台和网络。完善在培训活动过程中的宣传手段。同时，结合教育展览、互联网、海外设立服务中心等多种手段，形成立体营销网络，推动高端跨境培训走向国际市场的进程。

（二）加强传统优势学科互补， 实现教育资源互利共赢

一是进一步加强与南太平洋地区大学在渔业水产等领域的强强合作和强项合作，尤其是科研和高层次人才培养方面的实质性合作。充分利用太平洋地区现有的渔业水产教育教学资源，与中国地方政府和其他机构建立交流与合作关系，促进本土高校对外开放；同时，积极支持不同层次的学校根据教学、科研的需要开展不同形式的国际交流与合作。二是逐步将中医药学科建设纳入沿线国家高等教育体系，建成国际中医药合作办学特色学院。充分利用广东的优质中医药教育资源，与太平洋岛国大学合作办学，依托广东省内高等院校的力量，在南太平洋地区成立中医药国际教育基地，培养复合型中医药人才，同时对接搭建中医药孔子学院，培养一批中医药国际传播人才。

（三）制定地方整体战略， 积极引导跨境培训健康发展

通过制定地方高等教育国际化战略，大力推动和引导地方高教高端跨境

培训快速健康发展，彻底改变总体规划和制度建设缺位以及贸易不平衡的局面。地方政府通过承接高校的南太访学与南太考察需求，定期举办双边教育与培训影响力峰会，聚集并维护地方政府、高校和涉外企业资源开展高端跨境培训；推进教育改革，保证高校拥有更多的办学自主权，在教学课程设置、规划等方面具有选择权，并根据国内外教育市场的需要及时调整培训设置、课程选择、招生人数以及培训规模。

二、拓宽特色教育培训渠道

（ ）因地制宜，统筹完善孔子学院的本土化培训

加强对南太地区国家学习特点的研究，充分认识南太文化与中华文化的差异，提升基础学科教育培训在本土的传播效率；支持地方政府设立南太教师奖学金培养本土培训教师，并与当地大学合作开办本土教育培训专业机构，鼓励教师编写适合南太地区的本土化教材，开展具有针对性的教育培训工作；加大和当地劳工机构的合作，为双边教育培训的推介提供更加多元化的平台。

（二）有的放矢，踏实推进孔子学院的特色化培训

充分发挥现代远程教育的便利性与互动性，利用当地大学已有的网络资源以及孔子学院的教学资源，开发视频课程以及开展交互式技能培训课程；与太平洋岛国地方旅游局合作，组织对接待中国游客的当地旅行社的工作人员进行培训；针对南太地区来华旅客，开设旅游汉语的短期培训课程；组织举办推广中国传统技艺的培训活动，如组织中国工艺品展示，举办风筝、剪纸工作坊，组织龙舟赛等活动。

专栏　澳大利亚格里菲斯大学旅游孔子学院

2011 年 4 月 9 日，由澳大利亚格里菲斯大学（Griffith University）和中国矿业大学合作成立的全球第一所旅游孔子学院（Tourism Confucius Institute，TCI）在澳大利亚东部昆士兰州揭牌。TCI 以旅游为特色，开展汉语教学和传播中国文化，开创了特色孔子学院的新模式。

TCI 的课程设置以旅游汉语为主，教学对象以旅游从业人员为主。学院利用澳大利亚得天独厚的旅游资源，因地制宜，培养具备国际视野的旅游管理人才。TCI 不仅推广汉语教育，而且还是促进中澳两国旅游研究、旅游教育等多个方面交流的重要平台。

自 TCI 成立以来，主要开展了以下几方面工作：①促进中澳旅游界友好合作交流。TCI 与澳大利亚地方旅游局合作，邀请中国国家旅游局（2018 年 3 月更名为文化和旅游部）驻澳办事处官员，对接待中国游客的当地旅行社工作人员进行培训。另外，TCI 还应邀参加了中国国家旅游局驻澳办事处组织的“中国旅游之夜”等活动。②开设旅游汉语的短期培训课程。参加培训的学员主要是有意到中国旅游的澳大利亚游客。③举办推广中国文化的活动。比如，组织中国工艺品展示，举办风筝、剪纸工作坊，组织龙舟赛等活动。

TCI 是孔子学院向高层次、特色化发展的新尝试，促进了两国旅游业的发展与合作以及人文交流。中澳双方用三年时间逐步完善了 TCI 的各项业务，建成并开放了中国民俗博物中心，筹办并成立了中澳旅游文化研究中心，促进双方科研项目、学生及教师交流活动的开展。此外，TCI 还与中国多家旅游院校进行了交流和合作。在 TCI 的协助下，中国旅游研究院、北京联合大学旅游学院、北京交通大学经济管理学院、北京第二外国语学院旅游管理学院、首都经贸大学管理学院、上海师范大学旅游学院、上海工程技术大学管理学院、陕西师范大学旅游学院、广东金融学院管理学院等，都与格里菲斯大学旅游学院及旅游研究院建立了旅游教育和研究的全面合作关系。

三、建立对口交流培训平台

广东作为教育资源大省，在劳务培训、专业技术培训等方面积累了丰富的资源和优势，可以借鉴国际职业教育创新平台（IVEP）的经验做法，与南太相关教育培训机构合作，积极打造服务太平洋岛国的专业劳务培训和技术培训平台，联合岛国举办“21世纪海上丝绸之路南太地区政府人员研修班”，定期进行人才智力互动交流、创新创业平台观摩与实训等活动，为岛国提供针对性和实用性强的人力资源培训项目；开展岛国职业技术人员培训计划，举办面向岛国的劳务与技术培训大赛，强化交流培训平台的宣传和推广，加强对培训交流的经验分享。

专栏　国际职业教育创新平台（IVEP）

为促进中国现代职教体系建设，提升职业教育国际化水平，中华职业教育社、中国国际人才交流与开发研究会、北京大学中国职业研究所、北京产教融合科学研究院、北京智诚佳创教育咨询中心联合搭建了国际职业教育创新平台（以下简称“平台”），同时也将成为一个整合与集成海内外优质职业教育资源的公共服务平台。

平台的主要任务有：

一是引进：引进国际职业技能培训项目与课程体系，引进国际职业教育专家，引进国际先进的职业教育培训模式和管理模式，引进国际先进的职业标准。

二是交流：国内外职业院校的合作与交流，国内外职业专家和师资的合作与交流，在校生与在职人员的国际交流与培训。

三是服务：为国内职业院校引进课程、模式、标准以及国际交流提供服务；为职业院校创办一流学院、建设国际一流专业提供解决方案；为职业教育师资、学生、从业者出国培训提供服务；建立国际职业人才库，为企业招聘专业技术、技能人才提供服务。

四是建立国际职业人才培养基地：平台将在全国建立国际职业人才培养基地，并为基地职业教育专家、项目引进和专业建设提供指导。为校企合作办学，实现产教深度融合提供解决方案和服务。

平台的运营机构是北京智诚佳创教育咨询中心（以下简称“中心”）。中心负责平台的建设和项目开发与推广等运营工作。

合作机构主要有：中国国际人才交流与开发研究会、中国电源工业协会、北美枫桥人文基金会、澳中教育咨询中心、克利夫兰地区 Shake Height 老教师协会、中华职业教育社、中国钢铁工业协会、新斯科舍省教育局、英国工程技术学会、瑞士 Graduate Institute 日内瓦研究院、北京产教融合科学研究院、中国中小企业商业协会、汇星国际教育中心、全美老教师协会联盟、北京大学中国职业研究所、北京光华慈善基金会、卑诗省教育局、黑森州技术培训中心、中国职业教育质量评估研究会、中国化工联合会、魁北克省教育局、韩中文化经济友好协会等。

合作院校主要有：苏安学院、卡普顿大学、凯波布兰顿大学、中国台湾和春技术学院、约克大学、爱德华王子岛大学、新斯科舍省美术和设计大学、卑诗省理工学院、戴尔豪斯大学、圣弗朗西斯泽维尔大学、圣玛丽大学、蒙特圣文森大学、澳大利亚 TAFE 学院、圣文森大学、阿卡迪亚大学、英国 Reaseheath 学院等。

第五节　加强医疗卫生领域交流与合作

太平洋岛国整体医疗水平和医疗设施比较落后，医用物品极度缺乏，专业医生从业人员远远不能满足人们的就医需求，许多患者只能到国外就医。斐济人口超过 90 万，但仅有 830 名医生，其中拥有硕士以上学历的医生仅为 30 余人。斐济医生占总人数的比例低于世界卫生组织 1∶1000 的标准，医生水平不是很高。帕劳全国只有一家公立医院——帕劳国家医院和 3 家私人诊所。岛国医疗卫生概况如表 6-6 所示。随着现代生活方式在岛国的普及，岛国人摄入的热量越来越多，肥胖症和因吸食烟草导致的非传染性疾病已经成为困扰岛国人的最主要疾病。登革热等热带传染病也是其面临的主要传染病。

表 6-6 太平洋岛国医疗卫生概况

国家	人口/人	人均 GDP /美元	卫生支出总额占 GDP 比重/%	人均卫生支出总额/美元	平均寿命 /岁
	2016 年	2014—2016 年	2010—2014 年	2010—2014 年	2006—2015 年
库克群岛	20800	15324	3.4	518	76.4
斐济	898760	5153	4.5	204	69.9
基里巴斯	114395	1449	10.2	154	66.3
马绍尔群岛	53066	3449	17.1	625	71.8
密克罗尼西亚联邦	104937	3069	13.7	415	69.4
瑙鲁	13049	7821	3.3	516	61.2
纽埃	1600	15608	7.4	1162	73.2
帕劳	21503	13626	9	1150	—
巴布亚新几内亚	8100000	2183	4.3	92	62.9
萨摩亚	195125	4028	7.2	301	74.0
所罗门群岛	599419	2006	5.1	102	69.2
汤加	107122	3689	5.	213	73.5
图瓦卢	11097	3084	16.5	633	69.6
瓦努阿图	270402	2861	5	158	72.0

资料来源：WHO. Monitoring Universal Health Coverage and Health in the Sustainable Development Goals: Baseline Report for the Western Pacific Region 2017 [EB/OL]. [2018-02-07]. https://iris.wpro.who.int/handle/10665.1/13963.

中国与太平洋岛国积极开展各项医疗合作，在加强对岛国医生培训、援建医院、改善医疗条件的基础上，近年来，“送医上岛”已成为中国与岛国卫生合作的新方式。2014 年和 2018 年，中国海军“和平方舟”医院船两次赴巴布亚新几内亚、斐济、汤加、萨摩亚，向岛国提供人道主义医疗服务。同时，中国各地方政府对岛国的医疗援助亦逐渐加强。重庆市已陆续派遣 9 批医疗队共 90 名队员援助巴布亚新几内亚，为该国人民提供了 10 万多人次的医疗服务，给当地医务人员开展了 1000 多次卫生培训，并向当地医院捐赠医疗器械和药品。广东省从 2007 年开始，多次派出团组出访斐济、库克群岛等国，开展送医上岛活动，深受岛国人民的欢迎，并且与斐济签署了《关于建立斐济—广东医疗培训中心的合作备忘录》，开展医疗培训合作。2018 年，中国国家卫生健康委员会派出首批援萨医疗队；同年，山东省也派出第一批医疗队援助汤加。

专栏　中国和平方舟医院船

2018 年 7 月 11 日至 8 月 20 日，执行“和谐使命—2018”任务的中国海军和平方舟医院船先后对巴布亚新几内亚、瓦努阿图、斐济和汤加进行友好访问并提供了人道主义医疗服务。为满足当地人们需求，和平方舟全天候开展诊疗服务，满负荷高效运转。访问期间，和平方舟医院船在巴布亚新几内亚累计为 6209 人次提供了免费诊疗，在瓦努阿图免费诊疗达 46096 人次，在斐济免费诊疗达 6577 人次，在汤加免费诊疗达 5532 人次。

一、开展医疗能力建设与人才培养合作

（一）建立高层次的医疗卫生人才培养基地

加强与太平洋岛国卫生领域专业人才培养合作，帮助岛国提高公共卫生管理和疾病防控能力。建立高层次的医疗卫生人才培养基地，重点在临床医学、护理、公共卫生等领域开展多种形式、长短期结合的进修和培训项目，支持广东省卫健委以及省内对口三甲医院和省疾病预防控制中心承担培训任务。推动成立“中国—太平洋岛国卫生论坛”等，推进中国与岛国在公共卫生领域开展政策对话与活动交流。

（二）开展中国—太平洋岛国公共卫生人才培养百人计划

联合开展“中国—太平洋岛国护理人才培训合作项目”“中国—太平洋岛国保健人员培训项目”等，以南方医科大学、广州中医药大学、广州医科大学、广西医科大学、广西医科大学第一附属医院等单位为依托，与太平洋岛国医学院校开展多种形式的教学和培训活动，为当地医护人员介绍学科发展动态等，培养一批具有较强实践能力的高素质卫生专业技术人员。

（三）搭建公共卫生机构合作网络以及医科大学联盟

鼓励南方医科大学、广州中医药大学等牵头成立中国—太平洋岛国医科

大学联盟，定期开展教学、科研和人员交流活动，定期派遣优秀医学教授、资助斐济学生赴华留学。鼓励沿海城市公立医院与太平洋岛国医疗机构直接交往，建立公共卫生机构合作网络，促进医疗资源规划与配置、医疗质量管理、公私合作伙伴关系、医疗旅游、医学科研与教育、公共卫生等领域的人员交流与务实合作。

二、强化卫生应急和紧急医疗援助

（一）建立短期医疗援助和应急医疗救助处置协调机制

推进与太平洋岛国在卫生应急领域的交流与合作，提高岛国间合作处理突发公共卫生事件的能力。构建中国沿海政府与岛国共建传染病联防联控工作网络，推动岛国之间建立跨境传染病疫情通报制度和卫生应急处置协调机制，帮助巴布亚新几内亚等国消除与控制登革热、疟疾、肺结核等疾病，提高岛国对重点传染病的综合应对能力。

（二）组建太平洋岛国移动紧急医学救援中心

鼓励国家卫生应急移动医疗救治中心向太平洋岛国派遣短期医疗和卫生防疫队伍，提供紧急医疗援助，并提供力所能及的防护和救治物资，协助岛国组建紧急医学救援移动处置中心（帐篷队伍）与紧急医学救援队伍（车载队伍），切实提升岛国突发事件现场的紧急医学救援能力，做到迅速抵达现场，及时开展卫生应急救援。中巴急救走廊建设的成功可以借鉴。

专栏　中巴急救走廊案例

为发挥红十字组织在灾难救援、人道救助方面的重要而独特的作用，立足民生需求和公共安全需要，中国和巴基斯坦两地红十字组织共同倡导发起建设中巴急救走廊项目，沿中巴经济走廊布设由急救站点、急救人员、急救车辆、应急系统组成的急救单元。瓜达尔博爱医疗急救中心是中巴急救走廊的首个急救单元，也是整个中巴急救走廊的起点。目前，已沿着中巴经济走廊陆续建设了7个急救单元，布设在中巴经济走廊沿线的城镇或村落，贴近民众开展医疗急救服务，最终形成了沿着中巴经济走廊的应急救护、公共卫生服务供给带，也就是形成了急救走廊。

瓜港急救中心的建设运营分三步：

第一阶段是援建阶段，主要是基础设施和设备的援建，还有医疗队的派驻。

第二阶段是共建阶段。前期，中方与巴方医疗队共同开展工作；后期，中方将慢慢撤出部分人员，其余人员帮助巴方实现过渡。

第三阶段为自主运行阶段，将急救中心完全交与巴方运营。

三、提升医疗基础设施现代化水平

（一）建设综合医院与移动实验室

继续为太平洋岛国援建医疗设施，在岛国建设综合医院，包括门诊楼、儿科门诊楼、常规检查医技楼、中心手术医技楼以及病房楼等，并配备医疗器械与药品等物资。在传染病重灾区建立生物移动实验室与治疗中心，重点援建岛国疾控中心总部，改善岛国医疗卫生基础设施条件，造福患者。

（二）建立智慧健康网络平台

在太平洋岛国建立病理远程会诊中心，捐助远程医疗设备，利用网络通信技术，进而形成智慧健康网络平台。借助于这一平台，岛国可将疑难病理标本即时上传至系统，邀请国内专家给予会诊指导，使当地患者借助于网络平台享受到国内专家高水平的诊疗技术和丰富的诊疗经验，实现医疗资源的协同化、卫生智能的集成化，形成全新的智慧医疗援助新模式。

第七章

拓展地方政府与太平洋岛国合作空间

随着中国全方位、多层次、立体化外交布局的展开，太平洋岛国在中国外交中的重要性也明显上升，在“一带一路”建设、产能合作等方面，中国与岛国取得了多项合作成果。中国企业广泛投资于岛国的资源开发、海洋渔业、旅游服务等领域，参与诸多港口、道路、桥梁、水电站等基础设施项目建设。近年来，岛国高度重视港口、机场等基础设施建设，中国与岛国合作正当其时，双方应加强在经贸、教育、文化等领域的交流与合作，进一步拓展合作新空间，推动经贸、文化合作及友好往来。

第一节　提升友好城市对口援助合作水平

一、聚焦重点援助合作领域

国际对太平洋岛国的援助主要集中在五大领域：社会基础设施和服务、经济基础设施和服务、生产部门、人道主义援助、其他部门援助（包括一般预算支持和债务援助）。表 7-1 是以巴布亚新几内亚为例，2007—2016 年接受的社会基础设施和服务援助额达到 33.9 亿美元，经济基础设施和服务援助额达到 11.49 亿美元，这两大领域的援助额之和约占其援助总额的 81.2%。

表 7-1　国际对巴布亚新几内亚的援助领域

国家	主要援助领域	主要援助项目
澳大利亚	基础设施、卫生、教育、农村发展以及提升妇女地位	激励资金计划
新西兰	基础设施与服务	承建莫尔兹比港高架桥，为南太地区对外贸易提供便利
中国	基础设施建设	升级改造巴巴利利公路，以优惠贷款方式支持巴布亚新几内亚建设太平洋渔业工业园和园区主要内部道路

资料来源：据澳大利亚外交事务和贸易部资料整理。

以“一带一路”为契机，鼓励广东、广西等沿海地区政府凭借地缘优势与经贸合作优势，通过地区政府无偿和无息贷款援助、中国进出口银行优惠贷款、国家开发银行商业贷款以及国际承包工程项目等方式，优先布局基础设施、渔业、能源、贸易、旅游等优势领域，结合经贸合作尤其是当地产业合作规划，加快在铁路、公路、港口、航空、通信等领域的合作，并逐步向科技、文化、教育、医疗、环境等新兴热点领域延伸。全面扩大双方的利益交汇点，增进战略互信，加快推动建立战略伙伴关系，示范带动中国与南太地区合作发展向更大范围、更广领域和更高层次迈进（见表 7-2）。

表 7-2　中国与太平洋岛国重点合作领域

国家	重点领域
斐济	加强经贸、农林渔业、旅游等领域的合作
密克罗尼西亚联邦	深化渔业、新能源、基础设施建设、经济技术等领域合作
萨摩亚	加强清洁能源领域合作，深化农渔业合作
巴布亚新几内亚	扩大农林渔业、基础设施建设、能源领域的合作
瓦努阿图	深化特色农业、渔业领域的合作，提供输华产品零关税待遇
库克群岛	加强渔业、矿业、旅游等领域的合作
汤加	加强基础设施领域的合作
纽埃	加强渔业、基础设施建设、医疗卫生领域的合作

二、建立太平洋岛国援助示范中心

支持地方政府在太平洋岛国建立援助示范中心，可以选择具有良好合作基础的斐济作为率先试点地区，将示范中心的援助机制、援助政策、援助项目内化到当地企业发展的战略中，从而实现援助项目的可持续发展。

（一）建立太平洋岛国援助协调机构与评估机构

目前，太平洋岛国援助涉及机构众多，条块分割明显，可以推动“21世纪海上丝绸之路”沿海城市政府在援助示范中心联合设置援助协调机构与评估机构，或针对特殊问题领域建立专业援助部门，及时跟踪外援执行情况，客观评估外援效果，以确保外援效果和外援资金的使用率，完善对外援助机制。

专栏　中国对外援助管理部门情况

参与中国对外援助政策和项目管理的部门众多，没有一个单一且集中的援助机构能够协调中国的发展援助。国务院规定政策方向，赠款和贴息贷款由商务部管理，优惠贷款则由中国进出口银行划拨，奖学金名额、技术援助等其他形式的援助一般通过相关主管部门进行。小额援助款可由中国驻各岛国大使馆酌情划拨。由于大多数援助是跟中国承包商挂钩的，相关监管部门对南太地区资金使用、项目进行状况知之甚少。

（二）加快基础设施方面的规划衔接与援助建设

太平洋岛国经济发展相对落后，基础设施薄弱，主要交通方式为空运和水运，对公路、港口、铁路和电力等基础设施建设需求较大，如巴布亚新几内亚无国家电网系统，只有3个相互独立的电网向莫尔兹比港、莱城、马当和高地地区供电，部分小功率电网位于其他城市和工业地区，目前全国发电能力不足600兆瓦，供电覆盖率仅为15%（截至2018年10月）。同时，岛国基础设施援建是美国、日本援助竞争的重点领域，如斐济国内许多重要公路、大桥、机场和港口、铁路等基础设施均由日本援助修建。中国应推动地方政府与岛国发展规划的沟通协调，加大对小水电站、农业开发、公路改造、桥梁建设等项目的援助力度，围绕岛国重大生产项目基础设施和民生工程建设，进一步提升对友好城市援建的规模和范围，尽快做好基础设施援助建设规划和项目储备等工作。

专栏 中国—莫桑比克农业技术示范中心

在2006年中非合作论坛北京峰会上，中国政府承诺支援非洲发展农业生产，在非洲14个国家分别援建农业技术示范中心，负责为非洲国家试验、示范和推广农业种植技术，培训农业技术人才，解决粮食安全问题。中—莫农业技术示范中心是中国在非洲援助建设的首个农业技术示范中心，由中国政府联合中资企业力量建成移交给莫桑比克政府，已经进入技术合作与运营阶段。该示范中心位于莫桑比克首都马普托市西南28千米，建有办公综合楼、专家宿舍楼、畜禽养殖房、加工仓储房、学院宿舍、食堂等。设施条件可以保证示范中心开展各种作物试验示范，以及各种农业新技术测试，可以常年开展农业技术培训，满足莫桑比克农民对农业技术的需求。各地方政府可以借鉴该示范中心的成功经验，建立太平洋岛国援助示范中心。

三、建立友城对口援助资源信息数据库

推动深圳市、上海市、银川市等已经与太平洋岛国城市缔结友好关系的国际友城的地方政府，进行对口援助建档，继续完善中国特色对外援助治理体系。一是定期更新录入受援地经济政策、产业结构、经济状况、文化赛事等数据资料。二是在此基础上对数据资料进行研究分析，了解受援方可利用的资源和可借鉴的经验，寻求和拓展互利合作的各种途径和办法，对外援的方向与前景做出合理预估，制定长远援助规划。三是录入援助效果，为进一步援助提供参考，提高援助合作的实质性成效。

四、创新太平洋岛国引导扶持政策

加大东部沿海城市扶持政策倾斜力度，创新东部沿海城市面向太平洋岛国的投资贸易促进方式，推进“走出去”扶持政策和扶持资金优先向岛国援助示范中心倾斜。鼓励企业参与南太水电站、医院、学校等援助项目建设，以项目带动与岛国的教育、医疗等合作。

建设企业“走出去”“绿色通道”和境外保护机制，加快完善促进生产要素跨境流动和优化配置的体制与政策，加快地方发展和改革委与商贸局等相关部门进一步简化对外投资审批流程，为一些优良而紧迫的投资项目开设“绿色通道”，不断完善登记制度，放松对贷款、海外融资、人员出入境、进出口经营权等方面的限制条件。加快推动“21 世纪海上丝绸之路”沿线城市外事办、商务局和其他驻外单位成立专门的商务机构，为已“走出去”的企业提供人身、财产等方面的保护和投资、经营等方面的信息咨询服务，为中国企业走进太平洋岛国保驾护航。推动沿海城市联合制定对岛国投资的地方法规，确保实现本国企业利润最大化以及与岛国经济发展的双赢，使中国企业“走出去”有法可依。

五、加强特区经验分享

特区建设是中国对外开放的重要发展经验，其间积累了大量可推广的成功方法和理念，对于正处于加快发展期的太平洋岛国来说，特区经验分享具有重要价值。建立广东省、海南省与岛国之间的特区经验交流平台，积极开设面向岛国政府、企业各方的中国经济特区经验分享研习班，通过对岛国进行文化学术交流、开展人员培训计划、举办面向岛国的经济特区发展成果展览等形式，为岛国发展提供借鉴。重点总结和推广深圳特区发展经验，面向岛国推介深圳特区建设的成功经验。充分利用深圳市政府、企业和研究机构积累的特区发展成功经验，针对岛国经济发展转型的趋势，及其对成功经济发展模式的强烈需求，通过政府对外宣传，以研究机构和代表性企业为主体，系统、集中地对各国政府经济发展相关部门人员进行培训，有效拉近中国与岛国的距离，不断增强互信和认同感，为中国对岛国投资及与岛国合作交流提供强力支撑。

第二节　推动建立经贸合作先行区

鼓励沿海地方政府在太平洋岛国建立经贸合作先行区，可以选择在岛国中最大的贸易伙伴与最大援助目的国——巴布亚新几内亚，建立经贸合作先行区，搭建深化中国与岛国经贸合作、实现互利共赢的舞台，降低与岛国之间的贸易成本，创造更加有利的经贸合作环境。

一、打造南太平洋区域经贸中心

（一）打造具有南太平洋地区特色的创新型金融机构

推动地方政府与太平洋岛国的金融经贸合作交流，鼓励上海、北京等金融业发达地区率先与岛国建立合作关系。建议在主要贸易国以及南太最大经济体——巴布亚新几内亚，建立面向南太的金融机构，重点发展金融综合运营中心、金融外包服务业、金融信息与技术服务业、互联网金融、融资租赁等新兴金融业态。发展跨境人民币业务，在金融产品和服务上努力创新，建设具有南太地区特色的创新型金融机构，逐步成为岛国进入国际市场的理想切入点和融资平台。

（二）推进投资贸易便利化与经贸活动自由化政策

推动地方政府与太平洋岛国在进出口贸易、食品安全等领域的互信互认合作，在岛国企业及其人员在购置物业、就医、就学等方面，探索实施与国内企业或居民同等的待遇，按统一标准收取费用。为在广东自贸区、海南自贸区工作与创业的岛国人员提供出入境、居留和永久居留便利。重点推动广东省政府探索与岛国间电子口岸数据交换标准建设，建立电子商务认证体系和物流配送体系。支持岛国扩大对中国的出口，给予岛国中最不发达国家95%的出口商品零关税待遇；支持地方政府举办面向岛国企业的各类展会和推介活动，为岛国的优势产品进入中国市场创造便利条件。

专栏　自贸区税收优惠政策概况

在税收政策上，中国自贸区大部分沿用保税区的优惠政策，如免税缓税、出口退税、保税加工等，而国际上的自贸区、自由港一般都有专门的自贸区税法，其中迪拜港曾有15年免公司税这样的优惠措施。而中国自贸区不仅有增值税、消费税，25%企业所得税（上海、深圳自贸区对符合条件的企业实行15%企业所得税税率），而且外国企业的境内所得需缴纳10%的预提所得税。

（三）做大经贸交流合作平台

基于中国—太平洋岛国经济发展合作论坛等平台，积极推动濒临太平洋湾区城市，如深圳、广州等城市的外事办、发展和改革委、经信委、国资委、文体旅游局和投资推广署等政府部门加强对太平洋岛国的经贸交流工作，共同搭建面向岛国政府官员、企业家以及有关地区组织的代表共商合作与发展大计的投资贸易交流平台，力求在旅游、农副产品、基础建设、投资贸易和商会协会交往等领域建成针对岛国的常态化交流合作机制。

二、打造产业对接合作集聚基地

以各类特殊经济区为投资平台，依托现有产业链与产业集群，构建太平洋岛国产业对接合作集聚基地，积极承接国内现代产业转移。以城市对城市、行业对行业、园区对园区等多种方式，开展农林牧渔业、农机及农产品生产加工等领域深度合作；积极推进上海、福建、广东等省市与岛国的产业对接合作，重点在推进海水淡化、海洋生物制药、海洋工程技术、环保产业等领域合作；引导地方政府导入本地优势企业，如鼓励全球最大的空调制造商格力电器等企业，在巴布亚新几内亚建立空调生产基地；加大海底矿产等资源勘探开发合作力度，积极推动风电、太阳能等清洁、可再生能源的合作，加强能源资源深加工技术、装备与工程服务的合作，促进国内产业与岛国产业全方位对接。

专栏　珠海的中拉经贸合作园

拉美是“21 世纪海上丝绸之路”的自然延伸，目前，拉美是中国第二大对外投资目的地，中国是拉美第三大投资来源国。拥抱“一带一路”倡议，推动中拉间发展战略对接，不断深化中拉经贸合作关系，正成为越来越多拉美国家的共识。珠海在全国率先专门规划建设了中拉经贸合作园，将“一带一路”倡议同中拉合作的发展战略进行对接，为中拉双方的文化交流、旅游交流、跨境电商、经贸服务、现代商服等提供载体与平台，促使珠海成为中拉经贸合作的先行区。其建设经验如下：

一是设立中国—拉美企业家理事会联络办公室，为中拉商业团体、企业提供咨询与商业配对。

二是在墨西哥、乌拉圭等地设立经贸代表处，负责推动与哥伦比亚中国商业投资工商会、乌拉圭美洲特区商业科技产业园签署相关合作协议，推动相关经贸合作。

三是举办中拉国际博览会，将以经贸合作论坛、企业家高峰会、产品展销会等形式，向全世界展示中国大型企业与拉美经贸往来成果、珠海具备国际竞争力的新兴产业以及中拉合作项目。

四是将推出一系列专门针对拉美的优惠政策，从投资贸易便利、财税资金扶持、平台服务保障等方面扶持拉美企业在横琴发展。

四、建立政府与企业合作平台

推动地方政府部门，如建设局、经贸局、科技局等，与太平洋岛国友好城市政府部门建立政企合作平台，与经商机构、行业协会、商会及相关企业建立联系，为意向投资和参与岛国友好城市基础设施建设、科技合作、农业渔业发展等方面的企业提供相关信息和咨询服务。推动沿海政府组织在岛国的中资企业成立行业协会，与当地的行政主管机构和行业协会定期交流，交流当地的政策与规章调整及项目信息；协助当地商务部、外交部推介中国交通基础设施、科技合作等方面的建设经验；组织中资企业母公司的咨询团队为当地政府提供咨询服务，营造双方合作的环境与氛围；寻找对口合作的机会与项目，协助商务部规范中资企业在岛国的合法运营。

加快建设投资与贸易合作平台。加快在太平洋岛国发展园区经济，支持广东省、福建省、上海市、海南省等地企业在马绍尔群岛、密克罗尼西亚联邦、帕劳共和国等地布局，探索国资参股、投资海外园区和基地建设模式，深度参与园区建设运营、港口运营、航道维护、航线安全保障，推动建立国家海外合作中心和综合保障基地。依托岛国丰富的海洋资源，推动建设海洋产业合作园区。支持广东省、山东省、福建省、上海市、海南省等海洋经济发展强省强市在岛国建立一批以海水养殖、远洋渔业加工、新能源与可再生能源、海洋生物制药业、海洋工程技术、环保产业和海上旅游等领域为重点的海洋经济示范区、海洋科技合作园，深化海洋产业合作。推进海上合作平台建设，合作建立一批境外经贸合作区和海洋人才培训基地等，为中国企业打造投资合作平台。

为企业“走出去”搭建交流平台，建立长期稳定的对接机制。积极与国外先进城市建立友好关系，促进双方在交通、经济、港口、科技等领域的合作交流。深化涉外经济管理体制改革，实现涉外经济管理与国际惯例对接，建立法制健全、透明稳定的商业制度和规范的商业纠纷解决机制。支持有条件的企业投资建设基础设施齐全、配套完善的境外工业园区、经贸合作区等多种合作区。鼓励商会、协会等民间机构与国外同类机构建立合作关系，激发民间经贸合作的活力。

建立中国—太平洋岛国投资与贸易合作信息服务平台。整合中国现有“走出去”相关各项业务管理系统，建设统一的中国—太平洋岛国投资与贸易合作综合管理平台，实现行业管理的信息化、科学化与便利化。具体包括建设“中国—太平洋岛国投资与贸易合作”信息网站，建立多方位的“中国—太平洋岛国投资与贸易”专项数据资料库，培育完善的中介服务体系，加强与岛国重点领域的投资贸易促进机构、商会组织的联系与合作，互相提供企业、产品动态信息。积极发挥中国沿海各省市国际科技商务平台的作用，利用已入驻的多个国家和地区的政府机构、商会、协会等，为企业开辟咨询、信息、交流合作的快速通道。

第三节　建立市场化的民间合作机制

市场化的民间合作是中国—太平洋岛国合作的重要方式。目前，在与太平洋岛国的合作中，广东与山东两地走在全国前列。2013 年，第二届中国—太平洋岛国经济发展合作论坛在广东举办后，广东加强了对岛国经常性的政府间交流访问，还创办了中国（广东）—太平洋岛国经贸合作交流会、太平洋岛国（深圳）投资贸易推介会等重大活动，并举办了岛国青年领袖研修班、岛国渔业培训班等专业培训，进一步拓展了双方的深度合作空间。山东依托聊城大学对岛国的研究基础及其创办的岛国研究高层论坛，加强了与岛国在渔业、文化、教育等方面的合作。目前，山东最大的海外渔业基地在岛国，同时，山东也是斐济最大的国外投资来源地。因此，中国与岛国的合作需要进一步引导地方政府和民间力量参与以发挥市场的导向作用，拓展合作领域，完善合作模式。

一、强化中资民营企业深耕发展动力

打造“政府+智库+联盟+企业”的“走出去”发展模式。建议由外交部和商务部牵头，充分利用智库机构、行业协会（联盟）和企业力量，打造“智库+联盟+企业”的“走出去”发展模式。智库机构重点加强对国际形势、国际关系和投资国国情的研究和评估，建立公共政策服务平台，为企业提供有针对性的投资咨询、风险评估、风险控制等境外投资对策建议。行业协会（联盟）重点在于引导企业信息共享，相互合作，避免恶性竞争，同时为“走出去”企业储备和提供财务、法律和外语等各方面的专业人才，充实“走出去”企业的业务和管理团队，增强企业在太平洋岛国发展的核心竞争力。

专栏　中国与太平洋岛国各层次交往密切

以广东省为代表的中国与太平洋岛国各层次交往越来越密切：

一是友城交往密切。2011 年 11 月，广东省与密克罗尼西亚的丘克州、斐济的苏瓦市缔结了友好省州（市）关系，搭建了“粤太”合作的友城平台。

二是访问互动频繁。2007 年以来，广东省先后派出 17 个团组出访太平洋岛国，在经贸、文化、医疗、教育、农业、友城交往等领域开展了丰富多彩的交流活动，为广东企业“走出去”开展实质性合作提供了机遇。2011 年 8 月，由巴布亚新几内亚、瓦努阿图、萨摩亚、斐济、汤加、密克罗尼西亚联邦等 6 国组成的南太平洋国家政治家联合考察团一行 11 人访问广东省。

三是文化学术交流深入。2008 年和 2011 年，广东省先后派出 3 个文艺代表团“送戏下海”，在太平洋岛国访问巡演，向岛国人民展示了博大精深的中华传统文化和岭南特色文化。特别是 2011 年，两个文艺代表团同一时段分别访问南太 7 国，在岛国掀起了一股“广东旋风”。2012 年，中山大学大洋洲研究中心成立后，为商务部制定南太地区《国别援助指导意见》发挥了较好的智囊作用，得到了国家有关部门的认可与关注。

二、强化企业走进太平洋岛国的政策扶持

争取国家加大中央预算内投资、中央财政专项资金和国外优惠贷款等资金投入，支持太平洋岛国重大合作项目建设。整合现有地方财政资金渠道，加大对重点项目的支持力度。争取开发性金融机构、国家政策性银行、商业银行等金融机构以更大力度加强企业“走出去”投资岛国的资金支持。积极争取丝路基金、亚洲基础设施投资银行的支持。推动广东省、福建省、上海市和海南省等地对接国家开发性、政策性融资政策，为“走出去”企业在岛国的投资项目提供融资支持。完善人员出入境审批和外汇管理手续，在政策法规允许的范围内最大限度地提供方便。

建立与华为、中兴等跨国民营企业的对口联系机制，开展专项支持其拓展太平洋岛国业务市场；在通信服务等重点领域，选准若干家有“走出去”需求和实力的重点企业，进行专门的培育和扶持。

扶持中小企业开展面向太平洋岛国的投资合作。创造面向岛国“走出去”的良好环境，为广大中小企业开展跨国经营提供有利条件；充分发挥中小企业机动灵活的特点，鼓励其寻找岛国的特色市场、细分市场；对在与岛国“走出去”业务中发展速度快的中小企业予以定向扶持，在核准管理、咨询信息、投资保险、融资便利等方面提供适应中小企业“走出去”的服务，引导其做大做强。

争取在直航、渔业管理、园区建设、文化宣传及医疗、教育、环境合作等领域先行先试，实现政府与民间合作的新升级。率先打造面向太平洋岛国

的门户枢纽机场，通过突破交通瓶颈，推动其他领域的快速发展。

加强规划引导和信息服务支持，通过广东自贸试验区、福建自贸试验区、上海自贸试验区和海南自贸试验区等搭建政府、企业共同参与的合作交流平台，支持远洋渔业、基础设施建设和旅游业等龙头企业“走出去”。依托广东省、福建省、上海市等地企业在太平洋岛国的合作基础，支持企业在岛国基础较好的地区布局生产基地和区域总部，参与大型海洋、海岛基础设施工程承包，加强海底矿产等资源能源的联合开发利用。

三、为“走出去”的企业建立和完善保障机制

中资企业要在太平洋岛国扎根，长期参与基础设施建设和产业合作，需要提高自身竞争力，适应岛国的市场。一是中资企业需要通过在当地注册，实现中资企业项目公司在岛国的本地化，争取相应的国民待遇。聘用当地雇员并任命当地职业经理人作为法人代表，雇用当地律师和公关公司为中资企业代言。同时，借助于政府间的交流渠道和商务部对岛国的援助在当地构筑人脉，履行社会义务，提高自身管理能力和技术实力，适应岛国以及澳大利亚和新西兰市场的竞争和技术标准。二是深入研究当地标准，做好项目前期的可行性研究，包括项目用地是否落实，各种水、电、地材供应，当地配套能力，设备进出关政策，外汇管理体制，佣工政策等，需要切实做好现场考察工作和风险分析等工作。三是优先在基础好、风险小的领域开展合作，针对土地使用权不确定等因素，可先进行规划与设计合作，并借此加强对岛国的了解，增加双方的理解和信任，为日后项目合作打下基础。

实行“走出去”的便利化措施，简化对外投资的行政审批手续；加大对“走出去”企业尤其是民营企业的金融支持，在资金支持、信息服务、风险管理、项目评估等方面提供更深入、更全面的服务；强化外交服务手段，充分利用高层出访、公共外交等途径为“走出去”的企业和重大投资项目创造优良环境；对“走出去”的企业派出人员进行培训，推行“不培训，不派出”制度，使其充分了解太平洋岛国的政治、法律和历史文化，提高派出人员的素质和守法经营理念。

试点建立太平洋岛国经贸合作驻外机构。支持广东省、山东省、福建省、上海市、海南省等沿海重点省市，以与中国建交的岛国为先行试点，设立高级别的经贸办事处，作为开拓岛国市场的支点。加强重点省市与岛国相关国家城市的交流与合作，选择产业契合度高、发展互补性强的城市建立友好交流城市，设立民间合作交流机构。

建立太平洋岛国相关部门的联席会议机制。加快各部门间的数据交换与共享，提高“走出去”管理服务的水平和实效；外事、公安部门应积极简化人员出入境审批手续；外汇管理、税务、海关、检验检疫等部门应在全面落实国家鼓励“走出去”政策的基础上，研究制定具体的便利化措施，并争取国家有关便利支持措施在广东、山东、福建、上海、海南等沿海重点省市先行先试。

建立完善境外投资安全保障机制。建立太平洋岛国境外投资预警监测服务平台，建立境外企业和对外投资的安全保护体系。加强境外投资信息服务，为企业提供海上丝绸之路沿线国家和地区政治经济、社会文化、法律规范、投资项目等信息，及时发布风险提示；加强境外投资监测与预警体系建设，积极跟踪分析企业境外投资及项目建设进展，为企业“走出去”提供分析借鉴，引导企业增强风险意识，加强风险防范。

四、充分利用太平洋岛国的侨商资源

发挥太平洋岛国华侨华人的作用，一方面要加强与岛国华侨的联系，充分利用好岛国中广东、福建等同乡会、友好协会和华人联合会等组织资源，了解侨情的新变化和侨胞的新需求，在加强培养第二、第三代华侨与家乡交流等方面取得更大的进步。另一方面要充分利用东莞、中山、福建等地在岛国侨胞资源比较集中的优势，加快两地友好城市建设和民间往来。吸引华商参与、促进各国重要基础设施、产业园区等合作项目建设。进一步拓展侨胞引资引智渠道，积极发挥广东、福建等地重点侨团的作用，主动对接重点侨商，共同开展与岛国进行贸易和投资合作。

专栏　中国在太平洋岛国的侨民资源丰富

侨民资源丰富是中国与太平洋岛国合作的独特优势。其中，广东籍华侨是重要组成部分，如斐济华裔人口约 8000 人，以广东籍人为主，东莞籍占总数的 30%；汤加华裔人口约 5000 人，大多数来自广东、福建；萨摩亚华人新移民都是广东人。岛国华人来自不同地区，20 世纪以来，广东移民占据主导地位，除塔希提语和新卡拉多尼亚语外，粤语成为主要语言。以广东籍为主的同乡会相继出现。20 世纪 90 年代，斐济先后成立了东莞同乡会（1997 年）、开平乡亲会（1999 年）和中山同乡会（2003 年）等，丰富的侨民资源是中国与岛国合作的有利条件。

五、促进非政府组织密切交流

太平洋岛国内的华人自发形成了华人组织，中国应主动加强同当地华人的联系，使其成为连接海外领地与祖国友好合作关系的桥梁。目前，仍有许多华人在当地从事技术援助项目、经贸合作等工作。此外，还有众多中国游客到岛国旅游。国家要积极引导海外华人及旅客担负起国家使命，宣传中国的良好形象。中国还应积极主动地向海外领地实行开放政策，吸引当地居民来华留学创业等。

加强对沿线国家民间组织的交流与合作，重点面向基层民众，广泛开展教育与医疗、减贫开发、生物多样性和生态环保等各类公益慈善活动，促进沿线贫困地区生产生活条件改善。加强文化传媒的国际交流与合作，积极利用网络平台，运用新媒体工具，塑造和谐友好的文化生态和舆论环境。

深化青年、非政府组织、社会团体等的友好交流。积极拓展民间信仰、民俗文化等民间交流往来，定期举办各种民俗文化活动，增进民间互信。加强与太平洋岛国媒体的交流与合作，增进相互了解。

充分发挥广东、山东、福建、上海、海南等沿海重点省市面向太平洋岛国的地缘优势及双方在人文交流、经贸合作等领域的基础优势，深化与岛国的合作，力争成为中国与岛国合作的示范区。

充分利用太平洋岛国海外侨商组织和友好交流渠道等途径，加强与政府投资促进机构、商协会、展览机构等的广泛联系与合作，组织针对岛国基础设施建设、产业发展领域的专场经贸推介会和交流洽谈活动。开展与岛国的经贸往来、民间交流等活动，促进青年、智库、非政府组织、社会团体等的友好交流。

第八章

优先推进战略支点国家战略对接

第一节　太平洋岛国战略支点国家选择

通过评估，确立战略支点国家作为优先合作对象。作为“一带一路”建设战略支点国家，应当同时具备以下条件：

一是战略位置突出。处于“一带一路”建设的重要节点，能够发挥枢纽作用。二是辐射能力强。人口基数和经济体量较大，在区域有比较强的辐射能力、影响能力，或者能发挥示范作用。三是参与意愿强烈。双方互有优势、互有需求、互为机遇，战略契合度高，易于进行战略对接。四是双边关系向更高水平发展。有比较成熟的沟通协调机制，有良好的双边经贸关系，利益融合度高，在战略利益上和中国不存在直接的、涉及国家根本利益的冲突。五是安全系数高。国内政治、经济比较稳定，遵循基本的、具有共识的国际规范，可以保证中国的巨大投入获得长期稳定的收益。

一、评价指标体系的构建

本书综合考虑太平洋岛国发展的主导影响因素，围绕资源条件、社会经济条件和互联互通条件三个目标领域，遵从指标体系构建的科学性、系统性及可操作性等原则，选取 14 个指标，构建了发展潜力综合评价指标体系，对岛国进行分级分类评价（见表 8-1）。

表 8-1　太平洋岛国发展潜力综合评价指标体系

目标项	指标项	
资源条件	A1	陆地面积/km^2
	A2	专属经济区面积/万 km^2
	A3	岸线长度/km
社会经济条件	B1	生产总值/百万美元
	B2	人均生产总值/美元
	B3	进出口总额/百万美元
	B4	产业高端化水平/（无量纲）
	B5	人口/千人
	B6	城镇人口比重/%
	B7	劳动力占比/%
互联互通条件	C1	与中国最近直线距离/km
	C2	互联网用户占比/%
	C3	已经铺设跑道的机场数/个
	C4	重要港口数/个

注：产业高端化水平指数 = $1\times R1+2\times R2+4\times R3$，其中，$R1$、$R2$、$R3$ 分别为三次产业占生产总值的比重。

二、评价方法与步骤

（1）标准化处理。以各指标值为基础，根据各指标的性质差异，科学设定相应的标准值，对各指标进行标准化处理，从而获得各太平洋岛国在对应指标的相对值（设为 m，$0<m\leqslant 1$）。各指标的相对值之和即为各国的发展潜力综合指数。

（2）确立分级分类评价标准。根据发展潜力综合指数（设为 M，$0<M\leqslant 14$）的阈值范围，确定分级分类标准。其中，当 $10\leqslant M\leqslant 14$ 时，则该太平洋岛国发展潜力指数为一级，属于合作发展的核心区；当 $7\leqslant M<10$ 时，则该岛国发展潜力指数为二级，属于合作发展的重点区；当 $0<M<7$ 时，则该岛国发

展潜力指数为三级，属于合作发展的拓展区（见表 8-2）。

（3）分级分类划分。根据发展潜力综合指数结果，按照标准对太平洋岛国进行分级分类评价。

表 8-2 太平洋岛国各指标经标准化处理后的指数值及综合指数值

序号	国家	资源条件			社会经济条件							互联互通条件				合计
		*A*1	*A*2	*A*3	*B*1	*B*2	*B*3	*B*4	*B*5	*B*6	*B*7	*C*1	*C*2	*C*3	*C*4	
1	密克罗尼西亚联邦	0.50	0.87	1.00	0.02	0.25	0.50	0.71	0.50	0.22	0.52	0.56	0.28	1.00	1.00	7.92
2	库克群岛	0.50	0.52	0.02	0.01	1.00	0.50	0.90	0.10	0.75	1.00	0.25	0.07	0.50	0.50	6.62
3	斐济	1.00	0.37	0.18	0.41	0.71	1.00	0.81	0.50	0.54	0.55	0.32	0.37	1.00	1.00	8.76
4	基里巴斯	0.50	1.00	0.19	0.01	0.13	0.50	0.76	0.50	0.44	0.53	0.28	0.12	1.00	1.00	6.96
5	瑙鲁	0.25	0.09	0.00	0.01	1.00	0.50	0.79	0.10	1.00	0.00	0.43	0.87	0.50	0.50	6.04
6	纽埃	0.50	0.11	0.01	0.00	1.00	0.10	0.69	0.10	0.43	0.80	0.28	0.92	0.50	0.50	5.94
7	帕劳	0.50	0.18	0.25	0.01	1.00	0.50	0.88	0.25	0.87	0.71	1.00	0.00	0.50	0.50	7.15
8	马绍尔群岛	0.50	0.58	0.06	0.01	0.22	0.50	0.71	0.25	0.73	0.21	0.44	0.02	1.00	1.00	6.22
9	巴布亚新几内亚	1.00	0.70	0.84	1.00	0.24	1.00	0.63	1.00	0.13	0.92	0.60	0.03	1.00	1.00	10.09
10	所罗门群岛	1.00	0.46	0.87	0.06	0.15	0.50	0.57	0.50	0.22	0.47	0.42	0.08	0.50	1.00	6.80
11	图瓦卢	0.25	0.22	0.00	0.00	0.28	0.50	0.79	0.25	0.60	0.48	0.34	0.38	0.50	0.50	5.09
12	汤加	0.50	0.19	0.07	0.03	0.41	0.50	0.77	0.50	0.24	0.46	0.29	0.38	0.50	1.00	5.82
13	瓦努阿图	1.00	0.19	0.41	0.04	0.21	0.50	0.73	0.50	0.26	0.61	0.37	0.12	1.00	1.00	6.94
14	萨摩亚	1.00	0.03	0.07	0.05	0.44	0.50	0.78	0.50	0.19	0.36	0.29	0.14	0.50	0.50	5.35

三、评价结果

对太平洋岛国发展潜力综合指数进行排序，得出评价结果（见表 8-3）。其中，核心区为巴布亚新几内亚；重点区为 3 个，按指数高低顺序依次为斐济、密克罗尼西亚联邦和帕劳；拓展区为 10 个，依次为基里巴斯、瓦努阿图、所罗门群岛、库克群岛、马绍尔群岛、瑙鲁、纽埃、汤加、萨摩亚、图瓦卢。

表 8-3　太平洋岛国发展潜力综合指数分级分类评价结果

序号	分级分类标准	评价结果	
一级	$10 \leqslant R \leqslant 14$	核心区	巴布亚新几内亚（10.09）
二级	$7 \leqslant R < 10$	重点区	斐济（8.76）、密克罗尼西亚联邦（7.92）、帕劳（7.15）
三级	$0 < R < 7$	拓展区	基里巴斯（6.96）、瓦努阿图（6.94）、所罗门群岛（6.80）、库克群岛（6.62）、马绍尔群岛（6.22）、瑙鲁（6.04）、纽埃（5.94）、汤加（5.82）、萨摩亚（5.35）、图瓦卢（5.09）

四、合作发展的空间建构

依据分级分类评价结果，结合中国的区位条件和太平洋岛国的空间分布特点，按照分级开展、梯度推进、成本最小的实施策略，构建以巴布亚新几内亚、密克罗尼西亚联邦、斐济和帕劳四国为战略支点，以其形成的菱形框架为主体，向周边国家和地区（直线距离最短）辐射。

五、小结

在“21 世纪海上丝绸之路”东线总体框架下，以巴布亚新几内亚、密克罗尼西亚联邦、斐济、帕劳四国为合作先行区，完善政策支持，鼓励中国企业通过政府无偿和无息贷款援助、中国进出口银行优惠贷款、国家开发银行商业贷款以及国际承包工程项目等方式优先布局基础设施、渔业、能源、贸易、旅游等优势领域，并逐步向科技、文化、教育、医疗、环境等新兴热点领域延伸，全面扩大双方的利益交汇点，增进战略互信，加快推动建立战略伙伴关系，示范带动中国与南太地区合作发展向更大范围、更广领域和更高层次迈进。

第二节　巴布亚新几内亚

一、矿产发展情况

巴布亚新几内亚矿产资源开发潜力巨大，金、铜产量分别位列世界第 11 和第 10 位，石油、天然气蕴藏丰富。已探明铜矿储量为 2000 万吨，黄金储量为 3110 吨，原油储量为 6 亿桶，铜金共生矿储量约为 4 亿吨。据统计，2017 年 GDP 总值的 18.63%来自矿业。其中，金占矿业总值的 69.82%、铜占 18%、镍占 7.5%，总计达 115.35 亿美元。

2016 年，矿产部门出口额为 87.51 亿基纳，同比增长 25.32%，占出口总额的 35.27%。主要的矿产开发企业包括：纽克雷斯特矿业公司（Newcrest）、巴里克黄金公司（Barrick）、哈莫尼公司（Harmony）、奥克泰迪矿产公司（OK Tedi）、利赫尔矿产公司（Lihir）、中国中冶集团（瑞木镍钴矿）、紫金矿业股份公司等。根据矿业和石油协会最新数据可知，2016 年出口了 57.6 吨黄金，创造了 67.7 亿基纳的出口收入，同比增长 26%。未来几年，计划实施的矿产项目有弗里达河铜金矿项目、瓦菲格尔普铜金矿项目、索瓦拉一期海底探矿项目等。

巴布亚新几内亚在地质和地球科学绘图方面能力有所欠缺，成品质量还不高。此外，在深部开采、石墨资源开放等方面，发展潜力巨大。

巴布亚新几内亚油气资源丰富，以天然气和凝析油为主，截至 2017 年，已探明的天然气储量为 18 万亿~20 万亿立方英尺（5097.02 亿~5663.36 亿立方米），但当前所开发的资源不足总量的 40%。共有 5 个含油气盆地，分别是巴布亚（Papuan）盆地、北新几内亚（North Newguinea）盆地、新爱尔兰（New Ireland）盆地、布干维尔（Bougainville）盆地、海角沃格尔（Cape Vogel）盆地，其中，巴布亚盆地面积最大，也是石油和天然气的主要分布地区。此外，巴布亚湾也有较大的油气资源潜力，目前的海洋油气勘探活动主要集中在该区域。主要油气田包括 Moran 油田、Kutubu 凝析气田、GobeMain 油田、

Hides 凝析气田、Agogo 油田、P´nyang 凝析气田、Juha 凝析气田和 Elevala 凝析气田等。主要的油气开发企业包括：Oil Search、Exxon Mobil、Santos、Total 等。

2018 年，石油勘探仍是巴布亚新几内亚最活跃的勘探项目，包括在 Kimu 2（PRL 8）和 Barikewa 3（PRL 9）两个成功运营的评价井，代表埃克森美孚钻探的评价井。2016 年，原油出口额为 12.4 亿基纳，LNG 凝析油出口额为 97.8 亿基纳，油气出口额占总出口额的 44.4%。1992 年巴布亚新几内亚第一个石油项目——库图布油田投产，1993 年生产原油 4600 万桶，但此后产量不断减少，2014 年产量仅为 1100 万桶。目前，5 个油田均为 Oil Search 公司所有。PNGLNG 项目是目前唯一大型液化天然气项目，由埃克森美孚公司运营，总投资为 221 亿美元（初始投资为 190 亿美元），2010 年开始建设，2014 年 5 月投产，年设计产量为 690 万吨，主要出口中国、日本，2016 年的产量达到 790 万吨。

巴布亚新几内亚天然气资源比较丰富，但目前的开发程度较低。为了大规模开发本国的天然气资源，该国正在筹划引进国际矿业资本建设液化天然气项目。

二、中国和巴布亚新几内亚的合作基础

目前，中国是巴布亚新几内亚的第四大出口目的地和第三大进口来源地。巴布亚新几内亚是中国在太平洋建交岛国中最大的贸易伙伴和太平洋地区最大的投资目的地。中资企业商会已有会员单位 32 家，为当地带来了 8539 个就业机会。中方统计数据显示，2017 年，中国和巴布亚新几内亚贸易额达 28.36 亿美元，同比增长 24.4%；截至 2018 年 10 月，中国对巴布亚新几内亚的各类投资数额达 30.4 亿美元。

目前，双方能源矿产等领域合作进展顺利，随着巴布亚新几内亚投资环境的不断改善，将会有更多的中资企业对其进行投资。

2018 年 6 月，中国石油天然气管道局国际事业部与巴布亚新几内亚国家石油公司签署战略合作协议。中国石油天然气管道局自 2014 年开始参与工程建设。2016 年，中国石油天然气管道局为其国家石油公司项目提供前端设计

服务，设计能力得到了高度肯定。

中国海油从 2011 年开始进军巴布亚新几内亚油气勘探市场，目前持有该国的 4 个油气勘探区块，中海油服、中国石油东方地球物理勘探公司和中国石油川庆公司等已在该国开展油田工程技术服务。其中，2017 年中海油服与澳大利亚石油公司 TWINZA OIL 首次合作的巴布亚新几内亚评价井项目正式进入油气层测试阶段。中海油服 COSLSEEKER 钻井平台为该国 34 年来首个海上钻井项目。

2017 年，中国能源企业惠生集团与 KBR（Kellogg Brown and Root）公司签署合作备忘录，巴布亚新几内亚首个浮动 LNG 设施建设正式启动。根据计划，项目年生产能力为 150 万吨，业主为巴布亚新几内亚国有能源企业 Kumul 石油公司。2017 年 8 月，Kumul 石油公司曾委托 KBR 公司在海湾省 Kikori 地区进行能源中心的概念开发与可行性研究，本次与世界领先的浮动 LNG 建设企业惠生能源公司合作，将大大减小项目的执行风险。

中国新奥能源控股公司和弘毅投资利用其在澳大利亚桑托斯（Santos）公司的联合股权，投资澳大利亚和巴布亚新几内亚的天然气生产项目，供给新奥公司在澳大利亚和亚洲的客户。据悉，新奥公司是桑托斯公司最大的单一股东，其与弘毅投资的共同持股比例达 15.1%。

近年来，中资企业在巴布亚新几内亚投资合作的主要项目包括：①瑞木镍钴矿项目。2006 年 11 月 3 日，中国冶金集团与巴布亚新几内亚方合作开发的瑞木镍钴矿项目奠基；2012 年 12 月，该项目正式投产。这是中国在岛国最大的投资项目。②液化天然气项目。2009 年 12 月，中国石油化工集团与巴布亚新几内亚液化天然气项目牵头方埃克森美孚签署协议，中石化在项目投产后 20 年内每年将购买 200 万吨液化天然气。③波格拉金矿项目。2015 年 8 月，紫金矿业集团投资 2.98 亿美元收购波格拉（Pogera）金矿 47.5%的股权，与同样拥有该矿 47.5%股权的巴理克澳大利亚公司并行成为该矿的第一大股东。

三、中国和巴布亚新几内亚能源矿产合作路径

（一）强化顶层设计

建立政策动态跟踪机制。建立巴布亚新几内亚能源矿产开发政策、金融政策、招商引资政策等信息跟踪机制，全面了解各方面的政策及其变动情况。建立政治经济情报搜集和政治风险预测评估体系，提高投资决策的准确性和安全性，并建立巴布亚新几内亚能源矿产等政策法律库。对中国“走出去”的能源矿产企业而言，在进行跨国经营的过程中针对这些差异进行有效部署，使企业的跨国经营活动符合当地法规、政策的相关要求，从而避免经营中的政策风险。

建立战略联盟合作模式。在“一带一路”倡议下，中国能源企业与国内外同行能源企业建立横向战略联盟，展开包括研发、技术、人才培养等方面的合作，避免过度竞争造成的资源浪费。深化国际能源的纵向合作，在加强能源供给国和消费国之间的合作外，细化纵向合作模式，强化能源产业链各环节之间的合作。创新和优化国际能源复合合作模式，充分利用“一带一路”平台、能源互联网和能源大数据，与世界各能源主体进行开放式的全方位沟通和合作，实现信息畅通、优势互补、能力互换、技术共研、资本渗透、风险共担、利益共享、互利共赢的国际能源新型合作模式。

打造中国和巴布亚新几内亚能源矿产合作园区。“一带一路”倡议是中国倡导的全球性合作开放战略，中国应率先做出示范性的引领，打造能源矿产合作园区，创建具有政、产、学、研、资一体化的多功能合作园区。通过创建能源矿产合作园区，集聚国际能源产业，加快能源工业发展，节约运输成本，扩大中国与太平洋岛国及周边国家能源矿产的合作，降低能源矿产进口、加工贸易的成本。吸引国外能源矿产企业入驻，实现中国能源发展的“请进来”战略。通过共建技术研发平台，发挥各国科技优势和工艺领先技术，推动能源产业技术进步，促进研发成果转化。通过教育合作，联合培养国际化能源专业技术和管理人才。

加强公共服务体系建设。建议在巴布亚新几内亚设立“中国驻外商业服

务机构”，负责为中国对外投资企业和机构提供法律、市场信息、劳动签证、采购、贸易、投资、物流信息等方面的服务，及时发布投资指南供企业参考，开展企业对外合作培训。重点针对中国企业对外投资中的政治风险、知识产权纠纷、劳资冲突、安全保障等法律事务提供专业的、低成本的服务。

（二）加强技术合作

加强能源矿产基础设施建设。基础设施建设滞后是制约中国和太平洋岛国能源矿产资源合作的重要因素之一。推动中国和巴布亚新几内亚石油管道建设，统筹石油管道与炼化基地、储备基地的协同发展，完善石油管道增输配套设施。提升深海石油的接转能力，配套建设外输管道，优化码头布局，提高沿海石油码头的接卸能力。着重关注中国老旧油管道整修，加快实施以新代老、隐患治理等石油管道维修改造工程，提高中国石油运输和储存设施的建设水平，进而确保双方能源矿产合作顺利进行。

加强关键技术合作交流力度。加大中国和巴布亚新几内亚能源矿产企业的技术交流与合作力度。学习培训能源矿产开采相关知识，建立能源矿产开采模拟场地。通过引进国外先进的地球物理勘探、钻井与测井等技术，提升双边合作企业的操作技术。注重能源矿产勘探过程中特色、关键技术的应用和推广，推动新技术发明，或对原有技术进行组合和再应用，进而压缩开发成本。同时，可从开发能源矿产勘探技术、物资装备和工程技术服务等优势条件着手，加速勘探开发巴布亚新几内亚地区的近海油田。通过强化企业的能源矿产供给能力，提供钻井机具和配套完备的服务以及基础条件，为双边能源矿产领域合作奠定技术基础。

加强基础地质调查合作。基础地质调查是能源矿产勘查的前提和基础，可引导和促进企业主体参与到“一带一路”国家矿业投资过程中，首先要加强与巴布亚新几内亚的基础地质调查合作，提高基础地质调查程度，在重点成矿区（带）矿产资源远景调查和潜力评价方面加强研究，深化对区域成矿背景和成矿规律的认识，为勘查提供服务。加强基础地质调查合作，为在巴布亚新几内亚进行基础设施投资、重大工程建设提供基础地质支撑。

（三）拓宽融资渠道

探索多国合作开发方式。由于能源矿产合作资金投入较大、回收周期较长，其潜在的风险性也会加大。澳大利亚是巴布亚新几内亚最大的贸易与投资伙伴，特别是在能源矿产领域，澳大利亚企业渗透率较高，对于中国企业而言，要充分认识目前主要由澳大利亚等西方国家企业控制的巴布亚新几内亚能源矿产资源领域，重视在合作商机上所具有的动态开放性。引入多国合作开发、协议共担亏损，无疑是能够最大限度地降低潜在风险，实现优势互补的可行之策。近年来，中方能源企业开始更多地使用多方合作的模式对大型项目投资运营，通过这种操作方式，可以有效地将潜在的经济风险进行合理分散，因而得以集中更多的财力、人力和物力去推进技术革新，有效实现合作双方长期性的互利共赢。

拓宽能源矿产企业融资渠道。以政府为执行主体，鼓励多方参与建立境外能源矿产勘探合作基金，为中国和巴布亚新几内亚合作提供资金保障。进一步加强对能源矿产企业财政、税收与金融的支持力度，鼓励能源矿产企业进行资产收购重组，促使能源矿产资源储备向外汇储备转化升级。通过与巴布亚新几内亚能源矿产公司进行战略协作，建立能源矿产产业合作基金平台，增加境外投资合作资金，为巴布亚新几内亚能源矿产开发提供保障。推进银行与企业之间的金融合作，以控股等多元化方式增强能源矿产产业与金融的融合发展，进而满足双边能源矿产合作的用汇需求。通过拓展双方能源矿产融资渠道，助力中国能源矿产产业走向国际化。

（四）注重文化融合

汲取中国“走出去”的经验，尊重巴布亚新几内亚当地的法律法规和社会习俗，注意避开内部冲突，同各相关方均保持良好的关系，以“多赢”为导向，加强与在野党派、民间团体、普通民众的交流。履行好企业的社会责任，在提高风险管理、环境保护、履行社会责任等方面下功夫，为能源矿产投资赢得更好的外部环境。通过对当地市场环境的深入了解，对巴布亚新几内亚的社会、文化方面的情况进行充分的认识，使企业在境外的投资市场中更好地履行当地企业的社会责任，在跨国投资经营中得到境外市场民众的支持，减少可能的民众抵制风险。

第三节　密克罗尼西亚联邦

一、中国远洋渔业发展进入全面转型期

尽管中国远洋渔业起步较晚，始于 1985 年，但通过 30 多年的努力，产业结构和素质得到不断优化和提升，市场化和国际化程度不断提高，中国已成为世界远洋渔业大国。中国远洋渔船作业海域分布于 40 个国家的专属经济区和太平洋、大西洋、印度洋公海及南极海域，外派船员 4. 8 万人。近年来，随着公海渔业资源的衰退，各区域渔业资源已经或即将实行配额管理或者努力控制捕捞量，严格管理远洋渔业的拓展空间以及新建渔船的作业空间，加之沿岸国的入渔条件越来越严格，专属经济区入渔成本和门槛在不断提高，入渔国管理法规复杂，要求当地转载、加工、加油和补给等，增加了收费项目，使得远洋渔业合作成本提高和难度增加。

中国积极应对世界非永续渔业补贴削减趋势。渔业补贴由来已久，早在 2004 年，SOFIA（全球数据库——世界渔业和水产业）报告指出，全球每年渔业补贴为 140 亿至 200 亿美元。伴随着海洋渔业资源因过度捕捞而日益恶化，WTO（世界贸易组织）设立《反倾销协定》《补贴与反补贴措施协议》（*Agreement on Subsidies and Countervailing Measures*，《*SCM* 协定》），针对导致渔业过度捕捞、贸易扭曲、严重破坏海洋资源的渔业补贴议题削减进行谈判。现行的《*SCM* 协定》将补贴分为禁止性补贴（Prohibited Subsidies）、可诉补贴（Actionable Subsidies）及不可诉补贴（Non-actionable Subsidies）三类。尽管各国对渔业补贴议题的一些细节和方法存在一定的看法分歧，但是对于全球渔业补贴过高造成过度捕捞，应共同削减渔业补贴，禁止担负造成过度捕捞的特定补贴，消除造成非法、不报告、不管制（IUU）捕捞补贴，并避免增加新的补贴成为各国的共识。

自2001年多哈回合谈判开启后，经过多轮谈判，关于渔业补贴的讨论有了初步进展。2016年9月14日，美国联合其他众多国家①发表了一份联合声明，承诺共同合作禁止有害的渔业补贴，并采取消除有害补贴的行动，包括造成捕捞和产能过剩的补贴以及非法、不报告、不管制（IUU）的捕捞补贴。欧盟也于10月20日向WTO贸易规则谈判小组提出关于禁止产能过剩和IUU补贴的多边规则，包括禁止产能过剩相关补贴、禁止IUU捕捞补贴、透明度、特殊与差别待遇规范四个部分。世贸组织将进一步研究和评估渔业补贴对全球渔业资源和水产品国际贸易的影响，促使渔业补贴保持适度水平并增强渔业补贴的透明度。

中国自2002年1月正式成为WTO会员后，积极投入渔业补贴调整工作，寻求渔业资源永续经营之道。近年来，中国大力推进渔业供给侧结构性改革，以提质增效、减量增收、绿色发展、富裕渔民为目标，提升渔业生产标准化、绿色化、产业化、组织化和可持续发展水平。2017年中央一号文件《中共中央、国务院关于深入推进农业供给侧结构性改革加快培育农业农村发展新动能的若干意见》提出："支持集约化海水健康养殖，发展现代化海洋牧场，加强区域协同保护，合理控制近海捕捞。积极发展远洋渔业。建立海洋渔业资源总量管理制度，规范各类渔业用海活动，支持渔民减船转产。"《全国渔业发展第十三个五年规划（2016—2020年）》提出，到2020年全国水产品总产量达到6600万吨，国内海洋捕捞产量控制在1000万吨以内。新建国家级海洋牧场示范区80个。全国海洋捕捞机动渔船数量、功率分别压减2万艘、150万千瓦，大力推进海洋捕捞渔民减船转产，严格执行海洋休渔制度，压减近海捕捞强度，有效疏导近海过剩产能，同时积极推进内陆捕捞渔民退捕上岸，实现捕捞产量"负增长"。

海外渔业合作模式从"企业对政府"向"政府对政府"转变。过去几十

① 包括澳大利亚、阿根廷、文莱、加拿大、哥伦比亚、哥斯达黎加、斐济、冰岛、墨西哥、挪威、巴基斯坦、巴拉圭、巴布亚新几内亚、秘鲁、所罗门群岛、瑞士、美国、乌拉圭、瓦努阿图、安提瓜和巴布达、多米尼加、格林纳达、圣尼维斯岛、塞内加尔、圣露西亚和圣文森。（https://www.wto.org/english/news_e/news16_e/fish_09dec16_e.htm.）

年来，中国远洋渔业对外渔业合作模式都是企业的自发行为，企业直接和当地政府谈判以达成合作关系，没有政府或行业协会的参与和支持，由政府鼓励企业与入渔国建立互惠互利和长期稳定的合作关系。然而，在一些政局动荡、基础设施落后的国家，缺乏政府间的合作框架和协议，使中国企业面临较高的交易成本与较为严苛的投资环境，企业在外势单力薄，与外方谈判处于劣势，谈判耗时长、费用高，外方真实身份难辨，合作难度大。

在面临“企业对政府”直接合作模式带来的种种问题后，中国将重塑与入渔国家的合作方式，提出“积极建立双边政府间渔业合作机制”。2017 年 11 月，与塞拉利昂政府正式签署了两国政府间渔业合作谅解备忘录；同月，还修订了与毛里塔尼亚早在 1991 年签署的渔业协定，与菲律宾联合声明，支持其发展科技驱动型农业，提高粮食生产能力，并为菲农业和渔业发展提供资金和技术支持。2018 年 11 月 9 日，中国驻斐济大使钱波与斐济渔业部长塞米·科罗拉维萨乌在斐济渔业部正式签署了《中华人民共和国农业农村部与斐济共和国渔业部渔业合作备忘录》。未来，中国将谋求建立更多政府间渔业合作机制，承担远洋渔业可持续发展的更多责任。

“远洋渔业基地建设+境外养殖”模式成为新亮点。建立功能性的海外机构，主要包括海外作业基地、海外加工基地、海外研发基地、海外市场基地、海外综合性服务基地和海外综合性区域中心等类型。中国目前远洋渔业海外基地建设步伐仍显滞后，无论是规模、数量、种类都难以满足产业快速发展的需求，基地仍关注在海洋捕捞第一产业上，加工、储运、销售、服务等二、三产业发展滞后，总体上二、三产业占比仍然很低，海外养殖业、水产品加工和物流业，以及相关的渔业码头、渔船维修业几乎空白。

为解决制约发展的瓶颈问题，2017 年 12 月，中国农业部出台《远洋渔业海外基地建设项目实施管理细则（试行）》，鼓励支持新建及改扩建远洋渔业海外基地中公益性建设，包括防波堤、拦沙堤、码头等水工建筑物及设施，冷藏加工厂房及设施，修造船厂房及设施，陆域建筑物及设施，以及入渔国提出的其他建设内容。

同时，中国多地积极布局海外基地建设。福建省作为中国远洋渔业大省，福州市采取“境外海洋捕捞业+探索可持续发展的境外近海生态型养殖”模式，探索出一条养捕结合的远洋渔业发展新道路。福州远洋渔业企业作业海域分布在太平洋、印度洋、大西洋和印度尼西亚、缅甸、印度、毛里塔尼亚、几内亚、几内亚比绍等国家专属经济区，建立了若干个远洋渔业基地，同时积极推进境外养殖项目实施，以印度尼西亚、缅甸为重点，2017 年养殖投产面积达到 1.5 万亩。有 4 家渔业企业在印度尼西亚瑟兰岛、金马安、巴淡岛和缅甸维桑建立了 4 个境外养殖基地，总面积达 8680 公顷。福建远洋渔业龙头企业宏龙水产公司在印度尼西亚海域建立了 2 个远洋渔业基地，建成了 1 个育苗厂，并配备冷冻厂、加工厂、饲料厂、活水运输船一整套完整的境外养殖产业链，同时投资 6.2 亿元在印度尼西亚东部的阿拉弗拉海域发展境外海洋养殖业。

二、密克罗尼西亚联邦对渔业资源持续经营需求迫切

密联邦是中西太平洋金枪鱼渔场之一，渔业是其经济的三大支柱产业之一。2014 年，渔业对国内生产总值的贡献估计为 3180 万美元。2015 年，渔业出口价值估计为 6800 万美元（见图 8-1）。2016 年，约有 6200 名本国渔民

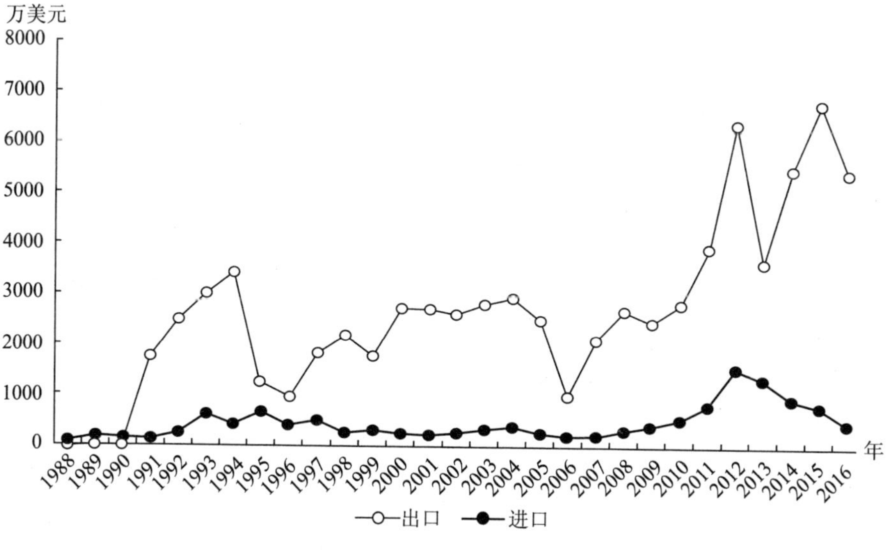

图 8-1　1988—2016 年密克罗尼西亚联邦鱼类进出口总量

资料来源：FAO Fish Stat.

工作，人均供应量估计为 48.4 千克，从外国渔船许可证中获得的款项约占政府全部收入和赠款的 10%。近年来，悬挂密联邦国旗渔船的金枪鱼总捕获量一直在增加，2016 年达到了近 88247 吨，其中约 2/3 的渔获量来自围网渔船（见图 8-2）。

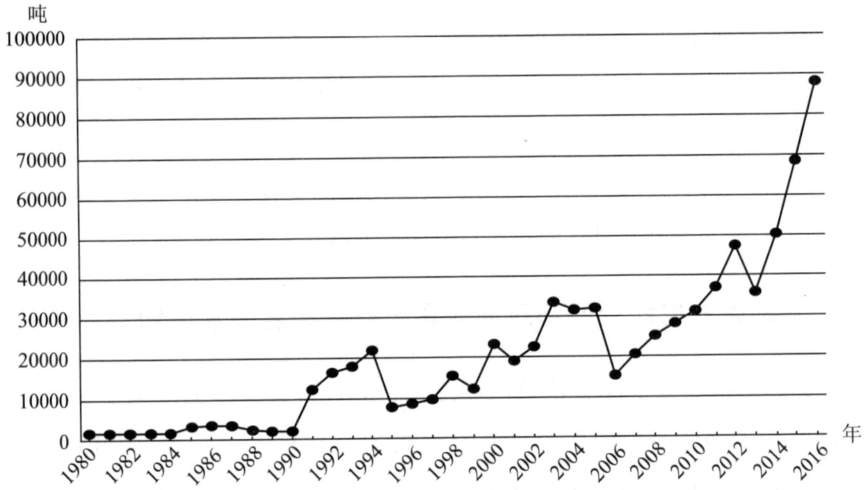

图 8-2　1980—2016 年密克罗尼西亚联邦鱼类捕获量

资料来源：FAO Fish Stat.

近年来，密克罗尼西亚联邦依靠捕鱼许可证，收入大幅增加，但在基础设施建设，发展国内渔业、渔业附加值加工、船只服务等方面未能获得投资的预期回报，因此渔业总体增长并不明显。然而，联邦受限于自身捕捞技术落后、劳动力成本、转运基础设施、资本匮乏、向美移民等多种因素，尝试通过美国政府的援助独立发展经营渔业，20 世纪 90 年代投资 6500 万美元建立了 11 个捕鱼企业，然而经营仅仅一年总共只有 2 万美元的收益，结果以失败而告终。少数学者 Hezel 和 Lightfoot（2005）在反思这一经验时建议联邦将重点放在收益较低但风险较小的战略上，即依靠许可证费用和转运利润，而不是直接参与。

因此，密克罗尼西亚联邦政府和非政府部门积极调整政策和发展战略，于 2015 年出台金枪鱼管理计划并提出六大目标，“稳捕捞、引投资、转养殖”

成为渔业发展的主要战略思路：确保金枪鱼捕获量和捕捞努力量不超过可持续的水平；从外国入渔许可协议中获得国家收入；通过健全的伙伴关系，支持联邦所有和/或基于联邦的外国入渔企业的发展；鼓励对金枪鱼养殖业相关企业的投资；促进和扩大金枪鱼养殖场的就业机会；加强国际关系，确保履行义务。

三、中密渔业合作存在广阔空间

中密渔业合作基础良好。2003 年底，中国由外交部、农业部、商务部和渔业企业家组成的渔业代表团赴密克罗尼西亚联邦进行友好访问，双方有关部门就中国金枪鱼围网船入渔许可、援助密克罗尼西亚联邦渔业项目和其他渔业合作问题达成了广泛共识，并签署了《渔业合作备忘录》。

在渔业捕捞生产方面，2012—2017 年中国渔船数量整体保持稳定发展，2017 年拥有 38 艘围网渔船、27 艘延绳钓渔船，整体数量上比日本、韩国、美国等多一些（见表 8-4），但是和日本、韩国相比，中国在 FSM 海域单船产量较低，市场份额仍有巨大的拓展空间（见表 8-5 和表 8-6）。

表 8-4　密克罗尼西亚联邦专属经济区内 2012—2017 年各船旗国渔船数量

单位：只

国家	捕捞类型	2013 年	2014 年	2015 年	2016 年	2017 年
中国	围网	46	46	47	35	38
	延绳钓	10	32	32	18	27
日本	围网	29	29	31	30	21
	延绳钓	33	42	34	10	17
	竿钓	23	20	21	12	25
韩国	围网	27	29	26	26	26
美国	围网	40	37	37	34	34

资料来源：NORMA.

表 8-5　密克罗尼西亚联邦专属经济区内 2012—2016 年各船旗国拖网捕捞量

单位：吨

国家	年份	类型		
		鲣鱼	黄鳍金枪鱼	大眼金枪鱼
中国	2013	51159	4986	311
	2014	27763	3880	198
	2015	18440	10654	302
	2016	23347	4490	410
日本	2013	49586	2571	511
	2014	50313	9013	890
	2015	44567	13302	1587
	2016	93904	15095	1746
韩国	2013	21390	1190	74
	2014	7135	813	75
	2015	10332	8208	400
	2016	21130	1475	424
美国	2013	27366	1620	292
	2014	5679	137	27
	2015	7081	4414	137
	2016	3420	158	43

资料来源：NORMA.

表 8-6　密克罗尼西亚联邦专属经济区内 2012—2016 年各船旗国延绳钓捕捞量

单位：吨

国家	年份	类型		
		长鳍金枪鱼	黄鳍金枪鱼	大眼金枪鱼
中国	2013	7	872	354
	2014	47	656	336
	2015	20	445	296
	2016	51	437	401

续表

国家	年份	类型		
		长鳍金枪鱼	黄鳍金枪鱼	大眼金枪鱼
日本	2013	118	1522	937
	2014	118	3451	1212
	2015	124	2102	1168
	2016	492	977	267

资料来源：NORMA.

渔业观察员计划是有关国家和区域渔业管理组织渔业治理手段的重要组成部分，是渔业管理所需数据的可靠来源之一。向密克罗尼西亚联邦远洋渔船派遣国家观察员，是中国政府履行有关国际公约、对远洋渔业实施有效监管的必要手段之一。然而，受限于经费短缺、培训系统不完善等因素，与其他国家或地区的金枪鱼科学观察员监督工作比较来看，中国观察覆盖率较低（见表 8-7）。目前，仅依靠派遣上海海洋大学等在校学生的方式难度较大，亟待提出以政府和企业资金支持的商业化运行的观察员遴选、培训、派遣和管理的新办法。

表 8-7　2017 年密克罗尼西亚联邦各国渔业观察员监督工作情况

类型	国家	观察次数	覆盖率/%
围网	中国	19	12
	密克罗尼西亚联邦	5	3
	日本	24	15
	韩国	1	1
	美国	33	21
	其他	75	47
竿钓	日本	3	2
合计	—	160	—

四、中密渔业合作探索路径与政策建议

（一）全面构筑远洋渔业大格局

布局区域性远洋渔业综合保障基地。探索建设布局南太平洋区域性远洋渔业综合保障基地，鼓励总部企业以控股或项目所在国允许的股比上限参股的形式在渔船相对集中的海区建设密克罗尼西亚联邦、斐济、萨摩亚等地远洋渔业基地。加快码头、冷库、加工厂、物资仓储物流、渔船修造、船员培训中心等公益性、服务性设施建设，增强保障服务能力。针对太平洋岛国陆上设施、交通、后勤补给条件比较落后的特点，建设陆上渔业设施和综合开发示范项目，并以此换取带配额渔船。

（二）延长远洋渔业产业链

加快完善远洋渔业从捕捞到产品设计、原料采购、订单处理、仓储物流、批发经营、终端零售等完整的产业链条。着重研究开发水产品深加工技术，加大市场开拓力度，建立和完善主要产品的销售网络，积极开发内陆水产品市场，尽可能地延伸远洋渔业产业链。积极拓展海外水产养殖合作，利用在水产养殖科技、品种、资金、人才方面的优势，大力发展规模化水产种苗繁育基地、深水网箱养殖基地和可循环水货柜养殖基地，重点建设马来西亚、帕劳海水养殖项目以带动合作国家水产养殖业和经济发展，实现双赢局面。

探索单环节补贴向链式补贴转变。创新专项资金补贴方式。鼓励产业链上下游环节联合申报，引导产业链上下游企业协同发展。所申报的项目应由2家（含）以上法人单位联合完成，并阐述申报企业与协作企业在产业链内所处的位置和关系，明确产业链关联机制（是市场纽带、资本纽带还是技术纽带）及相互间的组合优势，绘制项目企业产业关系图。优先支持已开展稳定合作并取得标志性（阶段）合作成果的企业，省部产学研创新联盟（含筹建），以高校院所资源产学研方式参与建设的项目。依据产业链环节的长度，在原有补贴的基础上，提升资助比例至1.2、1.5、2.0倍。对国际渔业资源

开发利用给予补助，建议对经农业农村部批准执行远洋渔业项目的渔船按照不超过当年度农业农村部国际渔业资源开发利用补助金额的1/3进行配套补助。鼓励企业回运自捕海产品，建议对进入中国的远洋自捕海产品给予一定的运输费用补助。

打造海外远洋渔业特色小镇。打造集远洋健康产品加工区、健康产品物流区、生活配套区、健康休闲体验区和综合保障区等功能于一体的远洋渔业特色小镇。立足特有“远洋渔业”和“渔文化”的地域特色，重点打造集科研、生产、综合物流于一体的海洋健康食品、新型海洋保健品、远洋生物医药等海洋健康产业。采用“海洋健康产业+”的创新发展模式，促进健康产业与新经济模式的充分“嫁接、契合、互融”，积极推动创意、文化、旅游、电子商务等新兴业态的发展。集聚精深加工企业。以发展精深加工为重点，着力培育远洋水产品加工龙头企业，改变远洋水产品加工企业条块分散、合力不强的现状，加快推进龙头企业入驻基地，培植壮大骨干企业和优势产品，推动远洋水产品精深加工水平，努力打造全国乃至国际远洋水产品精深加工示范基地。

（三）健全现代化配套服务体系

积极推进中密远洋渔业协会建设。建立利益相互协调的紧密型行业组织，促进各主体之间的信息沟通、交易产品标准制定以及交易规范化，从而为远洋渔业保驾护航。主要功能涉及发展规模适度、保障生产风险及产业规范化经营，组织化生产经营有利于获取更多资金、金融等方面的支持。构建两个专用服务市场。一是通过构建集培训、保险、证书办理、用工、管理为一体的远洋渔业劳动力及物资专用市场建设，拓展远洋渔业劳动力供应源。通过构建渔需物资补给专用市场，为国内、国际渔船进港靠泊提供包括网具及材料、机械、配件、油料、保鲜冰、辅助材料以及生活用品、饮用淡水等的供给。二是加强金枪鱼等高端水产品的科技市场，提升对捕捞技术的基础研究，提高围网单船渔获的产量。积极开展捕捞技术如渔场相关环境数据等基础科学研究，提高渔场侦察技术，减少找鱼所耗时间，从而提高中国围网单船渔获产量。完善远洋渔业科学观察员培训系统，政府专项出资提供培训资金，减少远洋企业负担。扩大海洋大学科学观察员专业学科设置，将观察员培养设置为高端人才培育计划，提升渔业观察员薪酬待遇。

第四节　斐　济

信息通信技术产业被认为是世界上最具竞争力和最具活力的产业之一。斐济作为太平洋区域较发达和联系较密切的国家之一，拥有最高的移动电话和互联网渗透率，有基础发展信息和通信技术（ICT）服务，已成为信息通信技术服务区域中心。

一、斐济数字经济基础

近年来，斐济政府提出"数字斐济"计划，通过实施多项政府应用程序，加强整体信息通信基础设施，提升了数字转型的能力。改善内部程序和效率，包括加快审批注册程序，提供精简服务，提高市民对政府服务的信心，提供符合国际标准的优质服务，通过建立数字空间的导航能力促进斐济向数字经济转型。数字政府转型方案符合斐济政府的五年和二十年国家发展计划，该计划可稳步改善政府服务的质量。

目前，斐济已经成功地吸引了一些著名的信息和通信技术投资者将其后台业务设在该国，从而提升了该国的影响力。斐济信息和通信技术产业的目标是利用斐济理想的地理位置、有能力的劳动力和世界级的 IT 基础设施，提升自己的竞争力。

斐济的信息和通信技术发展受益于两个关键因素：一是自 2000 年以来进入南十字海缆网络系统（SCCN）的机会，具有竞争力的市场结构。SCCN 光缆位于苏瓦，通过澳大利亚和美国为全球电信网络提供高容量连接。二是斐济于 2008 年开放了其电信市场，使其覆盖面和可达性得到重大改善。2008 年的《电信法令》开放了市场，并设立了独立的监管机构——斐济电信管理局（TAF）。TAF 负责维护信息通信技术监测和评价系统数据库。

当前的市场结构如图 8-3 所示。主要运营商包括国际连接服务供应商（Fintel）、斐济电信有限公司（TFL）、公共交换电话网运营商（PSTN）、流动服务供应商沃达丰斐济有限公司（Reseller）和流动服务供应商 Digicel。Fintel 和 TFL 是合并电信控股公司（ATH）的全资子公司。沃达丰斐济有限公司 51%的股份由 ATH 公司持有，49%由斐济国家公积金公司（FNPF）持有。斐济通信有限公司提供无线电通信服务，并持有互联网服务供应商 Unwired 有限公司的少数股份。Digicel 通过拥有 PNG 的数据网络持有 Unwired 有限公司的多数股权。

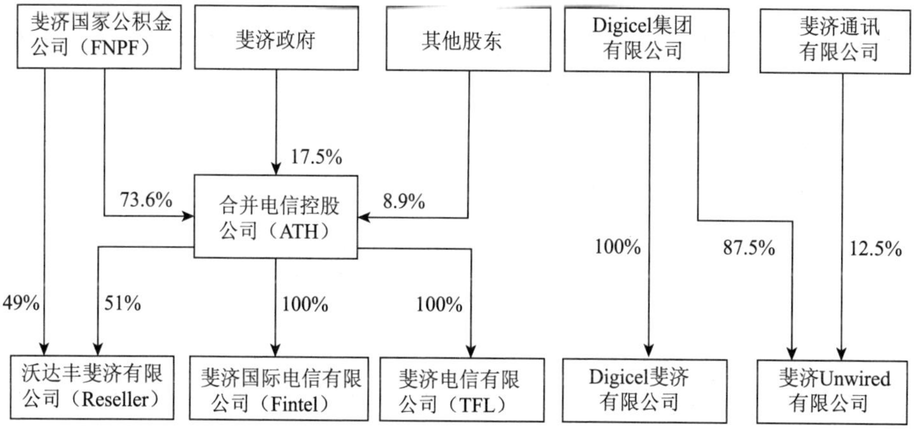

图 8-3 斐济信息通信技术产业结构

在鼓励措施方面，为鼓励信息通信技术产业发展，斐政府曾出台了一系列鼓励措施，并设立卡拉布信息通信业专属经济免税区。2009 年，出台政策：无论是在卡拉布免税区内还是在区外投资，均可享受免税；免税期由现在的 10 年延长到 13 年；对于从事信息通信技术产业的企业，根据不同的雇员数量，有不同档的所得税减免政策；对企业成立所必须进口的计算机、特殊设备或家具等免关税。

《斐济税收和海关优惠》提出对通信科技企业采取优惠政策。信息和通信技术认可培训机构，自 2015 年 1 月 1 日，起获发执照，在国际认可的信息和通信技术培训机构设立的新营办商，其收入可获免税 13 年。应用程序设计和软件开发，自 2015 年 1 月 1 日起，新设从事应用程序设计和软件开发的信息通信技术业务经营者，其收入免征 13 年税款。

在人力资本方面，随着对人力资本、有形基础设施和有利监管环境的持续投资，斐济作为一个整体有潜力为更广泛的太平洋地区提供信息和通信技术，拥有信息和通信技术人才库。斐济拥有高水平的人力资本、信息和通信技术基础设施以及散居海外的熟练工人和企业家。

在基础设施方面，与其他国家相比，斐济的建设状况良好。截至 2016 年 6 月，斐济基本手机普及率为 118%。移动宽带（3G/4G）的覆盖范围已接近普及，96%的人口可以接收到 3G 信号，50%的人口可以接收到 4G 信号，移动宽带普及率约为 50%，固定宽带接入（主要是不对称数字用户线（ADSL））目前约为 5%。

在上位规划方面，《斐济 2018—2019 年预算补充》提出在信息和通信技术方面的目标：将斐济的电信基础设施扩展到全国所有社区；确保所有斐济人平等获得 ICT 服务；加强斐济 ICT 部门的监管框架；推广绿色技术的使用；在信息和通信技术发展、房屋、中小企业发展及资源型行业等优先范畴，增加税收优惠，吸引新的私人投资。

《2017—2036 年发展规划》提出，到 2021 年斐济有线和无线网络覆盖率实现 100%。通过高速互联网和宽带接入的数字连接将得到改善，斐济所有地区都将实现数字连接。在合理的条款和条件下，为多个用户提供通信基础设施，从而加强宽频互联网服务竞争。建立维提岛与瓦努阿莱武岛之间的光纤连接，完成维提岛周围的光纤环。政府服务主要通过互联网进行办理，加快审批、工商登记、土地管理、税收等服务电子化平台建设。

二、斐济发展数字经济潜力

斐济有潜力发展其数字经济，包括当地支持信息和通信技术服务业、电子商务和数字政府平台。这些平台在全国范围内具有人们可负担得起的高速互联网连接，可以使大多数人受益。若干关键的促进因素已经到位，包括：开放的电信/信通技术服务市场；现有的从苏瓦连接到澳大利亚和美国的海底电缆；连接汤加、瓦努阿图和萨摩亚的新兴支线网络；在国家和区域大学的支持下，技术技能基础和人才库不断扩大；新兴的信息和通信技术服务业，包括离岸/外判工业。斐济拥有一个规模虽小但发展迅速的信息通信技术服务/业务流程外包行业。政府认识到信息和通信技术服务作为推动私营部门投资和发展的重要性，实施了多项优惠政策和激励措施。

虽然目前斐济数字经济主要以首都苏瓦为主，但高速互联网延伸到北部地区预计会刺激当地企业发展，提高连通性，挖掘商业潜力，减少交易成本，提升信息和通信技术服务能力。同时，信息通信技术服务可促进妇女获得就业机会。性别差异在斐济文化和传统中根深蒂固，男性主导的等级制度普遍存在。

斐济处于飓风区，在温斯顿旋风之后，在主岛和北区之间的四条微波线路中，只有一条能够使用。信息通信技术工具可以支持各国政府规划和监测气候变化、自然灾害风险，提升应对灾害风险的能力。

三、中斐合作基础

斐济投资局数据显示，2016 年，中国投资者在该国注册投资项目共 172 个，占其吸引外国投资项目总数的 46.7%，意向投资额为 5.25 亿斐元，计划创造就业岗位 1637 个；2013 2017 年，斐济外商投资登记从 257 个激增至 418 个，同比增长 62.6%。预计这些投资总计将创造 21562 个新就业岗位（见表 8-8）。

表 8-8 2013—2017 年中国在斐济投资情况

投资指标	2013 年	2014 年	2015 年	2016 年	2017 年	总计
已登记投资建议书数量	257	261	362	368	418	1666
已登记投资建议书价值/百万美元	1189	500	1109	1626	841	5265
就业岗位	4664	4041	3953	4435	4469	21562

资料来源：斐济投资局。

在信息通信技术方面，自 2002 年华为进入斐济市场，先后成为斐济电信、斐济 Digicel 的战略合作伙伴，并积极履行企业社会责任。2015 年，斐济、华为针对斐济 ICT 发展方向进行了深入探讨，共同确定将斐济打造成太平洋岛国 ICT 枢纽的战略计划，并探讨国家数据中心和人才培训中心的建立等内容。2016 年，在斐济 Digicel 网络评估与提升项目中，打造出岛国第一张精品网样板点。斐济政府创造的良好营商环境，为华为在该国的稳步发展提供了坚实基础。华为将把全球最新的通信技术和产品引入斐济，旨在加速斐济 ICT 进程，同时更好地协助该国政府进行国家 ICT 规划。

2014 年，斐济采用中兴通讯移动支付解决方案，由斐济政府和运营商一起投资的移动支付项目已经在当地得到全面商用。结合斐济旅游资源丰富、外来游客数量庞大等特点，通过与斐方密切的需求沟通和功能验证及实地考察，中兴通讯确定了 2.4G RF-SIM+CPU 卡的技术架构，最终承建并完成了其全国移动支付网络。

四、中斐数字经济合作路径

（一）强化中斐合作顶层设计

强化政府间沟通与交流。完善行业交流合作机制，充分利用双边机制，鼓励双方力量广泛、积极地参加区域和国际组织的相关活动，增强国际话语权。加强与斐济的沟通磋商，积极推进与斐济及其他太平洋岛国签署信息基础设施互联互通合作协议，推动中国与斐济及其他岛国信息化发展规划、技术标准体系对接，优化通信网络布局，提高国际信息互联互通水平。

建立信息通信专项基金。加强规划引导和分类指导，完善企业考核机制，积极争取各类专项资金支持，促进产业链整体“走出去”。支持中国信息通信企业参与斐济及其他太平洋岛国信息基础设施建设。建立以企业为主体、项目为基础、各类基金引导、企业和机构参与的多元化融资模式。发挥中国信息龙头企业的带动作用，支持信息通信企业广泛参与斐济及岛国信息基础设施建设，发挥中国信息技术优势，促进通信设备出口，形成信息产业“走出去”的中国军团。

加快综合信息平台建设。利用好中斐政府间信息通信多边双边合作机制，发挥好国际电联多边平台的作用，加强与太平洋岛国的政策沟通、设施联通、贸易畅通，消除信息不对称壁垒。采取更加灵活的方式和机制建设诚信基础好、权威性强、开放共享的信息综合服务平台，广泛汇聚斐济及岛国政治经济、商贸物流、文化旅游等海量数据，充分释放数据价值。

（二）完善信息通信基础设施

斐济互联网接入在全国各地的分布不均衡，东部和北部地区几乎没有家庭接入互联网。在北部地区，信息和通信技术服务的使用和负担能力均较差，主要是由于通信主干的成本较高且容量有限。斐济的网络连接水平约为 150 Mbps/100 人，而且通过光纤连接，北部地区的网络连接还不到 1 Mbps/100 人。中西部地区对带宽的需求估计超过 2 Mbps/100 人，并且增长迅速。此外，预计北区的带宽需求在未来 10 年将从目前的 1.2 Gbps 增加到 19 Gbps，在未来 25 年将增加到 170 Gbps。数字微波和卫星通信不足以满足这种需求。

打造信息通信技术产业基地。支持企业以投建营一体化模式参与斐济基础设施建设，在移动互联网、数字经济、智慧城市、电子商务等领域开拓新的合作空间。鼓励中国互联网、物联网、云计算企业在斐济建立总部或区域基地，打造斐济信息通信技术产业基地。鼓励华为与斐济政府签署合作备忘录，支持华为参与宽带、区域数据中心、智能电网和智慧教育等基础设施的建设。发挥斐济地理位置优势，辐射、带动太平洋岛国信息和通信技术快速发展，助力其成为岛国的 ICT 中心。

加快建设先进泛在的网络。促进斐济城市和农村地区无线宽带网络的协调发展，实现网络深度和广度覆盖。统筹卫星通信系统建设，与地面信息通信基础设施实现优势互补融合发展。支持企业开展内容分发网络（CDN）建设和运营，扩展网络容量、覆盖范围和服务能力，逐步建成技术先进、安全可靠的 CDN 网络。统筹推进云计算和大数据平台发展，支持政务、行业信息系统向云平台迁移，引导平台间互联互通。加强海底光缆建设，扩大沿海城市间、海岛间海底光缆传输通道，构建通达的海上信息通道。加快对海上和水下通信技术的研发和应用，提供宽带卫星通信、移动通信、船联网等解决方案，建设海上作业移动集群专网，推进海上公用宽带无线网络部署，增强海洋应急通信能力。

（三）加强信息通信技术合作

加强新一代移动通信技术合作。中国掌握 4G 关键技术，在 5G 研发方面领先世界。由于新一代移动通信技术是智能手机、移动互联领域发展的重要基础，也是决定移动通信长期发展的核心因素，中斐企业可加强合作，通过发挥技术创新的协同效应，推动移动通信相关领域合作的发展。

建立中斐信息通信联合实验室。中斐对新一代移动通信技术进行联合攻关，加强移动互联和信息通信新技术研发。这种合作方式有助于突破发达国家的技术封锁，也有利于开发出适合两国国情的电信技术。

组建企业战略联盟。强化产业联合，不断开创企业合作共赢新局面。中国企业具备提供全品类移动增值服务的实力，斐济企业拥有用户和基础设施资源。中斐企业可组建战略联盟，鼓励支持网络建设、设备制造、业务运营、互联网应用、金融服务等产业链上下游企业协同发展、抱团出海。依托具体合作项目，扩大移动增值业务提供范围，共同分享合作收益。

投资斐济本土企业。鼓励研发、制造、咨询、施工和运营企业发挥各自优势，不断探索合资、并购、参股、控股等不同海外合作模式，培植优势品牌，提升国际竞争力。由于移动互联涉及金融、科技、社会诸多领域，一方面中资企业难以获得相关牌照，另一方面本土公司解决上述领域中的一些问题更具优势，中国企业以入股斐济本土企业的方式进入移动互联领域是比较明智的选择。

（四）加大数字政府建设力度

探索大数据网上办事服务新模式。运用大数据技术，对政务服务基础数据、政务服务过程数据、用户行为数据等进行融合分析，揭示政务服务过程的内在图景，发现和洞察服务流程中的纰漏、冗余和用户体验提升需求，以有效利用政务信息数据资源提升服务质量，降低服务成本，提高用户参与度，增强决策科学性，为简化审批流程、提高审批和服务效能创造条件。

推动多源异构大数据应用。深度融合政府、社会及互联网等数据资源，运用大数据辅助领导决策，提高决策的精确性、科学性和预见性，提升政府的治理能力。建立健全大数据辅助科学决策机制，适应新形势下推进政府治理体系和治理能力现代化的要求，横向整合各领域的政务信息，提升斐济政府决策所需信息监测、研判、分析的能力。

推动政府数据积聚。立足斐济公众企业主题服务和领导决策综合服务的横向需求，促进跨部门、跨区域、跨层级的流程关联和数据整合，促进原有信息系统和信息资源的补充、完善和升级。明确政务数据统归斐济政府的资产属性，实施统一标识和全生命周期集中管理，构建多来源获取、多类别汇聚、主题化整合、知识化分析和个性化服务的大数据应用架构，形成与任务目标相匹配的大数据治理能力。

加强网络与信息安全保障。通信信息网络基础设施要与网络信息安全设施同步规划、同步建设、同步运行，加快网络信息安全保障体系建设，完善网络信息安全技术手段，加强对重要通信和重要信息系统的安全防护，积极推进网络信息安全社会管理创新。支持网络信息安全事件应急指挥协同处置、政务信息系统容灾备份、数字认证系统和监测预警平台建设，完善通信信息网络定级、测评、安全防护等信息安全等级保护措施，提升网络信息安全保障能力和水平。

第五节　帕　劳

一、中帕建交正处于“摇摆期”

进入 21 世纪以来，南太平洋岛屿地区逐步成为国际社会竞争与博弈的重点地区之一。太平洋岛国经济上缺乏独立自主能力，政治上长期受到西方国家影响，尤其是对澳大利亚、美国、日本等国的依赖较大。2018 年 10 月，帕劳众议院议长萨比诺·阿纳斯塔西奥认为，帕劳两年间应该与中国建交；同时，支持更多中国游客来到帕劳，并支持开通更多和中国的航班。这表现出帕劳内部利益集团正在激烈博弈，从旅游、投资等关乎自身利益的层面进行考量，希望寻找合适的时机与中国建交。

二、旅游业合作是中帕建交的重要突破口

“旅游外交”第一次出现在中国国务院发布的“十三五”专项规划之中，标志着其由部门推动上升为国家战略。《“十三五”旅游业发展规划》提出要实施“旅游外交”战略，开展“一带一路”国际旅游合作，拓展与重点国家的旅游交流，创新完善旅游合作机制。自 2013 年以来，中国出境旅游规模不断攀升，已经连续多年成为全球第一大出境游客客源国和出境旅游消费国。根据中国旅游研究院初步统计，2018 年全年中国出境游旅客达到 1.4 亿人次，比 2017 年的 1.29 亿人次多出 1100 万人次，同比增幅达到 13.5%。2016 年，首届世界旅游发展大会和第 7 届二十国集团旅游部长会议在中国举办。自 2012 年中俄两国相互举办“旅游年”以来，由两国最高领导人参与的中墨、中韩、中欧、中美、中澳、中国—东盟等“旅游年”活动为提升双方关系的广度和深度，为加深相互了解提供了良好平台。2016 年，南太平洋旅游组织（SPTO）提出于 2019 年建立“中国—太平洋岛国旅游年”的相关议程。多年来，在各成员国以及中国的全力支持下，这一议程最终实现。“中国—太平洋岛国旅游年”旨在庆祝中国与太平洋岛国愈发密切的伙伴关系，同时为双方旅游市场搭建桥梁以实现行业互补，增强双方目的地形象认知，以促进双向旅游规模的长足发展。

旅游业是帕劳的支柱产业，约占其国民生产总值的 50%。帕劳独立后采取措施积极发展旅游业，其多样性的旅游产品对美国、亚洲周边国家的游客有着巨大的吸引力。2018 年，其入境游客达 11.6 万人次，5.0 万人来自中国大陆，1.1 万人来自中国台湾，大陆游客约占帕劳接待游客总数的 43%（见图 8-4）。

从入境客源上来看，2014 年之前，帕劳一直以日韩、欧美等地的游客居多，日韩游客占据帕劳旅游市场最大份额，欧美则为帕劳第二大旅游客源地。不过，自 2013 年帕劳政府许可中国公民免费办理落地签后，到帕劳旅游的中国游客人数激增，2015 年达到 91174 人次高峰期，后受到政治、交通、安全

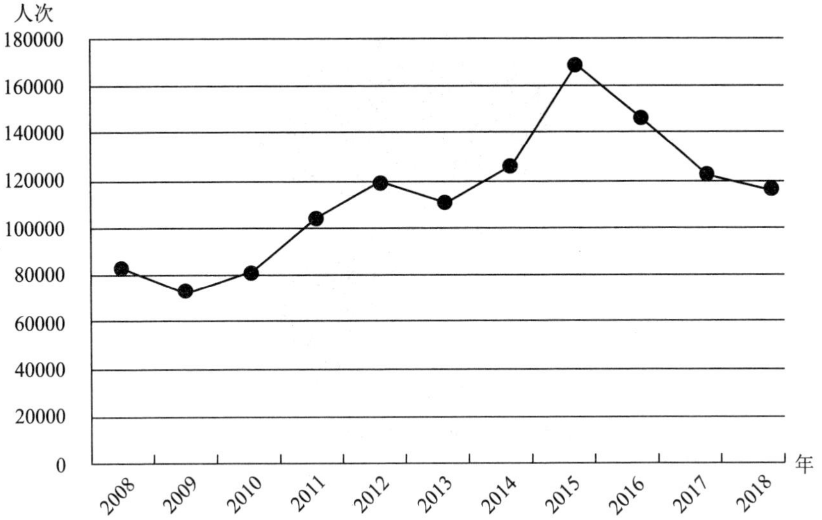

图 8-4　2008—2018 年帕劳国际旅客到访量

等多种因素影响滑落至 2018 年的 50211 人次，但仍占帕劳国际游客总量的 43%（见表 8-9）。庞大的出境旅游市场使得其他国家对中国的“一带一路”倡议存有戒心。2018 年帕劳到访游客人数比例构成如图 8-5 所示。

表 8-9　2008—2017 年帕劳财政年度按国家/地区组分列的到访游客人数

单位：人次

国家/地区	2008 年	2014 年	2015 年	2016 年	2017 年	2018 年
日本	29586	38200	31786	30585	25829	24437
南非	14534	15834	12453	12529	13472	12872
中国台湾	22785	31175	15258	15501	9493	11354
中国*	634	21706	91174	70741	55491	50211
美国、加拿大	7800	8630	8850	8479	8480	8394
欧洲	3946	5390	4653	4293	5005	4486
其他	3790	4739	4589	4501	4280	4210
合计	83075	125674	168764	146629	122050	115964

资料来源：帕劳移民局、司法部及预算和规划局。

注：不包含台湾地区数据。

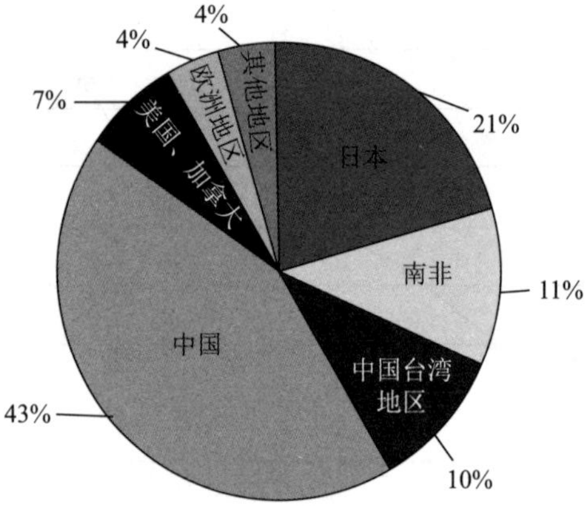

图 8-5　2018 年帕劳到访游客人数比例

三、中帕旅游合作路径

（一）逐步完善“旅游外交”

在目前中帕两国“政冷经热”的背景下，先期发挥“旅游外交”兼具的非正式特性，通过两国游客之间、企业之间、行业协会或组织之间及科研机构之间的交流与合作，发挥润滑剂和稳定剂的作用。待两国正式建交后，引导帕方及其他国家加入太平洋岛国旅游高端论坛，与南太平洋旅游组织举办合作研讨会或合作论坛，通过学术研究、访问交流等方式，提高旅游人文交流的影响力。成立旅游层面的专门机构和组织，设立中帕旅游合作委员会，探讨区域内旅游发展与合作问题的政策与纲领，制定区域旅游合作规划，加强两国旅游往来与合作。建立区域旅游中介组织，由专家智库人员以及各层级旅游企业的代表组成旅游中介组织，完善旅游合作与文化交流政策。

（二）推动可持续旅游健康发展

为了保护生态环境，避免因为过度开发而造成的生态环境破坏，帕劳政府开始有意识地对入境人数加以限制。2015 年 2 月，面对中国游客的“井喷”现象，为了防止本国旅游业过于依赖某一市场，帕劳政府通过限制来自中国的包机数量以减少中国前来的旅游人数。中国应收集出境旅游数据，与帕方科学管控中国游客容量。建立常态化的南太平洋可持续旅游发展论坛，通过对旅游经营者的约束和严格管理来解决海运和海运陆地污染，保护海洋生物免受其他威胁，提高人们的环保意识。

（三）推广智慧旅游信息化建设

深入推进大数据“政府—旅游开发商（基础供给方）—旅游服务商（市场分析服务供给方）—景区或目的地—游客”的产业链建设。吸引大型旅游开发商和旅游服务商落户，以大数据企业推动大数据发展，以大型数据平台推动旅游服务升级。支持旅游企业电子商务平台建设，积极推动景区、餐饮点、购物场所、娱乐场所的消费支付电子化。加快旅游集散地、机场、车站、景区、宾馆饭店等重点涉旅场所的无线上网环境建设。建立完善旅游信息基础数据平台。规范数据采集及交换方式，逐步实现统一规则采集旅游信息，统一标准存储旅游信息，统一技术规范交换旅游信息，实现旅游信息数据向旅游部门、旅游企业、电子商务平台开放。构建智慧旅游营销体系。依据旅游大数据挖掘，建立智慧旅游营销系统，拓展新的旅游营销方式，开展针对性强的旅游营销。逐步建立广播、电视、短信、多媒体等传统渠道和移动互联网、微博、微信等新媒体渠道相结合的全媒体信息传播机制。

参考文献

[1] Alliance of Small Island States. Opening Statement Bonn Germany [EB/OL]. [2017-11-22]. http://aosis.org/wp-content/uploads/2017/05/SBSTA-Opening-Bonn-May-2017-FINAL-.pdf.

[2] Campbell J, Barnett J. Climate Change and Small Island States: Power, Knowledge and the South Pacific [EB/OL]. [2019-05-08]. https://www.sogou.com/link? url = hedJjaC291PWtEzPgu0v44KC4shjZu9DXtm7cvJoSuIR3 _ CLiOdcxYYdgesgD7HH Mq4f YfTdgbsofhfVCkYGqmp4NckW - jchoSEU5je7Vd ytLr57ny5 - phq6P3inSiq - PINkuRh TTnei4z0KYW4zPC4M_ d3yZiueMdDjrvVgs93J 5zNzRXxjuQ.

[3] Climate Change 2007: Impacts, Adaptation and Vulnerability [EB/OL]. [2019-05-04]. http://www.ipcc.ch/publications_ and_ data/publications_ ipcc_ fourth_ assessment_ report_ wg2_ report_ impacts_ adaptation_ and_ vulnera-bility.htm.

[4] Department of Foreign Affairs and Trade (Australia). Australia's Commitment on Climate Change Action in The Pacific [EB/OL]. [2016-12-31]. https://dfat.gov.au/about-us/publications/Documents/australias-commitment-to-climate-change-action-in-north-pacific.pdf. 2016.

[5] Final Report to the Department of Resources and Development. Energy Master Plans for the Federated States of Micronesia [EB/OL]. [2018-12-20]. https://islands.irena.org/-/media/Files/IRENA/Sids/fsm _ energy _ master _ plans_ final_ report_ -_ april_ 2018a.ashx.

[6] Fry G E. Regionalism and the International Politics of the South Pacific

[EB/OL]. [2019-05-08]. http://xueshu.baidu.com/usercenter/paper/show?paperid=909cbad4 a890114c27aa954af4b09a2d&site=xueshu_ se.

[7] Pacific Islands Forum Secretariat. Framework for Pacific Regionalism [EB/OL]. [2017-09-30]. https://www.forumsec.org/wp-content/uploads/2017/09/Framework-for-Pacific-Regionalism.pdf.

[8] Pacific Islands Forum Secretariat. Framework for Resilient Development in the Pacific: An Integrated Approach to Address Climate Change and Disaster Risk Management 2017—2030 [EB/OL]. [2019-05-08]. http://xueshu.baidu.com/usercenter/paper/show? paperid = 70ca6fc505f43d48e0a3802d54fe8b97&site =xueshu_ se&hitarticle=1.

[9] Peter Barcroft. The Pacific Islands, Climate Change, Conventional Arms and Weapons of Mass Destruction: A Need to Act on All Fronts [EB/OL]. [2018-12-22]. http://www.pireport.org/articles/2016/05/03/pacific-islands-climate-change-conventional-arms-and-weapons-mass-destruction.

[10] Power M. The Regional Scale of Ocean Governance Regional Cooperation in the Pacific Islands [J]. Ocean & Coastal Management, 2002, 45 (11-12): 873-884.

[11] Rolfe J. The Asia-Pacific: A Region in Transition [R]. The Asia-Pacific Center for Security Studies, 2004: 103.

[12] Secretariat of the Pacific. Regional Environment Programme [EB/OL]. [2019-05-08]. http://xueshu.baidu.com/usercenter/paper/show? paperid = 56e98ec126c306f185f b8963f41bff16&site=xueshu_ se.

[13] Western and Central Pacific Fisheries Commission. Conservation and Management Measures for Bigeye, Yellowfin and Skipjack Tuna in the Western and Central Pacific Ocean [EB/OL]. [2019-05-08]. http://www.doc88.com/p-7394581158008.html.

[14] Institute for Environment and Human Security. World Risk Report. [EB/OL]. [2016-12-31]. https://collections.unu.edu/eserv/UNU: 5763/

WorldRiskReport2016_ small_ meta. pdf.

［15］陈德正，吕桂霞，曲升．太平洋岛国研究（第一辑）［M］．北京：社会科学文献出版社，2017.

［16］陈德正，王作成．太平洋岛国研究（第二辑）［M］．北京：社会科学文献出版社，2018.

［17］陈洪桥．太平洋岛国区域海洋治理探析［J］．战略决策研究，2017，8（4）：3-17，103.

［18］曹亚斌．全球气候谈判中的小岛屿国家联盟［J］．现代国际关系，2011（8）：39-43，51.

［19］丁鹏，崔玉中．中国与南太平洋岛国合作述评［J］．山东理工大学学报（社会科学版），2017（6）：8.

［20］邓源，顾蕊，张学彪．中国和斐济农业合作现状及前景展望［J］．农业展望，2018，14（11）：101-105.

［21］丰瑞，崔旺来．南太平洋岛国经济发展问题探究——以瑙鲁为例［J］．江苏商论，2016（7）：43-45.

［22］龚斌超．日本对太平洋岛国援助研究［D］．武汉：华中师范大学，2014.

［23］郭薇．中国启动与太平洋岛国环保合作［N］．中国环境报，2013-11-18.

［24］黄绮琪．21 世纪以来中国对太平洋岛国的援助［D］．广州：中山大学，2015.

［25］康晓．多维视角下中国对南太平洋岛国气候援助［J］．太平洋学报，2017，25（9）：24-35.

［26］李冰岩．太平洋岛国气候合作机制研究［D］．上海：华东师范大学，2018.

［27］林春回，王国平．我国民营经济在“一带一路”中如何“走出去”——以福建民营企业为例［J］．华侨大学学报（哲学社会科学版），2016（4）：52-59.

［28］李德芳．中国对太平洋岛国的文化外交：目标、路径及效用评析［J］．太平洋学报，2017，25（9）：57-69.

［29］刘芳，于会娟．关于我国远洋渔业海外基地建设的思考［J］．中国渔业经济，2017，35（2）：18-23.

［30］吕桂霞．“和平队”在太平洋岛国的活动研究：以斐济为例［J］．聊城大学学报（社会科学版），2017（2）：7.

［31］吕桂霞．全球化、区域化与太平洋岛国发展论坛［J］．历史教学问题，2018（4）：105-111.

［32］吕桂霞，张登华．太平洋岛国地区气候变化现状及各方的应对［J］．学海，2017（6）：59-62.

［33］刘建峰，陈德正．中国与太平洋岛国旅游合作形势与对策研究［J］．中国市场，2014（45）：118-123.

［34］刘建峰，王桂玉．中国与太平洋岛国旅游合作研究［J］．太平洋学报，2014，22（11）：47-54.

［35］梁甲瑞，曲升．全球海洋治理视域下的南太平洋地区海洋治理［J］．太平洋学报，2018，26（4）：48-64.

［36］刘凌飞．中国在太平洋岛国的安全利益研究［D］．北京：中共中央党校，2016.

［37］李励年．美国与太平洋岛国谈判修改“南太平洋渔业协议”［J］．渔业信息与战略，2016，31（3）：237-238.

［38］李丽．受海平面上升威胁 南太平洋岛国将建首座浮动城市［J］．防灾博览，2017（1）：91.

［39］马朋林，毕云龙．“一带一路”资源国际合作机制建设思考和建议［J］．当代经济，2016（5）：4-7.

［40］秦升．超越“竞争性援助”：“21 世纪海上丝绸之路”建设与太平洋岛国经济发展的新思考［J］．太平洋学报，2017，25（9）：47-56.

［41］宋海啸．中国与南太国家经济合作：问题与对策［J］．开放导报，2016（2）：7-10.

［42］宋秀琚，叶圣萱. 浅析“亚太再平衡”战略下美国与南太岛国关系的新发展［J］. 太平洋学报，2016，24（1）：50-62.

［43］宋秀琚，叶圣萱. “一带一路”倡议与中国—太平洋岛国合作［J］. 当代世界，2016（8）：69-72.

［44］太平洋岛国气候变化行动框架 2006—2015［R］. 太平洋岛国论坛，2005.

［45］太平洋岛国灾害减少和管理行动框架 2005—2015［R］. 太平洋岛国论坛，2006.

［46］田士涛. 中日两国对南太平洋岛国外交政策研究［D］. 兰州：兰州大学，2017.

［47］吴高峰，叶芳. 南太平洋岛国经济差异的时空变化分析［J］. 海洋开发与管理，2017，34（5）：33-37.

［48］王济光. 民营企业参与“一带一路”战略走出去问题研究［J］. 经济界，2017（6）：3-8.

［49］王清. 南太平洋岛国发展道路的双重困境——以斐济为例［J］. 集宁师范学院学报，2017，39（2）：68-73.

［50］王舜淋，张向前. “一带一路”背景下华侨华人与中国企业“走出去”合作机制研究［J］. 华侨华人历史研究，2018（2）：51-60.

［51］汪诗明，王艳芬. 论习近平访问太平洋岛国的重要历史意义［J］. 人民论坛（学术前沿），2015（24）：54-67.

［52］太平洋岛国就应对全球气候变化等问题达成共识［EB/OL］. http：//news. xinhuanet. com/world/2009-08/06/content_ 11838899. htm.

［53］太平洋岛国论坛秘书长呼吁更多关注岛国面临的气候变化等问题［EB/OL］. http：//news. xinhuanet. com/world/2011-09/08/c_ 122002154. htm.

［54］喻常森. 对太平洋岛国援助的比较研究［M］. 北京：时事出版社，2017.

［55］喻常森，王学东，常晨光. 大洋洲发展报告（2016—2017）［M］. 北京：社会科学文献出版社，2017.

［56］叶芳，吴高峰．太平洋岛国经济运行轨迹分析（2004—2013）［J］．广东外语外贸大学学报，2016，27（4）：48-57.

［57］克利奥·帕斯卡．澳新对太平洋岛国经贸政策难言合理［N/OL］．刘琳，编译．［2019-05-08］．www. sohu. com/a/275113217_ 618422.

［58］余姣．太平洋岛国参与全球气候治理问题探析［J］．战略决策研究，2018，9（3）：67-80，101-102.

［59］姚帅．对南太平洋岛国的气候变化援助：现状与未来［M］．北京：社会科学文献出版社，2014.

［60］张波涛．中国与斐济在基础设施领域的合作研究［D］．北京：外交学院，2015.

［61］张程锦．“海上丝绸之路”倡议下的合作实践研究——以中国与太平洋岛国合作为例［J］．东岳论丛，2017，38（9）：143-149.

［62］政府间气候变化专门委员会．气候变化 2007：综合报告（中文版）［R］．日内瓦 IPCC，2017.

［63］中国民航大学综合交通研究所欧阳杰，徐翀宇．构建面向南太平洋岛国的“空中丝绸之路”战略的思考［EB/OL］．［2019-05-08］．http：//www. caacnews. com. cn/zk/zj/ouyangjie/201704/t20170419_ 1212103_ wap. html.

［64］太平洋岛国论坛领导人会议通过《马朱罗宣言》［EB/OL］．［2018-10-01］．http：//www. chinadaily. com. cn/hqgj/jryw/2013-09-05/content_10047787. html.

［65］中国与太平洋岛国发展关系碍了谁［N］．环球时报，2018-08-01.

［66］张亮．澳大利亚对中国加强与太平洋岛国关系的认知与反应［J］．国际论坛，2018，20（5）：69-78.

附录

太平洋岛国各国简介

一、巴布亚新几内亚

巴布亚新几内亚概况

巴布亚新几内亚			
国土面积	46.28 万平方千米		
海洋专属经济区面积	240 万平方千米		
人口	约 800 万，城市人口占 15%，农村人口占 85%。华人华侨约有 1 万人		
首都	莫尔兹比港市		
行政区划	全国划分为 20 个省，另设布干维尔自治区及首都行政区（莫尔兹比港市）		
国内生产总值	210.9 亿美元	人均国内生产总值	2402 美元
经济增长率	2.2%	支柱产业	矿产、石油和农业作物
资源能源	石油、天然气蕴藏丰富，已探明铜矿储量为 2000 万吨，黄金储量为 3110 吨，原油储量为 6 亿桶，铜金共生矿储量约为 4 亿吨。此外，还有富金矿、铬、镍、铝矾土、海底天然气和石油等资源。天然气探明储量为 7 万亿立方英尺（约合 1982.18 亿立方米），预测储量为 15 万亿立方英尺（约合 4247.52 亿立方米）		
林、农、渔业	热带原始森林覆盖面积达 3600 万公顷，林木总蓄积量为 12 亿立方米，可采蓄积量为 3.6 亿立方米，主要出口原木，深加工产品包括家具、胶合板及地板等建筑材料。农业人口占全国人口的 85%，主要农产品为椰干、可可豆、咖啡、天然橡胶和棕榈油。盛产金枪鱼、对虾和龙虾，其中金枪鱼资源占世界储量的 20%		

续表

巴布亚新几内亚	
基础设施	公路：总长约3万千米。 水运：与澳大利亚、日本、新加坡以及其他太平洋岛国及中国台湾和香港等地区有海运联系。主要港口有莫尔兹比港、莱城和拉包尔等。 空运：设有飞往国内主要城市及澳大利亚、新加坡、日本、菲律宾、中国香港及所罗门群岛的航线，拥有13架飞机。此外，还有六七家私营航空公司，多经营直升机等小型飞机。共有注册机场500多个，大多数为设在偏远地区的小型机场，只有少数机场可停降大型飞机
教育	国民识字率为57.8%。全国现有已登记中、小学约1.05万所，在校学生约有180万人。现有6所大学，主要有巴布亚新几内亚大学和巴布亚新几内亚科技大学，学生约有8000人。另有21所私营城乡国际学校，在校生有6000余人
对外贸易	贸易在经济中占重要地位。2017年，进出口总额为124亿美元，同比增长22.8%，其中进口额为25.3亿美元，出口额为98.7亿美元，顺差为73.4亿美元。主要出口铜、金、矿砂、原木、原油、椰干、椰油、可可、咖啡、棕榈油等初级产品，主要贸易对象国有澳大利亚、日本、新西兰、中国、新加坡、马来西亚等
对外关系	对外奉行中立政策，主张各国和平相处，增加经济往来与合作，致力南太平洋地区的和平与稳定。近年来，巴布亚新几内亚政府在继续与澳大利亚、新西兰等南太平洋国家和欧美国家发展传统关系的同时，对东亚和东南亚各国重视程度不断提高。已同70多个国家建交，是联合国、不结盟运动、亚太经合组织、东盟地区论坛、太平洋岛国论坛、太平洋共同体、美拉尼西亚先锋集团等组织的成员，有18个驻外使团
外部援助	主要来自澳大利亚，占全部外援的68%。2017—2018财政年度，澳大利亚对其援助5.46亿澳元。其他援助方包括中国、新西兰、日本、美国、英国、韩国、欧盟、联合国开发计划署、世界银行、国际货币基金组织和亚洲开发银行等

二、斐济

斐济概况

斐济共和国	
国土面积	1.83万平方千米
海洋专属经济区面积	128万平方千米
人口	88.5万
首都	苏瓦市
行政区划	全国共有2个直辖市、4大行政区和14个省。苏瓦和劳托卡为直辖市

续表

斐济共和国			
国内生产总值	50 亿美元	人均国内生产总值	5761 美元
国内生产总值增长率	4.2%	支柱产业	制糖业、旅游业
资源能源	森林覆盖面积为 93.5 万公顷，有开采价值的约 25 万公顷，出产优质硬木和松木。有 2 个金矿，还有铜、银、铝土、石油等资源。渔业资源丰富		
林、农、渔业	可耕地面积约为 28.8 万公顷，主要产甘蔗、椰子、香蕉等。小麦全靠进口，大米能自给 20%，近年来逐步推广水稻种植。盛产金枪鱼		
旅游业	旅游收入是斐济最大的外汇收入来源。全国约有 4 万人在旅游部门工作，占就业人数的 15%。游客主要来自澳大利亚、新西兰、美国、中国、英国、欧洲大陆、日本等地		
基础设施	斐济为太平洋岛国交通枢纽，水、陆、空交通较发达。苏瓦港系重要国际海港，可泊万吨轮。苏瓦市的瑙索里机场可停靠波音 737 飞机，楠迪机场可起降波音 747 等大型客机。 空运：斐济航空公司（原太平洋航空公司）系国际航空公司，经营澳大利亚、新西兰、美国、瓦努阿图、萨摩亚、汤加、所罗门群岛和香港等航线。澳大利亚、新西兰、瑙鲁等国航空公司有定期班机停降楠迪国际机场。瑙索里机场主要是国内民航机场。斐济航空公司、向日葵航空公司主要经营国内岛屿间的航线		
教育	实行初中和小学阶段免费教育。学龄儿童入学率达 98%以上。每年教育经费约占政府总预算支出的 15%。南太平洋大学由南太地区各国合办，主校区位于首都苏瓦市		
对外贸易	长期贸易逆差。主要出口目的地为新加坡、澳大利亚和英国，主要进口来源国为澳大利亚、中国等。主要进口燃料、运输设备、化工产品、食品等，出口蔗糖、鱼类、黄金、木材和矿泉水等		
对外关系	斐济是太平洋岛国中外交较为活跃的国家，重视与澳大利亚、新西兰等西方发达国家的关系，同时保持与岛国的传统关系。近年来，斐济积极发展同亚洲各国以及非洲和美洲国家的关系，已与 130 多个国家建交，是联合国、英联邦、世界贸易组织、太平洋岛国论坛、太平洋共同体、美拉尼西亚先锋集团、非加太集团、77 国集团的成员。斐积极参与国际和地区事务，现为太平洋岛国论坛（PIF）秘书处所在地		
外部援助	外援主要来自澳、日、新、英、法、欧盟、中国及联合国开发计划署		

三、密克罗尼西亚联邦

密克罗尼西亚联邦概况

密克罗尼西亚联邦			
国土面积	705 平方千米		
海洋专属经济区面积	298 万平方千米		
人口	10.6 万		
首都	帕利基尔		
行政区划	全国共分为 4 个州，从西往东依次为雅浦、丘克、波纳佩和科斯雷		
国内生产总值	3.5 亿美元	人均国内生产总值	3400 美元
国内生产总值增长率	2%	支柱产业	农业、渔业、旅游业
资源能源	密海域是世界著名的金枪鱼产地。蟹、贝类、龙虾以及淡水鳗、虾等资源待开发		
林、农、渔业	农业落后。无粮食种植，靠自然生长。椰子、香蕉、面包果、木瓜、木薯等热带果木到处可见。出产优质胡椒		
旅游业	旅游资源较为丰富。2015 年，入境外国游客近 1.2 万人次，主要来自美国（37%）、日本（19%）、欧洲（13%）、澳大利亚和菲律宾等。2016 年，纳马杜遗址被列入世界历史文化遗址		
基础设施	公路：全国公路长约 240 千米。 水运：联邦政府拥有 3 艘 800 吨级以上轮船定期来往于各州（岛），其中两艘为日本赠送。各州政府共有 4 艘 600 吨左右的客货两用轮。中国政府分别于 2004 年 10 月和 2007 年 2 月向丘克州和雅浦州各提供一艘客货两用船。各州的港口均可停靠远洋级货轮。主要港口有波纳佩（Pohnpei）、科洛尼亚（Colonia）、莱莱（Lele）、莫恩（Moen）。 空运：各州均有小型国际机场。美国联合航空公司、巴布亚新几内亚航空公司、瑙鲁航空公司每周有数次航班来往于关岛、夏威夷、马绍尔、布里斯班、莫尔兹比、波纳佩、丘克、雅浦和科斯雷		
教育	政府重视发展教育事业，每年在教育上投入经费占年度预算的 20%左右。密有一所联邦专科学院 COM-FSM，在 4 个州各有一所分校，在校学生有 2400 多名，教师约有 100 名，雇用部分外籍教师。有公立学校 218 所，私立学校 25 所，在校学生约有 3 万人。文盲率为 11%		
对外贸易	贸易逆差严重。主要进口产品为食品（约占 40%）、燃油、日用品、机械、汽车等。主要进口市场为美国、韩国、日本、菲律宾、中国。主要出口产品为离岸捕鱼（约占 87%）、槟榔、黑胡椒、黑珍珠、熟食和萨考酒。主要出口市场为泰国（约占 48%）、中国、日本、韩国、菲律宾。产品可优惠向美出口		

续表

密克罗尼西亚联邦	
对外关系	以“和平、友谊与合作”作为其发展对外关系的指导原则，政治上积极争取国际社会的广泛承认，树立独立自主的形象；经济上谋求国际经济技术援助，促进经济自立的进程。目前，已同 84 个国家建交，是联合国、世界卫生组织、国际奥委会、太平洋岛国论坛、太平洋共同体、亚太经社理事会、亚洲开发银行、国际民航组织等 19 个国际组织和地区组织的成员
外部援助	接受的外援主要来自美国。根据《密美自由联系条约》，美国在 1986 至 2001 年间，共向密提供 13.4 亿美元的援助。根据 2003 年续签后的《密美自由联系条约》，美将在 20 年内向密提供总额约 18.5 亿美元的援款，其中部分用于设立信托基金。2023 年后，美将停止援助，密靠信托基金自力更生。密同时也积极寻求其他外部援助

四、汤加王国

汤加王国概况

汤加王国			
国土面积	747 平方千米		
海洋专属经济区面积	26 万平方千米		
人口	10.8 万		
首都	努库阿洛法		
行政区划	有 5 大行政区，分别是：埃瓦岛、瓦瓦乌群岛、哈派群岛、纽阿斯和汤加塔布岛		
国内生产总值	4.3 亿美元	人均国内生产总值	5426 美元
国内生产总值增长率	2.7%	支柱产业	农业、渔业、旅游业
资源能源	渔业资源较丰富，陆地基本无矿产资源。2008 年 5 月，加拿大 Nautilus 矿业公司开始在汤加海域进行矿产勘探。2010 年 2 月，美国 Modulus 能源公司与汤签署协议，获准在汤海域开展油气资源勘探。为保护境内资源，2014 年 8 月出台了《海底矿产法》		

续表

汤加王国	
林、农、渔业	农业以小农场为主，作物品种单调，耕作方式原始，技术落后，产量不高。全国耕地面积为179.3平方千米，占土地总面积的24%，人均耕地约为0.15公顷。从事农业生产的人数占总就业人数的40%，主要农产品有芋头、木薯、南瓜、香草、卡瓦等，还生产香蕉、菠萝、椰子、西瓜、木瓜等热带水果及少量蔬菜。大米、面粉、部分蔬菜和水果及肉类等依赖进口。农产品和鱼类出口在汤出口中占绝对主导地位。2017—2018财年农业有增长。 汤海域辽阔，渔业资源较丰富，以金枪鱼出口为主。近年来，由于气候原因和过度捕捞，鱼类资源不断减少，加之运输成本不断增加，金枪鱼等主要渔产出口下降，发展低于预期。渔业产值约占汤GDP的3%。2017—2018财年，渔业产值同比增长1.87%
旅游业	旅游业是汤政府大力发展的经济行业之一，被视为增加民众收入和解决就业的新的经济增长点。汤加有特色历史文化传统和旅游资源，但开发能力有限，旅游业尚未实现快速发展。目前，全国共有旅馆、汽车旅馆和客栈110余家，客房1100多间。2016年，来汤外国游客总数约为8.7万人，同比增长19.4%，其中中国游客约为3300人。汤加现为中国公民旅游目的地国。2017年，在汤停靠游轮数量达21艘。酒店餐饮业是汤主要产业之一，是政府收入和解决就业的重要行业，约占汤GDP总量的3%
基础设施	公路：总长约950千米；小汽车约4万辆。 水运：以各岛轮渡运输为主。共有6个海港。塔布岛的努库阿洛法港和瓦瓦乌岛的纳阿夫港可停靠远洋货轮。同澳大利亚、斐济、新西兰、萨摩亚和日本等国之间有定期班轮。 空运：共有大小6个机场。澳大利亚（Virgin Australia）、新西兰（Air New Zealand）、斐济（Fiji Airways）有航班飞经汤加
教育	公办学校对6~14岁儿童实行免费教育。南太平洋大学在汤设有分校，另有一所私立工科大学。法律规定教会可参与办学。小学约90%由政府创办，中学约75%由教会创办。澳大利亚、新西兰及中国、日本等国都向汤提供了留学奖学金
对外贸易	长期以来，贸易逆差巨大。2016年，进口额约为3.22亿潘加，出口额约为0.15亿潘加，出口额占进口额的4.7%。主要出口南瓜、鱼类、卡瓦、檀香木、香草和根茎作物。主要进口食品、服装、日用品、机械、运输设备、燃料和建筑材料等。主要贸易伙伴为新西兰、澳大利亚、斐济、美国和日本
对外关系	与60多个国家建立了外交关系，澳大利亚、新西兰在汤设有高专署，中国、日本在汤设有使馆，韩国、荷兰、德国、瑞典、法国、芬兰在汤设有名誉领事。汤加是联合国、英联邦、太平洋岛国论坛、太平洋共同体、国际民航组织、亚洲开发银行、世界银行、国际货币基金组织、世界贸易组织、国际劳工组织等的成员国。汤关心地区安全与稳定，主张建立南太平洋无核区
外部援助	主要来自澳大利亚、新西兰、日本、中国、欧盟、世界银行、亚洲开发银行等。近年来，接受外援的资金额度不断增加

五、瓦努阿图共和国

瓦努阿图共和国概况

瓦努阿图共和国			
国土面积	1.22 万平方千米		
海洋专属经济区面积	85 万平方千米		
人口	28.2 万		
首都	维拉港		
行政区划	全国分为六省两市：托尔巴、桑马、帕纳马、马兰帕、谢法和塔菲阿省；维拉港和卢甘维尔市		
国内生产总值	8.6 亿美元	人均国内生产总值	3050 美元
国内生产总值增长率	4.5%	支柱产业	农业、旅游业
资源能源	原有锰矿开采已尽，新探明资源有少量锰矿、铁矿、镍、铜和铝矾土等，还有大量的白硫火山灰。目前，没有采矿作业。森林覆盖率达 36%，其中只有 20%具有商业开采价值。渔业资源丰富		
林、农、渔业	气候和地形适宜农业和牧草开发，国土 41%为肥沃的可耕地，但已开发耕地仅占 18%。主要农产品是椰干、卡瓦、可可、咖啡、芋头、木薯、红薯、香蕉等。农村人口占全国人口的 80%，但农业生产方式落后，国家投资严重不足，发展缓慢。盛产金枪鱼		
旅游业	旅游业是瓦支柱产业之一和最大的外汇收入来源，产值约占国民生产总值的 1/3。多数游客来自澳大利亚、新西兰和新喀里多尼亚。主要游览胜地有维拉、塔纳、桑托、马勒库拉和彭特考斯特。2017 年，全年接待航空与游船游客共计约 33.74 万人次		
基础设施	交通设施落后，费用昂贵。以海运为主。公路总长约 1900 千米，绝大部分为土路。 水运：水路总长约 780 千米。岛间运输船舶的最大吨位为 200 多吨，现有船舶破旧落后。维拉港和桑托港为国际海港，都可停靠万吨商船。 瓦还是新兴的船旗国，目前约有 600 条船悬挂国旗。中瓦海运航线有天津/上海—釜山—维拉港，广州—香港—悉尼—维拉港。 空运：各主要岛屿都有机场。维拉港有国际机场，可直飞澳大利亚、新西兰、斐济、所罗门群岛和新喀里多尼亚。瓦努阿图航空公司是瓦唯一经营国际航线的公司。国内有近 10 条航线		
教育	小学入学率达到 95%，中学入学率很低。中等职业学校有：国立技术学院、师范学院、护士学校、警察学校等。南太平洋大学法律分校设在维拉港		

续表

瓦努阿图共和国	
对外贸易	2012年4月，正式成为WTO成员方。2017年，外贸总额约4.3亿美元，其中出口6000万美元，进口3.7亿美元。主要出口产品有椰干、椰油、牛肉、卡瓦、可可等。瓦产品主要出口欧盟、日本、澳大利亚、新西兰、巴布亚新几内亚、所罗门群岛等地；主要进口食品、机械、汽车、化工产品、燃料等，来源主要是日本、澳大利亚、新加坡、法国、新西兰等
对外关系	积极参与国际事务。同74个国家建立了外交关系，是联合国、不结盟组织、英联邦、法语国家共同体、太平洋岛国论坛、美拉尼西亚先锋集团以及世界贸易组织、国际货币基金组织、世界银行和亚洲开发银行的成员。强调在亚太地区保持其建设性的角色，谋求和平、和谐、无核、合作的发展环境。2018年3月，正式成为亚投行成员
外部援助	年均接受外援占国内生产总值的17%左右，主要来自澳大利亚、新西兰、欧盟、法国、英国、日本、亚洲开发银行、联合国机构等，一般用于工业、农业、教育、医疗卫生以及防务、司法等具体项目

六、萨摩亚独立国

萨摩亚独立国概况

萨摩亚独立国			
国土面积	2831平方千米		
海洋专属经济区面积	12万平方千米		
人口	19.8万		
首都	阿皮亚		
行政区划	全国分为11个行政区，其中乌波卢岛5个，萨瓦伊岛6个，其余小岛都划归乌波卢岛		
国内生产总值	8.6亿美元	人均国内生产总值	4350美元
国内生产总值增长率	3.7%	支柱产业	农业、旅游业
资源能源	森林资源逐年减少。目前，森林面积占全国面积的46.3%，其中，39.4%（约11万公顷）为非生产性森林，可采林只有1.36万公顷，仅占全国面积的4.8%；其余2.1%（约0.6万公顷）为国家级保护林和部落传统所有林地。专属经济区水域有12万平方千米		

续表

萨摩亚独立国	
林、农、渔业	全国现有耕地6万多公顷。农业人口为12.4万，占全国总人口的77%。主要种植椰子、可可、咖啡、芋头、香蕉、木瓜、卡瓦和面包树。由于抵抗飓风等自然灾害的能力弱，农业生产严重依赖气候条件。 目前，全国有各种渔船约2200艘，其中机动船200艘。因专属经济区较其他太平洋岛国小，政府禁止外国渔船单独作业，只允许外国渔船公司与萨方合作，外资不得超过40%。盛产金枪鱼
旅游业	旅游业是萨摩亚主要经济支柱之一和第二大外汇来源。萨政府致力发展旅游硬件设施及其他与旅游相关的行业。游客主要来自美属萨摩亚、新西兰、澳大利亚、美国和欧洲
基础设施	全国公路总长976千米，其中柏油公路为332千米。 水运：阿皮亚港为萨主要对外港口，可泊5万至6万吨级轮船。 空运：法莱奥洛机场为萨唯一国际机场，可起降波音747客机。2017年11月，萨政府和澳大利亚维珍航空公司合资的维珍萨摩亚航空公司不再运营，萨政府自主成立了萨摩亚航空公司并首航成功。目前，新西兰航空公司每天一个航班往返奥克兰和萨摩亚首都阿皮亚，澳大利亚维珍航空、萨摩亚航空、斐济航空公司每周约二三个航班往返萨摩亚和悉尼、奥克兰、楠迪等城市
教育	实行中小学义务教育，入学率达85.7%。文盲率为4.3%。有157所小学、44所中学、4所职业学校、36所教会学校、2所师范学校。大专院校有萨摩亚国立大学（2005年，与萨摩亚工艺学院合并）和阿拉富阿农学院（南太平洋大学分校）。每年约有4800名大中学毕业生需要就业
对外贸易	主要出口渔产品、脑努汁、啤酒、椰奶、脑努果、芋头等产品。市场主要是澳大利亚、新西兰、美国、日本和中国。主要进口机械和运输设备、食品、石油、建筑材料等产品，来源地主要是新西兰、澳大利亚、美国、日本和中国
对外关系	主张维护民族独立，发展民族经济。认为国家不分大小，均应受到平等对待。萨将外交重点放在南太地区。在保持同新西兰传统友好关系的同时，重视发展同亚太国家的关系。萨是联合国、英联邦、太平洋岛国论坛、太平洋共同体和太平洋区域环境署等组织的成员。太平洋区域环境署秘书处、联合国粮农组织和教科文组织及开发计划署太平洋地区代表处都设在阿皮亚。现已同中、澳、新、美、日、英、德等60国建交
外部援助	外援主要来自澳大利亚、新西兰、日本、欧盟、中国及国际组织等。2016—2017财年，萨共接受外援4080万塔拉

七、库克群岛

库克群岛概况

库克群岛			
国土面积	240 平方千米		
海洋专属经济区面积	183 万平方千米		
人口	1.3 万		
首都	阿瓦鲁阿		
行政区划	主岛为拉罗汤加岛，分为 5 个区。拉罗汤加岛以外的其他有人岛屿被划分为 10 组，并相应地设置了 10 个岛屿委员会		
国内生产总值	3.0 亿美元	人均国内生产总值	2.1 万美元
国内生产总值增长率		支柱产业	旅游业
旅游业	主要经济来源是旅游业，新西兰为其最大客源国		
基础设施	有阿瓦鲁阿国际机场，可起降波音 747 飞机。主要国际航线通往奥克兰、洛杉矶和夏威夷等地。 90%的进口依靠海运，最大港口为阿瓦蒂乌港，可停泊 3000 吨货轮		
教育	对 4 岁儿童进行学龄前教育，对 6~15 岁儿童实行义务教育。有 39 所中小学，学生 5560 人，教师 300 多人。有一所师范学院。南太平洋大学拉罗汤加分校进行成人高等教育和函授教学。全国受过高等教育的有 400 人，1%人口是文盲		
对外贸易	2012 年，出口额为 325.7 万新元，进口额为 3496.3 万新元。主要出口商品为鱼类、珍珠、木瓜等，主要进口商品为燃料和化学品、机器设备、工业制成品、食品和活畜。2015 年，前四大出口市场为日本、中国、澳大利亚、新西兰，前四大进口来源地为新西兰、美国、斐济、澳大利亚		
对外关系	库克群岛不是联合国成员国，与中国、新西兰、澳大利亚、日本、法国、德国及欧盟建立了外交关系。库克群岛是联合国开发署、联合国粮农组织、联合国教科文组织、世界卫生组织、世界气象组织、国际民航组织、国际海事组织、亚洲开发银行、国际红十字会等国际组织的成员，是英联邦和联合国亚太经社会联系成员国，是太平洋共同体、太平洋岛国论坛、论坛渔业局、非加太集团等地区组织的成员		
外部援助	财政收入主要靠外援，外援的 60%来自新西兰和澳大利亚。自 2004 年起，新、澳两国联合执行对库克群岛援助，由新西兰国际开发署负责协调。2016—2017 财年，新西兰援助库克群岛约 1930 万新元，澳大利亚援助库克群岛约 340 万澳元		

八、纽埃

纽埃概况

纽埃			
国土面积	260 平方千米		
海洋专属经济区面积	45 万平方千米		
人口	1618 人，另有约 1.2 万人居住在新西兰		
首都	阿洛菲		
行政区划	分为 14 个村		
国内生产总值（2014 年）	2474 万美元	人均国内生产总值	17000 美元
国内生产总值增长率	4.5%	支柱产业	农业、旅游业和渔业
资源能源	自然资源贫乏。主要产业为农业、旅游业和渔业。经济上严重依靠新西兰援助和侨汇。近年来，政府积极采取发展私营部门和旅游业、扩大出口及精简政府工作人员等措施发展经济		
林、农、渔业	有小型水果加工厂。年产锯木几百立方米，用于当地建设。拥有可耕地 2.1 万公顷。主要产芋头、椰子、薯类和水果等。饲养家禽、猪和牛		
旅游业	重视发展旅游业，将其作为促进经济发展的龙头。1996 年，设立旅游局，投资增设旅游点及旅店，目前共有 1 家酒店和若干小旅馆。2013 年，来访游客逾 7000 人，较上年增长 40%		
基础设施	公路全长 128 千米，1996 年开通一条长 38.2 千米、贯穿全岛的柏油公路。丛林卡车道达 106 千米。2005 年 10 月，纽政府与新西兰航空公司签署协议，新航于 2005 年 11 月开始执行新纽埃通航。每周有一班往返阿洛菲和奥克兰的航班。哈南国际机场可降落波音 737 和 767 飞机。纽埃至新西兰、库克群岛和塔希提岛的航运业务由新西兰航运公司经营，每隔 3 至 4 周有往返于新纽埃的海运服务。小型的库克群岛集装箱船每月两次抵纽埃，此外还有一些不定期的客轮。2013 年 3 月，纽政府与新西兰航空公司签署协议，新航在 4 月至 10 月的旅游旺季每两周增加一班飞往纽埃的航班		
教育	对 5～14 岁儿童实行义务教育。有 1 所小学和 1 所中学（含高中）。教师主要从当地挑选，每年还从新西兰或其他国家聘请 15～20 位教师。目前，纽学校引进新西兰课程设置，其高中教育受到新西兰教育认证机构的承认		
对外贸易	主要贸易对象是新西兰。主要出口产品为鱼、芋头和蜂蜜，主要进口食品、饮料、机械和建筑材料。2011 年，纽出口额为 29.1 万美元，进口额为 1176 万美元		
对外关系	纽同新西兰保持自由联系。如纽要求，新西兰有义务帮助其处理其外交事务。新西兰和纽互派高级专员，新西兰设在纽的高专署系唯一的驻纽外交机构。新西兰也是纽唯一设立驻外代表机构的国家，纽在惠灵顿设立高专署，在奥克兰设立总领事馆		

续表

纽埃	
外部援助	新西兰是纽埃最大的援助国，援助额占纽 GDP 50%以上，主要援助领域为旅游、卫生、教育、林业及私营部门。纽还接受澳大利亚、日本、欧盟、中国、印度、韩国、联合国开发计划署等的援助。澳大利亚、新西兰、中国、法国、法属波利尼西亚和欧盟都提供了援助

九、基里巴斯共和国

基里巴斯共和国概况

基里巴斯共和国			
国土面积	811 平方千米		
海洋专属经济区面积	355 万平方千米		
人口	11.2 万		
首都	塔拉瓦		
行政区划	共有 23 个行政区，每个行政区设有委员会，委员会主席为行政机构最高领导人		
国内生产总值（2016 年）	2 亿美元	人均国内生产总值	1981 美元
国内生产总值增长率	1.1%	支柱产业	渔业
资源能源	有丰富的渔业资源。1979 年以前产磷酸盐，由英国、澳大利亚、新西兰合股开采，现已枯竭。近海海底有锰、镍等矿藏		
林、农、渔业	大部分陆地被珊瑚沙层覆盖，仅能生长椰子、香蕉、面包树等少数作物。椰干年产量约为 1.1 万吨，其中出口约 1 万吨，总产值约 700 万澳元。全国无粮食作物和蔬菜种植。 渔业资源丰富，主要有金枪鱼、鲷鱼、鲣鱼、海虾等。基捕捞业落后，产量有限，当地居民只能进行小规模捕捞。目前，美国、日本、韩国、澳大利亚、新西兰及中国台湾地区分别有数十艘渔船在基海域捕捞金枪鱼，这些渔船缴纳的捕鱼执照费成为基政府主要的外汇来源之一		
旅游业	基利用其跨越国际日期变更线的地理优势，发展旅游业，提高其国际知名度。基最大岛屿圣诞岛是世界上最大的环状珊瑚岛，拥有世界著名的鸟类保护区和潜水场，每年有来自美国、西欧、澳大利亚和新西兰等地游客来此观光		
基础设施	以海运为主，塔拉瓦为主要海港、空港。基里巴斯航运公司共有客轮、货轮 10 艘，经营各岛间的客运、货运业务。全国有两个国际机场，分设在首都塔拉瓦和圣诞岛，其他小岛还有 17 个小机场。斐济航空公司经营从斐济至塔拉瓦的国际航线		

续表

基里巴斯共和国	
教育	小学和初中实行免费教育。儿童入学率为93%。有公办小学约90所、中学约20所（包括私立学校）、技校6所、中等专业学校2所（基里巴斯师范学院和塔拉瓦技术学院）。另有1所与德国人合办的海员培训学校。基每年向国外派留学生和进修生约170人
对外关系	强调维护国家主权和领土完整，反对别国干涉内政和掠夺资源；作为低海拔岛礁国家，尤其重视气候变化，呼吁国际社会采取有效措施帮助其应对气候变化带来的负面影响。重视发展对外关系，尤其是与南太各国的友好关系。经济因素常为基政府外交决策的首要考虑。基同30多个国家建交，但只在斐济设有外交代表机构，在少数国家设有名誉领事。基是联合国、英联邦、太平洋共同体、太平洋岛国论坛及论坛渔业局、瑙鲁协定等地区组织成员，积极参与相关组织活动，与太平洋岛国论坛合作较密切
外部援助	澳大利亚、日本等发达国家每年向基提供大量赠款，帮助其进行基础设施建设及教育培训等技术合作项目。澳大利亚为基最大的外援国，澳方援助主要集中在改善基础教育、提升劳动者技能、加强经济治理、改善基础设施方面。新西兰向基提供援助主要集中在基里巴斯国际机场建设、劳动者技能培训、城市可持续发展等方面

十、图瓦卢

图瓦卢概况

图瓦卢			
国土面积	26平方千米		
海洋专属经济区面积	75万平方千米		
人口	1.1万		
首都	富纳富提		
行政区划	分成9个环礁		
国内生产总值	0.4亿美元	人均国内生产总值	3550美元
国内生产总值增长率	2.7%	支柱产业	渔业、农业
资源能源	几乎没有天然资源		
林、农、渔业	农业主要是种植椰子、香蕉、芋头及饲养家禽、猪等。渔业资源丰富，但无开发能力。图与日本、韩国和中国台湾地区签有渔业协定		
基础设施	以水运为主。首都富纳富提有深水港。图有通往斐济等国的不定期班轮。斐济航空公司经营自楠迪经苏瓦飞富纳富提的航班		

续表

图瓦卢	
教育	普及小学教育，实行免费教育。全国有 11 所小学，70 多名教师，约 1500 名在校生；有 1 所中学，31 名教师，约 350 名学生。另有 1 所海员训练学校，约 50 名学生
对外关系	外交重点在太平洋地区。同英国、澳大利亚、斐济关系密切，在斐设有高专署，在纽约、布鲁塞尔、伦敦等设有外交机构。图与英联邦成员国和比利时、智利、荷兰、法国、德国、日本、韩国等有外交关系。系联合国、联合国教科文组织、英联邦、世界卫生组织、万国邮政联盟、太平洋岛国论坛、太平洋共同体、太平洋区域环境署、亚洲开发银行等组织的成员
外部援助	图长年依赖英国、澳大利亚、新西兰、中国台湾地区、日本、欧洲发展基金和联合国开发计划署提供财政援助。澳、新、英、日和韩为主要捐助国。1990 年，利息达 100 万澳元，用于政府支出，占年预算的 25%。现还发动其他国家参与捐款

十一、所罗门群岛

所罗门群岛概况

所罗门群岛			
国土面积	2. 89 万平方千米		
海洋专属经济区面积	159 万平方千米		
人口	62. 2 万		
首都	霍尼亚拉		
行政区划	分为 9 个省。分别是中部群岛、乔伊索、瓜达尔卡纳尔、霍尼亚拉（首都直辖区）、伊萨贝、马基拉岛、马莱塔岛、拉纳尔和贝罗纳、泰莫图、西部群岛		
国内生产总值	13 亿美元	人均国内生产总值	2206 美元
国内生产总值增长率	3. 2%	支柱产业	农、渔、矿、林、旅游业
资源能源	有铝土、镍、铜、金、磷酸盐等矿藏。已探明铝土矿储量达 5800 万吨，磷酸盐储量为 1000 万吨。水利资源丰富。森林覆盖面积占陆地面积的 90%，约 263 万公顷。林木总蓄积量为 1. 27 亿立方米，商品材蓄积量为 4810 万立方米。近年来，林业已成为主要经济支柱和出口产业		
林、农、渔业	农业人口占全国人口的 90% 以上。农业收入占国内生产总值的 60%。主要农产品是椰干、棕榈油、可可等。 盛产金枪鱼，是世界上渔业资源最丰富的国家之一，金枪鱼年捕捞量约为 8 万吨。海产品是第三大出口产品，主要出口到日本。2011 年，启动珊瑚礁、渔业安全计划，以有效保护海洋和渔业资源		

续表

所罗门群岛	
旅游业	沿海地势较平坦，海水没有污染，被视为世界上最好的潜水区之一，旅游业发展潜力较大。但基础设施落后，交通不便，社会治安较差，严重制约着旅游业发展
基础设施	公路：陆路交通不发达。各岛共有 1900 千米公路干线。 空运：除首都霍尼亚拉国际机场外，还有 30 多个小机场。国际航班运营商主要有巴布亚新几内亚航空公司和瑙鲁航空公司，澳大利亚航空公司与所罗门航空公司也有联营的国际航班。 水运：与澳大利亚、日本、新加坡，以及其他太平洋岛国及中国台湾和香港地区有海运联系。有定期的海上运输货轮通往澳大利亚、新西兰、巴布亚新几内亚、日本、中国香港和欧洲。霍尼亚拉是主要港口
教育	文盲约占总人口的 49%。全国有小学 52 所、中学 20 所、技术学院和示范学院各 1 所。中小学学生占适龄儿童和少年的 1/3 左右
对外贸易	主要出口木材、椰干、鱼类、棕榈油及可可，进口交通运输工具、机械、食品、燃料、化工品等。主要贸易伙伴为中国、澳大利亚、新加坡、印度、英国等
对外关系	支持南太无核区主张，重视与英国、澳大利亚、新西兰等传统友好国家的关系，同时注重与其他太平洋岛国发展友好合作关系，积极发展同日本、欧盟、美国、古巴、伊朗、阿联酋和以色列等的关系。目前，已同 30 多个国家建交，系联合国、英联邦、太平洋岛国论坛、太平洋共同体、美拉尼西亚先锋集团等国际和地区组织的成员
外部援助	争取多边援助，强调外援使用权须由所自己决定。目前，澳大利亚为其最大援助国，其他主要援助方为欧盟、日本、新西兰、英国和亚洲开发银行等

十二、马绍尔群岛共和国

马绍尔群岛共和国概况

马绍尔群岛共和国			
国土面积	181 平方千米		
海洋专属经济区面积	199 万平方千米		
人口	5.8 万		
首都	马朱罗		
行政区划	全国分为 24 个市政区域，主要城镇包括马朱罗、埃贝耶、贾卢伊特等		
国内生产总值	1.99 亿美元	人均国内生产总值	3454 美元

续表

马绍尔群岛共和国			
国内生产总值增长率	2.5%	支柱产业	渔业、农业
资源能源	海域面积广大，海底有钴壳和锰结核等矿产资源。部分岛屿蕴藏磷酸盐，渔业资源丰富，海产养殖及捕鱼业有较大发展潜力		
林、农、渔业	产椰子、香蕉、芋头、面包果等。近年来，渔业生产增幅较大；椰干产量略有增加，由于收购价格提高，产值增幅较大		
基础设施	以海运为主。 公路：总长 152 千米。 水运：仅次于巴拿马的世界第二大船舶注册国，在马注册、悬挂马国旗的船舶共 3937 艘，总吨位达 13730 万吨。马朱罗为主要港口。来往于美国、澳大利亚和日本的定期远洋客货轮在马经停。马经营的四艘船只航行于国内各主要岛屿之间。 空运：有 15 个机场，其中只有 4 个机场有铺设较好的跑道。主要机场在马朱罗，能起降波音 737 客机。马绍尔航空公司有定期航班飞往国内许多岛屿和邻近太平洋岛国。美国联合航空公司和瑙鲁航空公司每周有班机来往于檀香山、关岛、马朱罗及邻近岛国		
教育	对 6~14 岁儿童实行义务教育，公立学校学费全免。马绍尔群岛学院（专科），有学生近 400 名。政府向符合条件的学生提供奖学金		
对外贸易	出口产品结构单一，对外贸易连年赤字。主要贸易伙伴为美国、日本、澳大利亚和中国，其中马美贸易额占马贸易总额的 80% 以上。主要出口冷冻鱼、椰油、椰饼和手工艺品，进口食品、燃料、烟草、建材、汽车和机械设备。主要进口来源国有美国、日本、澳大利亚、新西兰和中国等		
对外关系	支持民族自决，重视气候变化问题，主张保护海洋资源和环境，发展地区合作，建立南太平洋无核区，积极寻求与亚洲国家的发展关系，开展平等互利的友好合作，以促进本国经济发展。同 70 多个国家建交，系联合国、国际民航组织、太平洋岛国论坛、亚洲开发银行等 20 多个国际组织和地区组织的成员。在美国、斐济、日本和联合国总部设使馆并派常驻大使		
外部援助	主要援助方有美国、日本、欧盟和中国台湾地区，其中美国援助最多		

十三、瑙鲁共和国

瑙鲁共和国概况

瑙鲁共和国	
国土面积	24 平方千米
海洋专属经济区面积	32 万平方千米

续表

瑙鲁共和国			
人口	1.3 万		
首都	不设首都。行政管理中心在亚伦区		
行政区划	全国划分为 14 个区		
国内生产总值	1.14 亿美元	人均国内生产总值	11176 美元
国内生产总值增长率	10.4%	支柱产业	磷酸盐开采业、农业
资源能源	磷酸盐资源丰富，向澳大利亚、新西兰出口磷酸盐是主要收入来源。20 世纪七八十年代，其年产量和出口量为 100 万~150 万吨；自 90 年代始，产量逐年下降		
林、农、渔业	农产品十分有限，主要是椰子、香蕉、菠萝等。几乎所有食品和饮用水都依赖进口。渔业资源较丰富，多金枪鱼，但捕捞能力有限。每年政府通过发放捕鱼证方式获得的收入为 600 万~800 万澳元		
基础设施	环岛公路全长 24 千米，其他公路长 6 千米。有货船定期来往于澳大利亚和瑙鲁。瑙鲁航空公司靠从澳大利亚租借的一架波音 737-300 型客机维持经营，每周沿澳大利亚布里斯班—瑙鲁—基里巴斯塔拉瓦—斐济楠迪航线往返一次		
教育	实行免费义务教育。少数学生在斐济接受高等教育，政府提供奖学金。另接受澳大利亚、泰国、太平洋岛国论坛等提供的奖学金		
对外贸易	主要贸易伙伴有澳大利亚、新西兰、斐济、日本和美国等。主要出口磷酸盐，进口食品、家电、日用品、五金和建材等		
对外关系	奉行不结盟政策，主张同各国友好相处。瑙是联合国、英联邦、国际展览局、亚洲开发银行、太平洋岛国论坛和太平洋共同体等组织的成员。与英、美、法、日、澳、新、加、俄、泰国以及其他太平洋岛国等 50 多个国家建立了外交关系		
外部援助	澳大利亚是瑙鲁最大的援助国，并在瑙设立难民甄别中心，近年来每年向其提供援助约 2700 万澳元。2018 年 9 月，瑙举办了第 49 届太平洋岛国论坛领导人会议		

十四、帕劳共和国

帕劳共和国概况

帕劳共和国	
国土面积	465 平方千米
海洋专属经济区面积	62 万平方千米
人口	2.18 万

续表

帕劳共和国			
首都	梅莱凯奥克		
行政区划	全国有 9 个岛有人居住。分成 16 个州		
国内生产总值	2.9 亿美元	人均国内生产总值	9983 美元
国内生产总值增长率	1%	支柱产业	旅游业
林、农、渔业	主要农产品有鸡蛋、水果、蔬菜、猪肉、槟榔果等。盛产金枪鱼，年捕鱼量为 6 万至 7 万吨。粮食不能自给		
旅游业	帕支柱产业之一，约占 GDP 总量的 50%。2017 年，入境游客约 12.2 万人次		
基础设施	境内无铁路。有机场、港口和卫星通信系统。 公路：总长 61 千米。无公共交通设施。 水运：科罗尔为主要港口。 空运：共有 3 个机场。美国、日本、韩国、菲律宾、关岛、中国台湾地区有定期航班往返		
教育	有小学 25 所、中学 6 所、大专 1 所。文盲率为 8%		
对外贸易	主要进口机械、汽车、燃油、工业制成品、食品等，出口贝类、金枪鱼和椰干		
对外关系	帕劳重视加强同亚太地区国家合作，与 60 个国家建交，积极参与地区事务。为联合国、国际货币基金组织、世界银行、太平洋岛国论坛、太平洋共同体、各国议会联盟和世界卫生组织的成员		
外部援助	根据帕美《自由联系条约》，美国向帕提供大量援助。美以租金形式在条约生效的前 15 年内（1994—2009 年）向帕提供超过 8 亿美元的援助，其中 7000 万美元存入帕信托基金。该基金已超过 1.44 亿美元，供帕美条约结束后补贴帕财政之用。美还将在 2010—2024 年向帕提供 2.29 亿美元的援助。美援款约占帕 GDP 的 20%。日本为帕第二大援助国		

后 记

本书是在中国（深圳）综合开发研究院长期跟踪研究太平洋岛国及“一带一路”相关课题的基础上，吸收了多次实地调研及与岛国政府、企业、学术界的交流成果，由可持续发展与海洋经济研究所全体成员共同努力完成，是深圳市综研软科学发展基金会资助出版的“一带一路”合作高质量发展系列研究成果之一。

本书在编写的过程中，得到了樊纲院长、郭万达常务副院长及龙隆资深研究员的悉心指导，他们对本书的研究思路、编写框架以及重点内容等方面提出了诸多宝贵的意见和建议。可持续发展与海洋经济研究所胡振宇所长作为本书的主编，组织本所成员全员参与、多次讨论，提出了研究的总体思路和整体框架，并亲自参与了多个章节的撰写和最后的统稿工作。周余义、安然、张洪云、杨阳、陈美婷、冯猜猜、张雅莉、蔡冰洁、丁骋伟、于海旭、陈安祺、刘伟华、林协华等主要成员齐心协力、认真负责，为本书编写付出了大量心血。

借本书出版之际，对深圳市综研软科学发展基金会的支持和资助表示衷心的感谢，对参与本书编写的领导和同事表达崇高的敬意。同时，也非常感谢中国经济出版社有限公司在本书编辑和出版过程中的辛勤付出。

中国（深圳）综合开发研究院

2019 年 5 月